미투가 있다/잇다:
끝나지 않는 변화의 연대

미투가 있다/잇다

끝나지 않는 변화의 연대

이화여자대학교
한국여성연구원 기획

이미경
장다혜
정대현
김선희
김보화
김수아
추지현

이화여자대학교출판문화원

머리말

2018년 초부터 우리 사회를 뜨겁게 달구었던 #미투는 한국에서 반성폭력운동의 역사가 30여 년에 달한 시점에 일어나 중요한 하나의 획을 그으면서 지금도 이어지고 있다. 미투운동으로 인해 이제 성폭력은 변명이 불가능한 범죄라고 대중은 확실히 인식하게 되었고, 피해자들이 감당해야 하는 고통의 성질에 대한 이해도 넓어지고 있다. 비로소 성폭력이 일부 피해 여성 혹은 페미니즘만의 이슈가 아닌, 여성 모두의 인권이 걸려 있는 사회 문제로 자리잡은 것이다. 하지만 진짜 시작은 이제부터이다. 미투운동이 확산될수록 2차 가해의 문제는 물론, 이 책에서도 보여주듯 피해자 역고소 문제와 배제의 정치 또한 확산되고 있기 때문이다. 본 연구서는 대중들이 성폭력을 사회적인 문제로 인식하고 난 후 성폭력으로부터 자유로운 사회가 제대로 정착하기까지 놓인 과제들을 법에서부터 문화와 교육에 이르기까지 다양한 각도에서 논의하면서 성폭력 문제 연구의 지평을 넓히고 있다.

이 책은 2018년 5월에서부터 11월까지 한국여성연구원에서 6회에 걸쳐 가진 미투운동 월례 포럼에서 출발했다. 한 사회의 성폭력 문제는 그 사회의 문화 및 여러 제도와 복잡하게 얽혀 있는 만큼, 이 운동의 양상과 의미를 짚어보기 위해서 법, 정책, 문화, 철학, 미디어, 여성운동 등 여러 분야의 연구자들을 초청하여 포럼을 열었고, 그 결과

이 책을 엮어내게 되었다. 각 분야의 전문가들이 참여한 이 책은 미투운동이 우리 사회의 성과 성폭력에 대해서 시사하는 바를 다양한 각도에서 심도 있게 조명하면서 앞으로의 과제 또한 제시하고 있다. 투고 시점에 따라 안희정에 대한 2심 판결을 반영하지 못한 글도 있으나 아직 변화 중인 한국 사회의 성문화 그리고 성인식과 관련하여 시사하는 바는 여전히 크며, 이러한 시차는 오히려 미투운동의 파급을 되짚어보게 하는 좋은 사례이다. 요컨대, 책 제목에서도 보여주듯 #미투는, 반성폭력운동을 이어가는(잇다) 견인차로 존재하면서(있다) 한국 사회의 변화를 반영하는 동시에 주도하는 끊임없는 운동체로 자리매김해가고 있다.

이 책의 시작은 한국에서 반성폭력운동의 역사와 함께 살았다고 할 수 있는 이미경의 글이 열고 있다. 그는 반성폭력운동의 역사 속에 미투운동을 자리매김하면서, 반성폭력운동의 일관된 입장, 즉 성폭력이 범죄가 되는 것은 폭행과 협박의 여부나 정도가 아니라 동의여부의 문제라는 사실을 재차 강조하고, 미투운동을 계기로 성폭력이 사회 전반의 문제임이 드러난 만큼 이제는 정말로 이 범죄의 성격을 제대로 이해하고 법에 반영할 때가 되었음을 설파한다. 특히 이미경은 이러한 법 개정이 사회 전반의 성인식 변화와 깊은 연관이 있음을 지적하면서 시민사회의 적극적인 대응의 중요성을 강조한다.

이어지는 글에서 장다혜는 이미경의 논의에 이어서 실제로 성폭력의 판단기준으로 동의여부가 도입되기 위해서 필요한 근거와 현실적인 요건들을 치밀하게 논하고 있다. 비동의 여건을 성폭력 판단기준으로 도입하려면 성폭력 범죄를 제재할 때 국가는 과연 무엇을 보호하고 무엇을 벌하는가에 대한 이해부터 달라져야 하기 때문에 그 이해를 구성하기 위해 장다혜는 국가가 보호해야 할 개인의 권리로서 성적 자기결정권의 의미를 살펴보는 동시에, 실질적인 참고가 될 수 있도록 독일의 유형력 모델에서 동의 모델로의 이행 사례를 제시하고 있다. 정상적/도덕적 성과 비정상적/비도덕적 성에 대한 구분이 성별과 결혼 여부와 성적 지향 등에 따라 여전히 뚜렷한 한국 사회에서 성적 자기결정권을 중심으로 성범죄를 인식하게 하는 전환이 쉽지 않은 만큼, 장다혜는 그러한 인식의 전환에 필요한 여러 요소들을 개념 정의에서부터 실질적 제안까지 설득력 있게 엮어내고 있다.

한편 정대현과 김선희는 성폭력 피해자의 진술의 신빙성 평가에 적용되는 '피해자다움'의 문제에 대해서 논한다. 정대현은 1심에서 무죄 판결을 받은 안희정에 대해서 재판부가 '피해자다움의 부재'를 논변으로 삼은 것의 타당성에 대해 의문을 제기하면서, 재판부의 판결에 대한 합리적인 해석을 시도하는 동시에 그 해석의 오류를 비판한다. 그는 자연법적 체계와 인간법적 체계를 구분하고, 상대주의적이고 불확실하기 때문에 변화에 개방적이고 공동체적인 인간법적 언어는 그만큼 약자 관점이나 소수 의견에 열려 있으며, 법관은 양심적 자율성을 가지고 그러한 약자들의 편에 서서 판결할 수 있다고 주장한다. 정대현은 그러한 법관의 자율성을 공동체 안에서 통용되는 "시민적 상식"과 "정의 감각"을 따르는 자율성에 둠으로써 성폭력을 다루는 법체계의 변화에 있어서 시민운동의 중요성을 다시 한번 상기시킨다.

이어지는 글에서 김선희는 피해자다움은 좁은 의미의 정의에서도 여전히 피해자의 전형을 요구한다며, 성범죄 법정에서 피해자다움의 개념은 폐기되어야 한다고 주장한다. 그는 피해자의 전형에서 벗어나는 예외적인 상황들은 셀 수 없이 많기 때문에 피해자다움이란 사실상 존재하지 않는다는 것을 논의한 후 법적 판결을 오히려 왜곡시키는 피해자다움의 모델 대신 피해자의 행위를 이해하기 위한 시뮬레이션 모델을 제안한다. 이 시뮬레이션 행위 이해 모델은 피해자의 행위 주체성을 인정하면서 피해자가 제시하는 행위 이유를 시뮬레이션을 통해 이해하게 해주는 모델로서, 피해자 전형이라는 고정관념에서 벗어나게 해줄 뿐만 아니라, 성인지 감수성을 해석할 수 있는 하나의 방식이 될 수 있다는 것을 그는 설득력 있게 논증한다.

여기까지의 논의가 법과 법정에서의 문제를 둘러싼 것이었다면, 그 다음 글에서 김보화는 그 논의를 변호사 시장으로 옮겨가 성폭력 소송 사례가 늘면서 생기는 기획적이고 보복적인 역고소가 어떻게 가해자 연대를 조성하면서 성폭력 피해자들의 입을 효과적으로 막고 있는지를 보여준다. 이러한 상황에 대항하기 위해서 김보화는 변호사협회 차원의 규제와 더불어 성폭력 역고소 수사과정에도 '적극적 조치'를 도입할 필요가 있음을 주장한다. 이에 더해 김보화가 중요하게 주목하는 것은 가해자들에 대한 가장 적극적인 대항으로서 피해자 연대이며, 거기에서 새롭게 발현하는 '피해자 리더십'이다. 피해자들의 이러한 힘에 대한 강조는 "성폭력과 같은 '정치'한 분야가 법의 테두리 안에 갇히지" 않고 구조적 폭력에 저항할 수 있는 언어들을 계속 생성하게 해야 한다는 그의 마지막 주장과 맞닿아 있다.

김보화의 논의가 상업화한 변호사 시장을 중심으로 이루어지는 가해자 연대를 다루었다면 이어지는 글에서 김수아는 남성 중심 온라인 공간에서 이루어지는 청년 남성들의 연대를 다루고 있다. 김수아는 남성 중심 온라인 커뮤니티 담론에 대한 분석을 통해 남성-약자 정체성이 어떻게 구성되는지 그리고 어떻게 그들의 '자구책'으로 펜스 룰이 등장하는지를 보여준다. 그 과정에서 성별 권력 관계는 남성들 사이의 세대별 권력 문제로 치환되고, 그에 따라 #미투는 권력을 가진 남자로부터 피해를 당한 여성만이 할 수 있는 것이라는 논리가 성립된다. 김수아는 이처럼 남성-약자로 스스로를 위치지우는 청년 남성들의 인식을 단지 잘못된 것이라고만 치부할 수는 없으며, 민주주의 사회에서 온라인 공간이 하는 역할을 염두에 두면서 페미니즘 교육이 한국 남성성의 구성에 개입해야 함을 주장함으로써 교육의 중요성을 부각시키고 있다.

마지막으로 추지현의 글은 페미니즘을 지지하거나 페미니스트로 정체화하는 20~30대 여성들의 페미니스트 액티비즘 양상을 분석한다. 2016년 강남역 살인 사건을 기점으로 인터넷 커뮤니티나 SNS를 통해서 페미니즘에 관심을 가지게 된 이 여성들은 젠더 관계의 모순과 불의에 대한 인식은 공유하면서도 활동의 방식들은 조금씩 달랐으며, 폭력 피해의 두려움 때문에 페미니스트임을 밝히기를 꺼리거나 미래 진로를 위해 평판을 관리해야 하기도 했다. 특히 생물학적 여성의 범주를 자명하고 완고한 것으로 구성해내어 분리주의 경향을 띄는 이들은 이 상황에 대한 분노와 민감성이 더욱 컸다. 하지만 젠더 관계의 모순에 문제를 제기하는 과정에서 주변의 지지를 받거나, 디지털 공간에서의 언설과 배치되는 자신의 실천과 혼란을 털어놓고 이야기할 수 있는 사회적 관계를 경험사면서 이들 역시 변화하고 있었다. 대학의 여성학 강의가 페미니즘 지식이 권위적으로 전달되는 장이기보다는 비슷한 고민을 하는 사람들이 비교적 자유롭고 안전하게 이야기할 수 있는 장으로서 학생들에게 받아들여지고 있음을 지적하면서, 추지현 역시 김수아와 마찬가지로 이러한 현실에 답해야 하는 젠더 교육의 과제에 눈을 돌리고 있다.

법에서부터 사회운동, 미디어 문화, 변호사 시장, 그리고 교육에 이르기까지 두루 다룬 이 연구서에서 공통적으로 논하는 것은 성폭력이 단지 부당한 폭력에 대한 정당한 처벌의 문제가 아니라 그것이 어떻게 우리 사회의 전반적인 성문화와 성인식 그리고 남성성과 여성성의 구성 방식과 연관이 있는가 하는 것이다. 따라서 반성폭력운동으로서 미투운동은 전반적인 사회 변화를 위한 운동이며, 그 종착지는 다양한 사회적 위치에서 자신을 여성으로 정체화하는 개인들을 비롯한 모든 주변적 성적 주체들이 성적 자기결정권을 온전히 획득하는 지점이 될 것이다. 그러한 사회를 이루는 과정의 하나로서 이 작업에 동참해 주신 모든 필진에게 감사드리며, 미투운동이 권력을 가진 몇몇 남자를 흠집내는 데에 그치지 않고 성폭력으로부터 자유로운 성평등한 사회를 이룰 때까지 나아가는 데에 이 책이 중요한 벽돌 하나를 쌓았기를 바란다.

2020년 12월

양혜원(한국여성연구원 연구교수)

차례

‘강간죄’ 구성요건 개정운동의 의미와 과제[1]

| 이미경 |

‘강간죄’를 폭행·협박이 아닌 동의여부로 판단하라는 요구는 어제 오늘의 일이 아니다. 여성인권단체에서는 1991년 성폭력특별법 제정운동 당시부터 꾸준히 이 문제를 제기해왔다. 이 운동은 단순히 법조항을 개정하는 것만이 아니라, 인간관계에서 상대방을 나와 동등한 인격체로 존중하는 ‘삶의 기본’을 바로 세우는 일이다.

형법 제297조 강간죄는 “폭행 또는 협박으로 사람을 강간한 자는 3년 이상의 유기징역에 처한다”고 규정되어 있다. 여기에서 폭행·협박은 피해자의 반항을 불가능하게 하거나 또는 현저히 곤란하게 할 정도여

---

1 이 글은 이화여자대학교 한국여성연구원의 『여성학논집』 제36집 2호(2019)에 실린 내용을 일부 수정·보완한 것임을 밝힌다. 우리 사회에서 다양한 형태로 #미투(MeToo)를 하고 있는 수 많은 피해생존자들과, 사회 변화를 향한 강한 의지와 열정으로 〈‘강간죄’ 개정을 위한 연대회의〉에서 함께하고 있는 활동가와 전문가들, 그리고 현장에 대한 존중을 바탕으로 운동의 역사적인 맥락에 대한 기록·정리의 의미부여 및 비판적인 보완 의견을 주신 세 분의 심사위원들께 마음 깊이 감사드린다.

야 한다. 일부 판례에서는 성폭력의 보호법익을 '성적 자기결정권'으로 접근하고 있지만, 아직도 얼마나 심한 폭행·협박이 있었는지에 초점을 둔 '최협의설'의 영향을 벗어나지 못하고 있다. 따라서 피해자들은 법적·사회적으로 폭행·협박의 상황에서 적극적으로 저항할 것을 요구받고 있고, 그렇지 않은 경우에는 '가짜 피해자'로 의심과 비난을 받는다.

얼마나 많은 성폭력 피해자들이 그 피해를 인정받지 못하는지는 국가의 성폭력 범죄처리 통계에서도 확인된다. 여성가족부의 자료를 보면(국가지표체계, 2019), 전국의 168개 성폭력상담소에서 2019년 한 해 동안 276,122건의 성폭력상담을 했다. 성폭력 피해자들 중 몇 퍼센트가 성폭력상담소에서 상담을 하고, 또 수사기관에 고소했는지는 명확히 알 수 없다. 다만, 대검찰청(2019)의 『범죄분석』 자료를 보면, 2018년 한 해 동안 성폭력은 32,104건이 고소되었고 검찰은 이 중 46%만 기소했다.[2]

2018년 #미투운동이 혁명처럼 일어나 우리 사회의 전반적인 변화를 촉구하고 있는 시점에서 '강간죄' 구성요건 개정운동이 다시 본격화되고 있다. 강간죄 개정운동은 성폭력에 대응하는 국가의 법과 제도가 외관상으로는 어느 정도 틀이 잡힌 것 같지만, 실제 그 이행과정에서 피해자의 권리는 제대로 보장받지 못하고 있는 현실에 주목한다. 이러한 현상의 근본 요인 중 하나를 강간죄의 구성요건으로 보고 이를 개혁하고자 하는 운동이다. '강간죄' 구성요건 개정운동은 성폭

2 성폭력범죄의 불기소 이유에는 '혐의없음' 비중이 높고, 입증의 어려움, 성폭력범죄의 협소한 정의, 피해자에 대한 불신 등을 들 수 있으며, 특히 혐의없음 불기소 비중이 높다는 점은 무고죄로 고소/인지될 가능성을 높이는 요인으로도 작동한다(김정혜, 2019).

력 범죄를 무엇으로 볼 것인가의 문제, 즉 성폭력의 의미 및 판단기준에 문제를 제기한다. 이 운동은 2019년 1월 15일, 한국여성단체연합 주최로 열린 〈#미투운동 이후의 과제와 전망: 여성운동 정책역량 강화 워크숍〉에서 한국성폭력상담소에 의해 구체적으로 제안되었다. 그해 3월 21일부터 전국의 208개 여성인권단체들이 〈'강간죄' 개정을 위한 연대회의(이하 '연대회의')〉를 결성했다. 마침 더불어민주당과 정부는 4월 10일 '성희롱·성폭력 근절대책 관련 당정 간담회'를 열고 비동의간음죄 신설을 전향적으로 검토하고 있다고 밝힌 바 있다(연합뉴스, 2019).

국제적으로도 UN 여성차별철폐위원회(CEDAW)에서는 2017년에 일반권고 제35호 제29조(e)에서 성범죄는 '자유로운 동의의 부재'를 기준으로 정의되어야 한다고 명시했다. 또한 2018년에 UN 여성차별철폐위원회는 제69차 세션 한국 제8차 본심의 결과 한국 정부에 형법 제297조를 개정하여 강간죄의 구성요건을 폭행·협박이 아닌 동의여부로 판단하라고 권고했다.

여성폭력과 관련된 입법운동은 일정 범위와 규모를 넘어서는 연대의 조직화와 담론의 정치를 기반으로 이루어지는 복합적인 동원과정이다(신상숙, 2007). 이 운동을 기록·정리하고 평가하는 작업은 운동현장만이 아니라 학술적으로도 중요한 의미를 갖는다. 그동안 여성운동현장에서는 밀려오는 문제들을 사회적으로 이슈화하고 피해자 지원 및 정책대응 등을 해오면서 정작 그 과정이나 결과의 이론화 작업에는 적극적이지 못했다. 이론과 현장은 서로에게 '마르지 않는 샘물'의 역할을 하며, 좀 더 다양하고 생생한 현장의 소리가 학술 논의의 장에서 다뤄지고 그 결과가 다시 운동현장으로 순환되어야 한다.

이 글은 2018년 #미투운동을 통해서 드러난 우리 사회의 성차별적 구조의 변화를 위한 법·제도 개선 움직임 중 '강간죄' 구성요건 개정 운동에 초점을 맞춰, 운동의 의미와 쟁점과 과제를 살펴보고자 한다. 연구방법은 관련 문헌 연구 및 〈'강간죄' 개정을 위한 연대회의〉 회의 자료, 각종 기자회견, 집회, 토론회 등의 활동내용과 국회 입법안 등을 중심으로 기술하고 분석했다.

1. '강간죄' 개정을 위한 운동의 역사적 배경과 맥락

반성폭력운동은 피해자 지원을 기반으로 관련법 제·개정운동과 성폭력에 대한 잘못된 통념·관행을 바꾸는 성문화운동을 양축으로 추진되어왔다. 1991년부터 시작한 법제정운동의 결과로 3년 만에 「성폭력처벌및피해자보호등에관한법률(1994), 이하 '성폭력특별법'」이 제정되어 가해자 처벌 및 피해자보장의 근거를 마련한 것은 획기적인 변화였다. 1995년에는 형법 제32장의 제목을 '정조에 관한 죄'에서 '강간과 추행의 죄'로 변경했다. 이후 수십 차례에 걸친 성폭력특별법 개정을 비롯해 「청소년의성보호에관한법률(2000)」, 「특정범죄자에대한보호관찰및전자장치부착등에관한법률(2007, 일명 '전자발찌법')」, 「성폭력범죄자의성충동약물치료에관한법률(2010, 일명 '화학적 거세법')」, 「여성폭력방지기본법(2018)」 등 성폭력관련법들의 제·개정이 지속적으로 이루어지고 있다.

'강간죄' 구성요건 개정 운동의 시발점은 1991년 성폭력특별법 제정운동을 들 수 있다. 당시에는 형법 제32장의 제목이 '정조에 관한 죄'로 규정되어 있어 폭행·협박으로 강간을 판단하는 것에 대한 문제제기보다는 정조의 개념이 얼마나 전근대적인지, 소위 '보호할 만한 가치가 있는 정조'인지 여부가 강간죄의 판단근거가 됨을 비판하는 것이 주된 문제제기였다(이상덕, 1997). 제안된 법안을 보면 국회에 청원한 여성단체 안에서는 성폭력을 '성적자기결정권의 침해행위로서 사람의 성적인 자유를 침해하는 일체의 행위'로 규정했다. 민주당 안과 국민당 안도 같은 입장이었으나 민자당 안에서는 성폭력의 명시적인 규정이 빠진 채 발의되었다. 결국, 1994년 제정된 성폭력특별법은 성폭력에 대한 기본개념 규정 없이 형법의 각 조항을 나열하는 것에 그쳐, 강간죄의 구성요건에 대해서는 제대로 논의되지 못한 아쉬움이 크다.

여성운동 단체에서 강간죄의 구성요건을 구체적으로 논의한 것은 성폭력특별법 제정 이후 10여 년이 지난 2005년부터 시작된 '여성인권법연대'[3]의 형법개정운동이다. 이 운동은 그동안의 반성폭력 법제화 운동이 피해생존자의 목소리를 담아내 성편향적인 법의 변화를 만들어왔다는 성과도 있지만, 기존의 가부장제 질서를 크게 훼손하지 않고 전복적이지 않았던 것에 대한 비판적 성찰에서 시작된 운동이라고 볼 수 있다(이미경, 2007). 당시 여성인권법연대에서는 법학자와 활동가들이 모여 2년 동안의 지난한 논의 끝에 형법 개정안을 마련했다. 이 형법 개정안의 핵심은 '동의 없는 성적 행동'의 처벌규정 신설, 최협의 폭행·협박설 폐기, 친고죄 폐지였다(이호중, 2007).

여성인권법연대의 형법개정안은 성폭력 관련 형법 체계를 뒤흔든

3 여성인권법연대는 한국여성단체연합의 성·인권위원회가 해소되면서 2005년에 결성된 회의체로, 서울여성의전화, 장애여성공감, 한국성폭력상담소, 한국여성단체연합, 한국여성민우회 성폭력상담소, 한국여성장애인연합, 한국여성의전화연합 등 여성인권운동단체와 이에 뜻을 함께하는 교수 및 법조인들이 중심이 되어 전반적인 여성인권법의 방향을 모색하는 장이었다.

획기적인 내용이어서 어떤 의원이 발의를 해줄지가 관건이었다. 다행히 열린우리당의 임종인 의원이 대표발의를 했고 공청회도 개최했다. 그러나 이 법안은 특별히 주목받지 못한 채 제17대 국회 회기만료로 자동폐기되었다. 그럼에도 여성인권법연대의 형법개정안은 이후 성폭력 관련법 연구에 중요한 시사점을 주고, 현재의 강간죄 구성요건 개정운동에도 준거틀이 되고 있다.

또한 2004년부터 지속해오고 있는 전국성폭력상담소협의회의 '수사·재판시민감시단' 활동은 형사사법절차에서의 2차 피해에 주목해 피해자 권리를 사회적으로 환기시키고 있다. 전국의 각 상담소에서 직접 피해생존자를 지원하면서 수사와 재판과정을 모니터링하여 그해의 디딤돌과 걸림돌을 추천하고 '수사·재판시민감시단'에서 이를 심사하여 선정·발표하는데, 대부분 강간죄 구성요건에 대한 해석과 맞닿아 있는 사례들이다(이미경, 2014).

한국성폭력상담소에서는 하급심의 준거가 되는 대법원 판결이 최협의설의 영향으로 피해자 권리를 보장하지 못하고 오히려 성폭력을 조장한다는 문제의식에서 2006년부터 '성폭력을 조장하는 대법원 판례바꾸기 운동'을 지속해오고 있다. 특히 이 운동의 초기에는 강간죄의 구성요건인 '최협의설' 비판을 위해 대법원 판례를 평석하여 대법관을 비롯한 법조인들에게 13개월 동안 매달 지속적으로 자료집을 보냈다. 2015년부터 모의재판, 판례평석 등의 방법으로 판례바꾸기 운동을 이어오고 있다. 한국여성민우회에서는 수사·재판과정을 모니터링하여 문제제기 및 개선방안을 제안하는 성폭력 피해자 재판동행 지원단 '첫사람'운동을 2013년부터 진행하고 있고, 2015년에는 상담소 개소 20주년 기념 "언제나 첫사람이 있었다"라는 발표회를 했다. 이외에도 "성폭력 피해를 구성하는 '성적수치심', 이대로 좋은가" 토론회

(2014) 등을 개최했다.

부산성폭력상담소는 "경찰의 2차적 성폭력 근절을 위한 종합 세미나(2005)", "미투집담회: 2차 피해 없는 법정을 위해(2019)" 등을 개최했다. 또한 부산성폭력상담소·부산여성단체연합·부산대 여성주의실천동아리 여명·부산 켐퍼스페미네트워크의 공동주최로 "성폭력 피해자 죽음으로 내모는 사법부는 2차 가해를 중단하라(2019)"며 사법부 규탄 촛불집회를 여는 등 다양한 활동을 펼치고 있다. 전남여성인권단체연합에서는 장성군수 성폭력사건과 함평군수 성폭력사건, 군의회 의원들의 해외 연수를 빙자한 성매매 사건 등에 2년여 동안 공동대응해왔고, "전남 #미투 공동행동의 의미와 발전방향 모색 토론회(2019)"를 개최했다. 이처럼 전국적으로 일어나고 있는 다양한 미투운동과 이를 지원하고 대응하는 여성운동의 연대경험들이 축적되고 있다.

2018년 #미투운동 속에서 한국여성단체연합에서는 그해 8월부터 10월까지 성차별적인 사회구조를 변혁하기 위한 법과 제도개선을 위해 회원단체들과 민변 여성인권위원회, 관련 전문가들과 함께 TF를 꾸렸다(최은순, 2018). TF에서는 2달여 동안의 논의 결과를 정리해 11월에 미투운동 중점 입법 과제 해결을 위한 성평등 포럼인 "#미투운동, 法을 바꾸다"를 개최했다. 미성년자 의제강간, 스토킹, 2차 피해, 고용·노동·예술분야 성폭력, 학교 성폭력 등 다양한 주제를 다룬 이 포럼의 첫 번째 발제는 "강간죄 구성요건 재구조화"였다. 발제자는 비동의를 "상대방의 동의 없이"로 규정하고, 형법 297조 강간죄의 구성요건을 비동의·위계·위력·폭행·협박으로 배치한 입법 발의안을 제안했다(정이명화, 2018). 이외에도 각 단체별로 추진해온 강간죄 구성요건 관련 다양한 활동들의 토대 위에서, 2019년 연대회의가 출발할 수 있었다.

2. <'강간죄' 개정을 위한 연대회의> 활동의 내용

연대회의는 '강간죄'의 구성요건을 폭행·협박이 아닌 동의여부로 개정하고자 2019년 3월 21일에 전국 208개 여성인권단체들로 결성되었다[4]. 법개정운동은 법적으로 피해생존자의 권리를 두텁게 보장할 뿐만 아니라, 우리 사회의 성폭력에 대한 기본인식을 바꾸는 일이기 때문이다. 특히 "여성들은 동의에 의한 성관계와 강간 사이의 연속선상 어딘가에 위치지울 수 있는 수많은 비동의적인 성을 경험하고 있다는 점" (최은순, 1993)에서 이는 더욱 중요한 문제이다. 1994년 성폭력특별법 제정이 일반인들에게 성폭력이 사회적 범죄라는 인식을 확산시키고 고소율을 높임으로써 성폭력 추방에 크게 기여했다는 평가(민경자, 1999)는 강간죄 구성요건의 개정이 우리 사회 구성원들의 성(sexuality)을 대하는 인식과 태도를 바꿀 수 있다는 희망이기도 하다. 나아가 강간죄의 구성요건을 '폭행·협박'에서 '동의여부'로 전환하는 것은 가부장제 사회의 남성중심적인 시각에서 형성된 성편향적인 법에 대한 전면적인 도전이다. 연대회의의 구체적인 활동을 살펴보면 다음과 같다.

1) 형법 개정안 마련, 의원발의 촉구 및 정부와의 거버넌스를 통한 논의 확산

연대회의는 법학자, 법조인, 활동가들이 함께하는 전문가회의를 진행하면서 20대 국회에서 의원발의를 목표로 형법 개정안을 마련했다.

---

4 2020년 11월 16일 현재, 연대회의는 12개 집행위원회 단체를 포함해 총223개 단체가 함께하고 있다.

법안의 주요 내용은 첫째, 성폭력 관련 특별법을 형법으로 통합. 둘째, 비동의를 성폭력의 기본 구성요건으로 하는 체계 개편 및 최협의설의 폐기. 셋째, 강간/유사강간/추행의 삼부체계를 동의없는 성적행동/강간으로 재구조화. 넷째, 가중요건 및 특별법 구성요건의 재조정 등이다(이경환, 2019). 법안을 마련한 연대회의에서는 작년 11월 13일 심상정·이정미·남인순·백혜련·권미혁·정춘숙·김삼화 등 3개 정당 7명의 국회의원들과 "20대 국회 강간죄 개정을 위한 토론회: 성폭력 판단기준, '폭행·협박'이 아닌 '동의여부'로!"를 공동주최했다. 또한 다양한 학회와 정부위원회, 각 지역·단체 등에서 '강간죄' 구성요건 개정의 필요성을 논의하는 토론회를 제안·참여하고 있다. 이를 통해 성인지감수성을 담은 법담론을 생산하고 구체적인 논의를 확산시켜 사회적 분위기를 새롭게 조성하고자 한다.

2019년 9월 27일에는 대통령 직속 정책기획위원회에서 주최한 "미투 이후 법·정책 마련을 위한 전문가 간담회"에 '강간죄' 개정을 위한 연대회의의 활동가와 전문가들이 참여해 의견을 개진했다(이호중, 2019). 또한, 법무부 검찰국 형사법제과나 대검찰청 형사부 담당자들과의 면담을 통해 연대회의의 강간죄 구성요건 개정의 당위성을 설명했다. 나아가 9월부터는 '미투운동과 함께하는 시민행동'과 함께 정의당, 바른미래당, 더불어민주당 등 각 당대표나 원내대표 면담을 통해 법개정운동의 취지를 전달하고 각 당의 협력을 요청하였다. 2020년 4월 2일에는 추미애 법무부장관을 면담하여 강간죄 개정의 필요성을 전달하고, 이어서 5월에는 한국여성단체연합과 함께 「성평등한 21대 국회를 위한 정책간담회」의 일환으로 더불어민주당, 정의당의 초선의원들을 만나 협조를 요청했다. 그리고 9월에는 국회 법제사법위원회의 입법조사관 면담 등을 진행했다.

또한, 대통령 직속 정책기획위원회나 범정부 성희롱·성폭력 및 디지털성범죄 근절 추진 협의회, 법무부 법무·검찰개혁위원회, 법무부 성폭력·성범죄대책위원회, 국방부 양성평등위원회, 경찰청 수사정책위원회, 경찰청 성평등위원회, 대법원 사법행정자문위원회 등 단체활동가들의 정부 각 위원회 활동에서도 자료 공유 및 논의 제안 중이다.

이러한 거버넌스를 통해 각 부처에 강간죄 구성요건의 변화를 촉구하고 있다. 2005년 여성인권법연대의 형법개정운동 당시와 비교하면, 현재는 민·관거버넌스 방식 등 좀 더 다양한 채널을 통한 법개정운동을 펼쳐갈 수 있는 여건이 마련되었다고 평가할 수 있다.

연대회의에서는 2019년 11월 말 법안 초안을 마련하여 국회 법제사법위원회 의원들을 비롯해 몇 명 의원들에게 법안발의를 제안했으나 "바쁘다", "강간죄 개정 같은 것은 여성의원들에게 가보라"는 등의 이유로 매번 거절을 당했다. 이러한 배경에는 강간죄를 동의여부로 판단하는 것에 대한 일부 남성들의 저항을 크게 의식한 것으로 보인다. 국회의원들이 유권자의 표를 의식하는 것을 넘어 삶의 지향점을 고민하고 도전하는 태도가 결여되어 있음은 큰 아쉬움으로 남는다.

2) 국회 법제사법위원들에게 의견서 전달 등을 통한 법개정 촉구

연대회의에서는 강간죄 구성요건 개정의 필요성을 의견서로 작성하여 국회 법제사법위원회 위원들에게 전달하고 이를 언론을 통해 홍보하는 방식으로 법개정에 압박을 가하고 있다. 1차 의견서(2019.3.30)는 "형법 제297조의 구성요건을 '동의' 여부로 개정하라"는 총괄적인 내용을 담았다. 2차 의견서(2019.7.9)는 2019년 1월부터 3월까지 전국성폭력상담소협의회를 통해 전체 66개 성폭력상담소에 접수된 강간(유사강간 포함) 상담사례들을 분석한 결과, 강간 피해사례 총 1,030명 중 직접적인 폭행·협박 없이 발생한 사례가 71.4%(735명)에 달한다는 결과를 통해 '최협의설'의 폐해를 지적했다. 2차 의견서는 연대회의 활동가들이 국회 법제사법위원회의 제1소위 소속 의원실을 직접 방문하여 전달했다. 3차 의견서(2019.8.13)는 국제법 및 해외입법례에서의 강간죄 판단기준을 소개했고, 4차 의견서(2019.9.18)는 무고죄 역고소 과정에서의 '최협의설'의 문제점을 담았다. 5차 의견서(2019.11.11)는 검찰에서 무혐의처분을 받은 사건 분석을 통해 최협의설의 문제점을 짚었다. 이후 가해자 변호인 시장의 구조적인 폐해 속에 드러난 강간죄 구성요건의 문제, '최협의설' 관련 최근 판례평석 등의 다양한 분야와 내용의 의견서를 계속 제출할 계획이다.

모든 의견서는 연대회의 활동가와 전문가들이 함께하는 전체회의에서 주제를 정하고 역할분담을 하여 작성하고 있다. 의견서의 초안이 마련되면 단체텔방에서 회람하여 의견을 받거나 회의시간에 논의를 통해 수정·보완하는 방식으로 진행된다. 특히 전국성폭력상담소의 상담사례 분석을 통해 피해자들이 겪고 있는 실제적인 문제점에 기반해 작성한 2차 의견서는 언론보도에서 매우 유의미한 자료로 인용되고 있다. 이처럼 성폭력 상담현장의 목소리를 정책화하는데 활용할 수 있었던 것은 연대회의 소속 단체들간의 긴밀한 연대와 협력이 있었기에 가능한 일이었다.

또한 21대 총선시기에 연대회의에서 널채움과 셰도우핀즈와의 협업으로 'Call21st' 프로젝트를 진행했다. 이 운동은 인터넷 사이트[5]를 개설해 전국 1,430명 국회의원 후보자를 대상으로 '강간죄' 구성요건

5 https://call21st.works/

개정에 대한 찬·반입장을 알아보는 것으로, 총 167,398번 질문을 하여 206명의 응답을 받았다. 응답자 중 2명을 제외하고는 찬성입장을 보였고, 이들 중 5개 정당 45명의 후보자가 국회에 입성했다. 연대회의에서는 이후 입법활동을 하는데 후보시절에 '강간죄' 개정에 찬성한 45명의 국회의원들의 적극적인 참여를 기대하고 있다.

3) 대국민 홍보활동을 통한 사회 전반의 인식개선

연대회의에서는 집회, 기자회견, 기고, 언론인터뷰, 성명서, 입장문 등 언론홍보를 비롯해 카드뉴스, 웹자보를 활용한 대국민 홍보활동도 지속적으로 펼쳐나가고 있다. 2019년 7월9일과 11월 1일에는 연대회의에서 국회 법사위에 제출한 의견서를 요약한 카드뉴스를 발행하고, 9월 16일에는 "내가 당한 강간은 강간이 아니라고 한다"라는 제목의 동영상[6]을 제작하여 홍보했다.

9월 18일에는 국회 정문 앞에서 "강간죄 구성요건을 폭행·협박에서 '동의'로 개정하라"는 제목의 기자회견을 개최하여 법개정의 필요성과 강간죄에 대한 국제적 흐름을 소개하고, 형법 297조 안에 강간죄의 구성요건으로서 '동의여부'가 들어갈 것을 촉구했다. 9월 28일에는 '미투운동과 함께하는 시민행동'과 함께 제10차 페미광장으로 "강간죄 개정을 위한 총궐기 : 이제는 강간죄다. 폭행협박 증명요구 폐기하라!"는 제목의 집회를 광화문에서 진행했다. 이 집회에는 500여 명의 시민들이 참여하여 구호를 외치며 시내 행진을 했고, 특히 정리집회에서는 성폭력 피해생존자들이 직접 나서 최협의설의 영향 아래 있

6 https://www.youtube.com/watch?v=sFRjjYWqwTk

는 현행법 체계에서 자신이 겪은 2차 피해, 가해자 처벌의 어려움을 드러내며 법개정의 필요성을 발언하여 큰 울림을 주었다. 11월 13일에는 당일 강간죄 개정을 위한 토론회를 공동주최하는 국회의원들과 함께 국회 정론관에서 기자회견을 진행했다. 기자회견에 참여한 의원들은 발언을 통해 "강간죄 판단을 '동의여부'로 개정하는 것만이라도 이번 20대 국회에서 꼭 이뤄내자"는 의지를 밝혔었다.

2020년 2월 14일에는 "가해자 중심적인 성범죄 양형기준 재정비" 청원에 관한 청와대 국민청원답변이 공개됐다. 해당 청원은 작년 12월에 264,102명의 동의를 받아 마감됐다. 청원인은 '비동의'가 아닌 '항거 불능할 정도로 폭행과 협박'이 있어야만 처벌 가능한 성범죄의 성립조건을 지적했고, 수사·재판기관이 가해자에게 감정 이입해 기소유예, 무죄, 감형이라는 결과를 내지 못하도록 성범죄 양형기준을 재정비할 것을 촉구했다. 청와대는 "성범죄의 처벌 기준은 다수의 관련 법안이 국회에 계류 중인 상황이며, 국회를 중심으로 학계 및 시민단체를 포함한 다양한 의견이 논의되고 있는 상황이므로 입법부의 판단을 지켜볼 필요가 있다"고 답변했다. 이에 대해 연대회의에서는 "미투 이후 752일, 국가는 아직도 강간죄 개정 기다리라고만 하는가?—'가해자 중심적인 성범죄 양형기준 재정비' 청와대 국민청원답변에 부쳐"[7]라는 성명서를 내고 이를 비판했다. 이어서 8월 12일에는 "새로운 시대에 맞는 새로운 법체계, 비동의 강간죄로 만들자—정의당 류호정 의원 등 13인 비동의강간죄 발의에 부쳐"라는 카드뉴스를 내는 등 대중들과 소통을 위한 노력을 하고 있다.

---

7 http://www.sisters.or.kr/load.asp?sub_p=board/board&b_code=2&page=1&f_cate=&idx=5424&board_md=view

3. '강간죄' 구성요건의 개정에 대한 국회와 정부의 대응

#미투운동 이후 20대 국회에서는 발빠르게 150여 개의 성폭력 관련 법안들을 발의했고, 이중 일부 법안이 국회를 통과해 시행되고 있다. 반가운 일이지만 상당수 법안이 형량강화 수준에 머무는 등 근본적인 문제들은 제대로 짚어내지 못하고 있다. 특히 강간죄 구성요건 관련한 법안은 〈표 1〉에서 보듯이, 20대 국회에서 2018년 3월부터 2019년 6월까지 10개의 법안이 발의되었다. 특정 정당만이 아니라 5개의 정당(더불어민주당, 자유한국당, 바른미래당, 민주평화당, 정의당) 소속 의원들이 앞다투어 소위 '비동의간음죄' 관련 법안을 발의한 것은 매우 고무적이다.

이들 10개의 법안의 주요 골자를 유형별로 살펴보면, 비동의간음죄의 신설(천정배·이정미·김철민의원안)과, 폭행·협박요건을 비동의로 변경(김수민·강창일·백혜련·나경원·박인숙의원안), 유형력 요건과 비동의 요건을 함께 규정하는 안(홍철호·송희경의원안)으로 구분할 수 있다(장응혁, 2019). 그런데, 20대 국회는 선거법 개정안과 고위공직자범죄수사처 설치를 포함한 검찰개혁법안 등 신속처리 법안에 대한 이견으로 여·야 대치국면이었고 민생법안 처리는 뒷전으로 밀려 있었다. 강간죄 개정 법안은 #미투운동이 가져온 '선물'이자 준엄한 '요구'였음에도 발의한 의원들 중 누구도 적극적으로 법안의 통과를 위한 추후 활동을 하지 않았다. 또한 10개나 되는 법안이 상정되었다는 것이 그만큼 주요한 사안으로 인식되기보다, 오히려 서로 합의되지 않아 시간이 필요한 사안으로 법안처리를 기피하는 요인으로 작용했다. 결국 20대 국회 회기만료로 이들 법안은 모두 자동폐기되었다.

〈표 1〉 20대 국회에 상정되었던 강간죄 구성요건 관련 입법안

의안 번호	발의자 (제안일자)	"비동의" 문언	관련조문
2012532	자유한국당 홍철호의원안 (2018.3.19)	폭행이나 협박 또는 사람의 의사에 반하여 해당하는 사람을 강간	형법 제297조(강간), 제297조의2(유사강간)
		강도가 사람에 의사에 반하여 해당하는 사람을 강간	제339조(강도강간)
2012564	더불어민주당 강창일의원안 (2018.3.20)	상대방의 명백한 동의가 없는 상태에서 사람을 간음	형법 제297조(강간), 제297조의2(유사강간), 제298조(강제추행)
2012601	더불어민주당 백혜련의원안 (2018.3.22)	상대방의 의사에 반하여 사람을 간음	형법 제297조(강간), 제297조의2(유사강간), 제298조(강제추행) 제305조의3
2012795	민주평화당 천정배의원안 (2018.3.30)	동의 없이 사람을 간음	형법 제303조의2 제305조의2
2014938	자유한국당 송희경의원안 (2018.8.17)	폭행이나 협박 또는 상대방의 동의 없이 사람을 강간	형법 제297조(강간), 제297조의2(유사강간), 제298조(강제추행)
2014981	바른미래당 김수민의원안 (2018.8.21)	상대방의 부동의 의사에 반하여 사람을 간음	형법 제297조(강간), 제297조의2(유사강간)
		(피보호자) 상대방의 부동의 의사에 반하여 간음	제303조 제1항
2015062	정의당 이정미의원안 (2018.8.27)	사람의 명백한 거부의사 표시에 반하여 강간	형법 제32장(제297조 내지 제299조 제1항, 제305조의2)
		(피보호자) 명백한 거부의사 표시에 반하여 위력으로 강간	형법 제32장(제299조 제7항)
		사람의 심신상실 또는 항거불능의 상태 이용	형법 제32장(제300조)
		사람의 동의 없이 사람에 대하여 추행	형법 제32장(제303조)
		(피보호자) 위계 또는 위력으로 간음	형법 제32장(제304조)

의안 번호	발의자 (제안일자)	"비동의" 문언	관련조문
2015354	자유한국당 나경원의원안 (2018.9.6)	상대방의 의사에 반하여 사람을 간음	형법 제297조 내지 제298조, 제305조의3
		(피보호자)위계 또는 위력으로서 간음	제303조 제1항
		(피보호자+우월한 지위)명시적 동의 없이 간음	제303조 제2항
2019460	자유한국당 박인숙의원안 (2019.3.28)	동의 없이 사람을 간음한 사람	형법 제297조, 297조의2, 298조 (제299조 준강간등 삭제), 제305조의2
		미성년자 또는 심신미약자를 위계/위력으로써 동의를 받아 간음 또는 추행한 사람	형법 302조
		(피보호자)위계/위력으로써 동의를 받아 간음	형법 303조 제1항
2020810	더불어민주당 김철민의원안 (2019.6.4)	동의 없이 약물 등으로 인하여 심신미약 상태에 있는 사람을 간음	형법 297조 제2항
		상대방의 의사에 반하여 사람을 간음	형법 297조 제3항
		동의 없이 약물 등으로 인하여 심신미약 상태에 있는 사람에 대하여 제297조의2 제1항에 따른 행위	형법 297조의2 제2항
		상대방의 의사에 반하여 사람을 간음	형법 297조의2 제3항
		동의 없이 약물 등으로 인하여 심신미약 상태에 있는 사람을 추행	형법 298조 제2항
		상대방의 의사에 반하여 사람을 추행	형법 298조 제3항

자료: 장다혜, '강간죄' 개정을 위한 연대회의 회의자료(2019. 4. 18), pp.2-3.

〈표 2〉 21대 국회에 상정된 강간죄 구성요건 관련 입법안

번호	의안번호	발의자 (제안일자)	"비동의" 문언	관련조문
1	2100245	더불어민주당 백혜련의원안 (2020.6.8)	상대방의 의사에 반하여 사람을 간음한	형법 297조(강간), 297조의2(유사강간), 298조(강제추행), 305조의4(폭행 또는 협박)
2	2102898	정의당 류호정의원안 (2020.8.12)	상대방의 동의 없이 사람과 성교한 사람	형법 297조(강간), 298조(강제추행), 300조(미수범), 301조(강간등 상해·치사), 301조의2, 303조(구금된 사람에 대한 성교·추행), 305조의2, 305조의3, 306조(정의)

21대 국회에서는 현재까지 〈표 2〉와 같이 두개의 법안이 발의되었다. 백혜련 의원이 대표발의한 법안은 형법 297조의 '폭행·협박'을 '상대방의 의사에 반하여'로만 개정했고, 류호정 대표발의한 법안은 형법 32장의 제목을 성적 침해의 죄로 바꾸고, 297조 등을 '상대방의 동의 없이'로 재구성했다. 류호정 의원안은 연대회의에서 마련한 법안을 비교적 많이 수용한 것으로 평가된다.

4. 강간죄 구성요건 개정운동의 쟁점

1) 법개정운동의 범위 및 용어의 변경

연대회의에서는 법개정 운동의 범위를 어디까지로 할지 진지하게 논의해왔다. 이는 2000년대 중반의 여성인권법연대에서도 마찬가지였다. 그만큼 성폭력 관련법이 「형법」, 「성폭력범죄의처벌 등에관한특례

법」, 「성폭력방지및피해자보호등에관한법률」, 「아동·청소년의성보호에관한법률」 등에 산발적으로 규정되어 있기 때문이다. 실제 상담현장에서 보면, 형사사법절차의 담당자들도 혼동하여 잘못된 법안을 적용해 문제가 된 경우도 있다. 이들 각 법안들을 조율하고 정리할 필요성은 늘 제기되어왔고, 정부나 단체에서 몇 차례 재정비가 시도되기도 했지만 성공적이지 못했다[8]. 이 방대한 작업은 단시일 내에 진행하기 어렵고, 많은 연구와 논의가 필요하다는 점에서 본 연대회의에서는 운동의 범위를 전반적인 성폭력 관련 형사법 체계 중 '강간죄'의 구성요건에 동의여부를 넣는 것을 주요 목표로 설정했다.

현재 국회나 언론에서는 강간죄 구성요건에서 '동의여부' 관련한 규정을 주로 '비동의간음죄'로 명명하고 있다. 그러나 '간음'의 사전적 의미(Daum 사전, 2020)가 '결혼한 사람이 배우자가 아닌 이성과 성관계를 맺음'이고, '간음하다'의 사전적 의미는 '성관계를 맺다'로 통용되는 사회에서 '비동의간음죄'는 용어상 성폭력의 특성을 담아내지 못하는 문제를 내포하고 있다. 특히 한자어인 간음(姦淫)은 간통, 간악하다는 뜻의 간(姦)을 채용하고 있는데 이는 여(女)를 세 번 쌓아 쓴 여성혐오적 한자표현이기도 하다. 따라서 잘못된 의미의 용어[9]를 바꾸기 위한

8 2016년, 법무부 형사법제과에서는 〈성폭력범죄 처벌규정 개선위원회〉를 꾸리고 성폭력 관련 법안들을 통합하고자 했으나, 몇 번의 회의 및 간담회를 통해 문제의식만 공유된 채, 담당자의 교체 등으로 큰 진전 없이 마무리되었다.

9 어떤 현상을 명명(naming)한다는 것은 그 사회의 인식과 문화를 나타내므로 매우 중요한 의미가 있다. 한 신문사의 기사검색을 통해 성폭력 관련 용어의 변화를 살펴본 연구에 의하면(신상숙, 2007: 60-61), 1960년대에는 '강간' 외 '능욕', '겁탈'이란 표현이 쓰였고, 1970년대에는 '추행'이란 말이 늘어났으며 1980년대 후반부터는 '성폭행', '인신매매', '가정파괴', '성고문' 등이 쓰였고, 1990년대에는 '성폭력', '성희롱'이라는 표현이 상당한 비중을 차지했다.

구체적인 노력이 필요하다.

또한 〈표 1〉, 〈표 2〉에서 보듯이, 20대~21대 국회에 상정된 강간죄 구성요건에 관한 법률 12개 중 '비동의'의 정의를 '상대방의 명백한 동의가 없는', '상대방의 의사에 반하여', '동의 없이', '상대방의 부동의 의사에 반하여', '사람의 명백한 거부 의사 표시에 반하여', '명시적 동의 없이' 등 매우 다양하게 규정하고 있다. "상대방의 의사에 반한 경우(No Means No Rule)"와 "명백한 동의의 의사가 없는 경우(Yes Means Yes Rule)"의 장단점을 면밀히 검토할 필요가 있다. 참고로 2016년 캐나다 온타리오 법원의 "강간당하기를 원하는 사람은 아무도 없다. 취약한 피해자를 이용하거나 피해자의 신뢰를 배신하여 성폭력을 저지른 것에 대한 비난과 책임은 온전히 가해자의 몫이어야 한다. 피해자가 입맞춤, 포옹, 혹은 다른 성적 접촉에 참여했다고 하더라도 피해자는 성행위를 거부할 권리를 갖는다"는 판결문이 시사하는 바가 크다(한국성폭력상담소, 2017). 그런 의미에서 21대 국회에 발의된 정의당 류호정 의원안은 형법 제32장의 표제를 '성적침해 죄'로 명명하여, 강간죄를 바라보는 기본 관점부터 재점검하고 있음을 볼 수 있다.

2) 강간죄 판단기준으로서 '동의여부' 도입 필요성 논증

강간을 폭행·협박이 아닌 '동의여부'로 판단하는 것에 대해 피의자나 피고인의 방어권 보장 측면에서 논란의 소지가 많다는 지적이 있다. "범죄 행위자의 처벌 여부가 전적으로 피해자의 의사에 따라 좌우된다는 불합리한 결과(이영란, 1994)"라거나, "그 행위양태가 다양하고 외연이 불분명해 명확성을 본질적 요소로 갖는 형법상의 범죄로 규정하는 데 큰 어려움이 따른다(서보학, 1998)"는 비판이 있다. 그러나 법원은 이미 내심의 의사에 따라 판단하는 객관적 기준을 마련해두고 있다. "피해자에 대하여 이루어진 행위에 대하여 피해자의 동의가 있었는지 여부는 그 행위의 경위 및 태양, 피해자의 연령, 범행 당시의 정황 등 여러 가지 상황을 종합적으로 고려하여 볼 때 그 행위로 인하여 피해자의 성적 자유 또는 성적 자기결정권이 침해되었는지를 기준으로 삼아 구체적·개별적으로 판단하여야 한다"[10]는 대법원 판례가 제시하는 방향성은 이미 변화가능성을 열어가고 있다. 또한 형사절차에서의 공방 내용이 피고인의 인식이라는 내심의 영역에 관하여 이루어지기 때문에 강간죄 구성요건에 비동의 요건을 도입하는 경우, '동의 없이'로 규정하는 방식이 타당할 것이다(김선화, 2019).

폭행·협박·위력은 없었지만 동의 없이 이뤄진 성교가 범죄로 처벌되는 것은 과잉범죄화의 폐해를 바로 불러일으킬 것이라는 우려도 있다. 즉, "피해 여성을 보호하기 위해 무조건 형법이 동원되어야 한다는 것은 오히려 여성주의의 '적'인 가부장주의의 관념의 산물일 수 있다"는 지적이다(조국, 2003). 이 주장에 의하면, 남성의 행위를 범죄로 규정하여 남성의 자기통제를 요구하고 여성을 보호해야 한다는 논리는 여성의 의지와 능력을 폄하한다는 것이다. 그러나 강간죄를 '동의 여부'로 판단한다는 것은 이번 #미투운동에서도 명확하게 보여주었듯이 "강간에 대한 현재의 법률만으로는 처벌할 수 없는 영역에 대한 문제제기이자, 강간피해 경험을 가진 여성들이 법률에서 인정받지 못한 자신들의 경험을 법률 속에 새롭게 담아내려는 시도이며, 강간의 판단기준을 남성에서 여성으로, 가해자로부터 피해자에게로 이동시켜 보다 균형 잡힌 법률해석을 가능하게 할 것(이유정, 2007)"이다. 그리

10 대법원 2019. 6. 13. 선고 2019도3341 판결.

고 이러한 비동의 요건은 성적자기결정권이라는 보호법익과의 조화와 피해자에 대한 2차 피해의 최소화, 그리고 형사법 원칙과 체계에 부합하는 입법에 대한 고려 속에서 이루어져야 한다(장다혜·이경환, 2018). 한국형사정책연구원에서 각 분야에서 경력이 10년 이상 되는 경찰, 교수, 검사, 판사, 변호사, NGO활동가 등 총 48명의 전문가들의 의견을 조회한 결과 응답자의 54.2%는 '폭행·협박의 유형력 요건을 제거하고 비동의 요건으로 대체해야 한다'고 응답했다(장다혜·홍영오·김현숙, 2018).

또한 최근의 #미투운동은 형법개혁 논의의 중요한 계기이지 당장 형법을 개정해야 할 근거라고 보기는 어렵다며, 영국의 경우 50년 만의 형법개정에서 30여 년에 걸친 여성주의적 요구를 반영하여 2003년 성범죄법을 개정한 사례를 들기도 한다(김한균, 2018). 이러한 시기상조론은 실제 상담현장에서 강간 피해자의 71.4%가 폭행·협박이 없는 상태에서 피해를 입고 있는 부정의한 현실에 무감각한 반응이다. 또한 1991년 성폭력특별법 제정운동 당시부터 30여 년 동안 한결같이 '강간죄'의 구성요건을 개정하라는 여성들의 목소리와 다양한 운동의 지형을 간과하고 있음을 보여준다.

한편, '동의여부'로 판단한다는 것은 폭행·협박에 기반한 강간죄 규정하에서도 피의자/피고인이 피해자를 무고죄로 역고소 하는 현실에서 이후 훨씬 논란을 가중시킬 수 있다는 점에서 우리 사회의 큰 도전이기도 하다. 현행법체계에서 동의의 착오에 관한 엄격한 해석으로 피해자가 '이건 강간이야'를 외치자 중단한 경우에도 무죄 판결[11]을 한 경우를 보더라도, 이는 가해자의 착각 또는 오해가 아니라 실상 내숭

11 대법원 2015. 8. 27. 선고 2014도8722 판결.

정도로 치부해버리는 일방적 무시였다는 점을 지적할 수 있다(유주성, 2016).

20대 국회에서 발의된 10개의 강간죄 구성요건 관련 법안은 법제사법위원회 제1소위에서 심의할 예정이었으나, 2019년 3월 25일, 제1차 회의에서 본 법안에 대한 법무부와 법원행정처의 입장을 가져오라고 한 이후 논의가 이어지지 못했다. 이에 대해 "법무부는 최근에는 강간죄 성립을 넓게 인정하는 추세이며 전문가 의견 수렴 및 충분한 연구 등 종합적 논의가 필요하다는 입장이고, 법원행정처는 입법정책적으로 결정할 사안(전상수, 2019)"이라며 공을 미뤘다. 이처럼 법무부와 대법원이 직접적인 반대를 표명하지는 않지만 앞장서서 논의를 끌고 갈 의지를 전혀 보이지 않는 것은, 연대회의 운동에 중요한 시사점을 준다. 즉, 시민사회의 적극적인 대응이 없으면 형법제정 이후 66년 동안 지속되어온 '최협의설'의 법·제도·관행은 절대로 변화하지 않을 것이다. 21대 국회에서는 현재까지 2개의 개정안이 법제사법위원회 제1소위원회에 회부되어, 이후 소위원회의 논의가 시작될 전망이다. 연대회의에서는 강간죄 구성요건을 동의여부로 두는 것에 대한 논박에 좀 더 촘촘한 대응 논리를 개발하고, 이를 국회와 다양한 통로로 설득·소통해나갈 필요가 있다.

5. 남은 과제와 법개정운동의 방향

〈'강간죄' 개정을 위한 연대회의〉 활동은 성폭력 피해자의 권리를 보장하고, 형사·사법절차의 담당자 및 일반 대중들에게 성폭력의 판단기준은 폭행·협박이 아닌 동의여부임을 알려내고자 시작했다. 여성운동이 법 제·개정 활동에 치중한다는 비판의 목소리도 있지만, 법과 일상은 서로 영향을 주고받는 구조라는 점에서 강간죄 구성요건의 개정을 매우 중요한 운동과제로 선택할 수밖에 없다. 법은 사회적 인식·현상들과 상호작용하면서 변화되어 간다는 점에서, 일반 시민들이 성폭력을 어떻게 바라보고 있는지는 법개정운동에 가장 중요한 변수이다. 따라서 국회나 정부만이 운동의 대상이 아니라, 대중의 일상생활에서 성인지감수성을 키우는 체계적이고 효율적인 교육·홍보가 선행되어야 할 것이다. 이는 연대회의 활동이 앞으로 어떻게 시민들과 소통할 수 있을지 많은 고민과 노력을 기울여야 할 이유이기도 하다.

그동안의 성폭력 관련법 제·개정 과정을 돌아보면, 어떤 변화도 저절로 오지는 않았다. 법 규정 하나하나가 수많은 피해자들의 용기와 여성운동단체들의 연대로 가능할 수 있었다. 이번 '강간죄' 구성요건의 개정, 즉 '최협의설 타파' 운동은 더 이상 피해자들에게 피해 당시 폭행·협박이 있었음의 증명을 요구할 것이 아니라, 가해자들에게 피해자의 명확한 동의가 있었는지를 물어야 한다는 입장이다. 강간죄의 구성요건을 '폭행·협박에서 동의여부'로의 패러다임 전환은 가부장제 사회의 남성중심적인 시각에서 형성된 법의 '합리성'이나 '객관성'이 얼마나 피해자의 경험과 목소리를 배제하고 있었는지에 대한 성찰이기도 하다. #미투운동이 던져준 과제 중 하나는 성폭력을 규율하는 형법체계를 근본적으로 성찰하고, 젠더권력의 편향성을 제거하는 방향으로 나아가는 것이다(이호중, 2019). 따라서 강간죄 구성요건의 개정은 #미투운동에의 응답이 될 것이다.

여성운동 현장에서 우리가 경험하고 있는 셀 수 없는 감동의 순간들, 특히 2018년 #미투운동은 우리에게 연대의 힘이 얼마나 강력하고 아름다우며 힘을 내게 하는지를 절감하게 했다. 이제, 강간죄 구성요건을 변화시키는 법제화 및 우리 사회 성문화를 바꿔 가는 운동이 다시 시작되었다. 연대회의에서는 강간죄를 판단하는 단 하나의 기준으로서 '적극적 합의'가 법조문에서만이 아니라, 우리 모두의 상식이자 일상의 실천이 되는 세상을 만들어가고자 한다. 다행히 #미투운동의 시발점이 되었던 전 충남도지사의 성폭력 사건의 '위력'에 대한 2019년 법원의 전향적 판결로 우리 사회는 한 걸음 더 나아가게 되었다. 그러나 2020년에도 이어지고 있는 전 부산시장과 전 서울시장의 위력성폭력 사건은 진정한 변화가 얼마나 더디게 진행되는지를 보여주고 있다. 그런 의미에서 여성운동은 현행 '강간죄'의 구성요건이 구체적으로 성폭력 피해자의 권리를 어떻게 침해하고 여성들의 일상을 위협하는지, 이후 운동방향을 어떻게 세워갈 것인지에 대한 진지한 성찰과 탐구, 도전, 연대를 계속해 갈 것이다.

참고문헌

김선화(2019), "'저항'에서 '동의'로", 「미투 이후, 형사사법 패러다임의 변화」, 한국젠더법학회·한국여성정책연구원 주최 춘계공동학술대회 자료집(2019.4.27.).

김정혜(2019), "검찰 사건 처리 통계로 본 성폭력 무고 사건의 현황", 「성폭력 무고의 젠더분석과 성폭력 범죄 분류의 새로운 범주화」, 대검찰청·한국여성정책연구원 공동주최 포럼 자료집(2019.7.19).

김한균(2018), "비동의 간음죄 입법론의 비판적 검토", 『형사법의 신동향』, 제59권, 415-443쪽.

대검찰청(2018), 『범죄분석』, 서울: 대검찰청.

민경자(1999), "성폭력 여성운동사", 한국여성의전화 엮음, 『한국 여성인권운동사』, 서울: 한울아카데미.

서보학(1998), "성폭력 범죄와 형법 정책", 『현상과 인식』, 제22권 1·2호, 43-63쪽.

신상숙(2007), "한국 반(反)성폭력운동의 제도화와 자율성에 관한 연구", 서울대학교 사회학과 박사학위논문.

유주성(2016), "강간죄 성립의 판단기준으로서 피해자의 동의와 저항-대법원 2015.8.27. 2014도8722판결-", 『비교형사법연구』, 제18권 1호, 33-60쪽.

이경환(2019), "성폭력 형법 개정안의 주요 내용과 쟁점", 「20대 국회 강간죄 개정을 위한 토론회 : 성폭력 판단기준, '폭행과 협박'이 아닌 '동의여부'로!」, 국회의원 심상정·이정미·남인순·백혜련·정춘숙·김삼화·국회아동여성인권정책포럼·정의당 여성본부·'강간죄'개정을 위한 연대회의 공동주최 토론회 자료집(2019.11.13).

이미경(2007), "성폭력 피해생존자의 권리를 보장하는 형법 마련을 위해", 「성폭력 관련 형법개정안 공청회」, 여성인권법연대·임종인 국회의원 공동주최 토론회 자료집(2007.2.8).

_____(2014), "성폭력 법·정책을 통해 본 피해자의 권리 -'성폭력 수사·재판시민감시단'의 모니터링 결과분석을 중심으로", 『입법과 정책』, 제6권 제1호, 국회입법조사처, 69~100쪽.

이상덕(1997), "성폭력특별법 입법과정에 대한 분석적 연구", 중앙대학교 사회개발대학원 사회복지학과 석사학위논문.

이영란(1994), "성폭력특별법의 형법적 고찰", 『피해자연구』, 제3호, 19-31쪽.

이유정(2007), “비동의간음죄의 신설에 대한 논의”, 한국성폭력상담소 엮음, 『성폭력, 법정에 서다: 여성의 시각에서 본 법담론』, 서울: 푸른사상.

이호중(2007), “성폭력 형법 개정안의 주요 내용과 쟁점”, 「성폭력관련 형법개정안 공청회」 자료집(2007.2.8).

_____(2019), “강간죄 개정의 필요성, 의미와 방향”, 「미투 이후 법·정책마련을 위한 전문가 간담회」 자료집, 대통령직속정책기획위원회 포용사회분과(2019.9.27).

장다혜·이경환(2018), 『형법상 성폭력범죄의 판단기준 및 개선방안 – 비동의간음죄의 도입가능성을 중심으로』, 서울: 한국형사정책연구원.

장다혜·홍영오·김현숙(2018), 『젠더폭력 관련 법체계 개선방안』, 서울: 여성가족부.

장다혜(2019), “현재 국회에 상정된 강간죄 구성요건 관련 입법안”, ‘강간죄’ 개정을 위한 연대회의 제3차 회의자료(2019.4.18).

장응혁(2019), “성폭력 형법 개정안의 평가와 과제”, 「20대 국회 강간죄 개정을 위한 토론회 : 성폭력 판단기준, ‘폭행과 협박’이 아닌 ‘동의여부’로!」, 국회의원 심상정·이정미·남인순·백혜련·정춘숙·김삼화·국회아동여성인권정책포럼·정의당 여성본부·‘강간죄’개정을 위한 연대회의 공동주최 토론회 자료집(2019.11.13).

전상수(2018), “형법 일부개정법률안 검토보고 : 형법 제297조 비동의간음죄 등 신설”, 제364회 국회(정기회) 제3차 법제사법위원회(2018.9)

정이명화(2018), “강간죄 구성요건 재구조화”, 「#미투운동, 法을 바꾸다」, 한국여성단체연합 주최 #미투운동 중점 입법 과제 해결을 위한 성평등 포럼자료집(2018.11.1).

조국(2003), 『형사법의 성편향』, 서울: 박영사.

최은순(1993), “여성과 형사법”, 『법과사회』, 제8권, 95-120쪽.

_____(2018), “#미투국면에서 법·제도 개선 흐름과 방향”, 「#미투운동, 法을 바꾸다」, 한국여성단체연합 주최 #미투운동 중점 입법 과제 해결을 위한 성평등 포럼자료집(2018.11.1).

한국성폭력상담소(2017), 『단 하나의 기준, 적극적 합의: 캐나다 온타리오 법원, [2016. 7. 21. 선고 2016ONCJ448 판결]』, 중요한 성폭력판결시리즈 1, 강예은·박아름(역), 신윤진(감수), 서울: 한국성폭력상담소.

기타자료

대법원 2015. 8. 27. 선고 2014도8722 판결.

대법원 2019. 6. 13. 선고 2019도3341 판결.

https://www.youtube.com/watch?v=sFRjjYWqwTk "내가 당한 강간은 강간이 아니라고 한다", '강간죄' 개정을 위한 연대회의(2019). (최종검색일: 2020.11.22.)

http://www.sisters.or.kr/load.asp?sub_p=board/board&b_code=2&page=1&f_cate=&idx=5424&board_md=view, "미투 이후 752일, 국가는 아직도 강간죄 개정 기다리라고만 하는가?-'가해자 중심적인 성범죄 양형기준 재정비' 청와대 국민청원답변에 부쳐", '강간죄' 개정을 위한 연대회의(2020). (최종검색일: 2020.11.23.)

https://call21st.works/ "나는 오늘 '성평등'에 투표합니다. 강간죄 판단 기준을 '동의' 여부로 바꾸는 데 찬성하십니까?", '강간죄' 개정을 위한 연대회의(2020). (최종검색일: 2020.11.23.)

http://www.index.go.kr/potal/main/EachDtlPageDetail.do?idx_cd=1591 국가지표체계(2020). 여성가족부「여성폭력관련시설 운영실적」(최종검색일: 2020.11.22.)

https://dic.daum.net/search.do?q=%EA%B0%84%EC%9D%8C Daum 사전 (최종검색일: 2020.11.22.)

https://www.yna.co.kr/view/AKR20180410053800001?input=1179m 연합뉴스(2018.4.10.), "당정, 성폭력 대책 협의…강간죄 성립기준 완화 검토" (최종검색일: 2020.11.22.)

형법상 성폭력법체계의 개선방향[1]
: 성적 자기결정권 의미구성을 중심으로

| 장다혜 |

2018년 한국사회 변화의 중요한 흐름을 추동했던 미투운동은 이른바 '권력형 성폭력'에 대한 사법적, 사회적 물음을 던졌다. 성적 침해의 강제력 행사수단이 폭행·협박과 같은 유형력이 아닌 소속된 집단 내부 권력관계로 인한 무형의 지배력이라는 특징을 가진 '권력형' 성폭력에 현재 형법상 성폭력법체계가 대응할 수 있는지에 대해서는 2018년 11월 현재까지 부정적인 평가가 주류적이다. 공소시효가 지난 성폭력 대응의 한계를 차지하고라도, 이윤택 전 연희단거리패 예술 감독의 상습강제추행 1심 유죄 판결(『한겨레』, 2018.9.19.)을 제외한

1 이 글은 한국여성연구원에서 주최한 미투기획포럼을 통해 발표된 원고와 한국형사정책연구원의 2018년도 수시연구과제인 장다혜·이경환의 "형법상 성폭력범죄의 판단기준 및 개선방안: 비동의간음죄의 도입가능성을 중심으로"의 내용을 재구성한 『여성학논집』 제 35집 2호(2018년)에 게재된 논문 "형법상 성폭력법체계의 개선방향: 성적 자기결정권 의미구성을 중심으로"를 수정·보완한 것이다.

대부분의 사건들은 무혐의로 불기소 처분되거나 무죄 판결을 받았다. 특히 안희정 전 충청남도 도지사의 수행비서에 대한 피감독자간음에 대한 1심 무죄 판결은 현재 사회구성원들의 권력형 성폭력에 대한 문제인식을 현행 형법상 성폭력법체계와 사법부가 따라가지 못한다는 비판을 불러일으켰다(『오피니언뉴스』, 2018.8.15.). 현행 형법 등 성폭력 관련 법률의 한계에 대한 인식은 이른바 '미투입법'으로 불리는 형법 및 성폭력 관련 법률 개정안 발의로 이어졌으며, 이 중「형법」상 업무상 위력 등에 의한 간음죄(제303조 제1항)의 법정형이 기존 "5년 이하의 징역 또는 1천500만 원 이하의 벌금"에서 "7년 이하 징역 또는 3천만 원 이하의 벌금"으로,「성폭력범죄 처벌 등에 관한 특례법」상 업무상 위력 등에 의한 추행죄(제10조 제1항)의 법정형이 기존 "2년 이하의 징역 또는 500만 원 이하의 벌금"에서 "3년 이하의 징역 또는 1천500만 원 이하의 벌금"으로 2018년 9월 20일 개정되어 2018년 10월 16일부터 시행 중이다. 그러나 이렇게 처벌을 강화하는 형법 및 성폭력처벌법 등의 개정으로 미투운동을 통해 제기되었던 조직 내 또는 사실상 우월한 지위를 이용한 성폭력의 문제를 해결할 수 있는지에 대해서는 여전히 의문이 남는다. 최근 해군 장교 2명에 대해 부하 여군을 수차례 강간한 혐의로 각 징역 10년, 징역 8년을 선고한 1심 판결에 대해 폭행·협박의 혐의를 입증할 증거가 부족하다며 무죄 취지로 원심을 파기한 국방부 고등군사법원의 판결(『YTN』, 2018.11.19.)은 법정형 상향이 아닌 형법상 성폭력범죄를 구성하는 요건들에 대한 근본적인 재평가가 필요하다는 점을 극명하게 보여준다.

현재 국회에 상정되어 있는 형법 및 성폭력처벌법 개정안들 중 우리의 성폭력법체계를 근본적으로 변경하는 법률안으로는 비동의간음죄 신설 또는 폭행·협박과 같은 유형력 요건 이외에 비동의 요건을 성폭력의 행위수단으로 추가하거나 대체하는 것들이 있다. 현재 20대 국회에 제출된 형법개정법률안 중 비동의간음죄 신설안 또는 비동의 요건의 추가안은 총 7개로, 이 중 비동의간음죄의 신설안인 천정배의원안(의안번호: 2012795)을 제외한 나머지 개정안들은 모두 "의사에 반하여" 또는 "동의 없이"라는 비동의 요건을 강간죄나 강제추행죄에 도입하여 법률상 성폭력에 대한 개념을 변경하고 있다. 특히 강창일 의원안(의안번호: 2012564), 백혜련의원안(의안번호: 2012601), 나경원 의원안(의안번호: 2015354)은 기존의 강간죄 등에서의 행위수단인 폭행·협박을 삭제하고 비동의로 대체하는 것으로, 이 중 나경원의원안은 업무상 위력 등에 의한 간음죄에 "명시적인 동의 없이" 간음하는 행위를 처벌하는 조문을 신설하는 안을 담고 있어 권력형 성폭력의 처벌을 위해 비동의 요건을 강간죄 이외에 위력간음까지 확장하고 있다. 이러한 입법안들은 주로 현행 성폭력법체계의 처벌상 흠결을 메꾸기 위한 방안으로 비동의 요건의 추가를 고려한다. 7개의 개정안 중 형법상 성폭력법체계의 전면적인 변화를 모색하는 법률안은 이정미의원안(의안번호: 2015062) 하나인데, 이 안은 형법 제32장을 성적 자기결정권 침해의 죄로 변경하는 전면 개정안으로 성적 자기결정권을 중심으로 현행 형법상 성폭력법체계를 전면적으로 재편하려고 시도하고 있다.

비동의 요건과 관련된 형법개정법률안들은 비동의 요건의 도입을 통해 형법상 성폭력 개념을 변경함으로써 종국적으로 성폭력 관련 법체계 전반의 변화를 가져올 수밖에 없다. 그러나 제32장의 전면 개정안을 제시한 이정미의원안을 제외한 나머지 개정법률안들은 개정의 필요성을 강간죄의 폭행 협박에 대한 최협의설 판단기준으로 인한 처벌의 흠결을 극복한 것으로 설정하고 있을 뿐 성폭력법체계의 전반적인 변화에 대한 인식을 가지고 있지 않으며, 대부분의 개정안들이 강간죄나 유사강간죄, 강제추행죄를 제외한 나머지 성폭력 범죄의 행위수단에 대한 개정을 포함하고 있지 않아 오히려 형법상 법체계의 혼란을 가져올 가능성이 높다. 구체적으로 보면, 이들 개정안에서 비동의 요건을 두고 있는 강간죄의 형량이 업무상 위계 또는 위력에 의한 간음죄의 형량보다 높아 유무형의 유형력 행사를 포함하는 위력과 비동의의 구분과 해석에 있어 혼란을 야기할 수밖에 없으며, 그로 인해 오히려 강간죄 등에 규정된 비동의 요건이 행위자의 유형력 행사를 요구하는 것으로 제한적으로 해석되는 결과를 초래할 가능성이 높다. 결국 성폭력의 법적 개념을 변경하는 비동의 요건 도입과 관련된 법 개정이 그 개선의 효과를 제대로 담아내기 위해서는 전체적인 형법상 성폭력법체계의 변경을 고려한 전면 개정을 검토할 수밖에 없다.

현재 미투운동을 통해 제기된 현행 성폭력법체계의 공백을 해결하려는 입법의 방향은 '무엇을 국가가 제재해야 할 성폭력 범죄로 볼 것인가'라는 질문에 대한 응답과 연관되어 있다. 성폭력 범죄에 대한 범위는 형법상 성폭력 범죄의 보호법익인 성적 자기결정권의 침해를 기준으로 검토해야 하며, 이를 통해 현행 성폭력법체계에 대해 체계적으로 점검하고, 현재 어떠한 한계가 있는지를 분석한 뒤 이를 극복할 수 있는 방향을 모색할 필요가 있다. 본 논문에서는 현행 형법상 성폭력법체계를 성폭력범죄를 구성하는 세 가지 행위수단, 즉 폭행·협박, 위계·위력, 심신상실 또는 항거불능의 상태 이용을 중심으로 분석적으로 검토하고, 해외의 성폭력법체계와 비교하여 어떤 특성을 가지고 있는지, 그로 인해 발생하는 처벌의 공백이 무엇인지를 분석하고자 한다. 그리고 이러한 분석을 기초로 향후 형법상 성폭력법체계를 위한 개선방안을 제언하고자 한다.

본 논문에서 현행 형법상 성폭력 범죄에 대한 분석과 개선방향의 모색에 있어 핵심적인 기준으로 삼는 것은 성적 자기결정권이다. 이때 성적 자기결정권은 형법상 성폭력 범죄의 보호법익으로 설정되어 있는 소극적 의미의 성적 자기결정권, 즉 원하지 않은 성적 행위를 하지 않을 자기 결정과 관련된 것으로, 개인의 성과 신체에 대한 자기결정이라는 점에서 헌법상 행복추구권에서 도출된 인격권이자 성적인 인격과 신체의 완전성에 대한 침해로서의 법익성을 가진다(박혜진, 2009). 성적 자기결정권은 법리상 성폭력범죄의 보호법익으로 보편적으로 제시되는 것이긴 하지만, 성적 자기결정권을 보호법익으로 설정한다는 의미에 대해서는 형법에서 성폭력 범죄의 보호법익을 둘러싼 논쟁과 변화의 역사를 통해 해석될 필요가 있다. 그러므로 현행 성폭력법체계에 대한 체계적 검토 이전에 성적 자기결정권의 침해를 중심으로 형법을 개선하려는 그간의 시도와 한계에 대해 살펴볼 필요가 있다.

1. 형법상 보호법익인 성적 자기결정권의 의미구성

성폭력이 성적 자기결정권의 침해행위라는 설명은 2018년 현재 시점에서 일반화된 이해일 수 있으나, 실제 형법상 성적 침해와 관련된 규정이 상정하고 있는 보호법익을 정조에서 성적 자기결정권으로 이행하는 것은 아직까지 진행 중인 과제이다. 형법상 성폭력범죄를 성적 자기결정권 침해로 바꾸어야 한다는 주장은 이미 성폭력특별법제정 운동이 전개되었던 90년대부터 여성운동, 여성학계, 그리고 법학계에서 지속적으로 제기되어왔다. 이미 형법학계에서도 성적인 신체와 인격에 대한 침해를 '여성의 정조권'으로 설명해온 과거 형법이 법과 도덕의 분리라는 근대법 원칙에 반한다는 비판이 지속적으로 제기되어 왔으며, 서구사회에서 이를 개인의 성적 자기결정권 침해로 변경해 온 흐름을 반영하여 변화해야 한다는 논의가 있지만, 성적 자기결정권이라는 보호법익에 따른 성폭력 범죄의 행위유형과 행위수단 등 구성요건에 대한 해석의 방향에 대해서는 아직까지 합의가 이루어지지 않았다. 현재 제출되고 있는 입법안들은 대부분 형법상 규정으로 인한 처벌의 공백을 개선하는 데에 집중하고 있을 뿐이다. 이러한 상황에서 형법상 성적 자기결정권이 법 개정과 해석의 방향에서 어떻게 논의가 되어왔는지 살펴볼 필요가 있다.

1) 여성의 정조권에서 성적 자기결정권으로의 이동

보호법익으로서의 정조와 형법의 구성

형법상 성폭력 범죄의 보호법익을 여성의 정조권으로 상정한 1953년 제정형법은 독일 등 대륙법계 형법과 일본의 형법개정안, 그리고 일제시기 조선형사령에 의해 의용된 일본형법 등을 입법의 모델로 참조했다. 독일의 경우 1973년 법개정 전까지 형법상 성적 침해행위를 "도덕에 대한 침해"의 장에서 성적 명예에 대한 침해로 규정하고 있었는데, 성적 명예를 중혼 등 혼인의 사회적 질서와 관련된 범죄와는 구별하여 개인적 법익침해로 구성했다. 1930년대 당시 의용형법 제22장은 '외설간음 및 중혼의 죄'로 이 장에는 강간, 간음, 음행매개, 간통, 중혼 등이 규정되어 있었는데, 당시 이 장의 보호법익인 여성의 정조권을 개인적 법익침해로 보기보다는 공공의 질서에 대한 사회적 법익침해로 이해하고 있었기 때문에 혼인 등과 관련된 질서위반의 행위와 함께 다룬 것이다(한봉석, 2014: 200-201). 한국의 형법 제정과정에서 독일 등 대륙법계 형법을 참조하여 제22장 외설간음 및 중혼의 죄를 성풍속을 해하는 죄와 정조를 해하는 죄로 분리함으로써 정조는 "피해부녀의 의사에 반하는 간음행위로서" 개인적 법익으로 구성되었다.[2] 이때 다른 나라의 형법에는 규정되어 있지 않은 두 개의 조문이 형법 초안 제32장 정조에 관한 죄에 새롭게 신설되는데, 그것이 유리한 지위 등 기타 위력을 이용한 감독자의 지위이용에 의한 부녀정조 유린행위(제326조)와 혼인의 위계를 이용한 간음인 사기결혼(제327조)에 대한 처벌규정이다.[3] 이 중 혼인빙자 기타 위계를 이용한 간음죄의 경우 "음행의 상습 없는 부녀"라는 구성요건을 두고 있는데, 이는 개인적 법익 침해인 '여성의 정조권'이 가부장적인 일부일처제도와 관련된 공공질서에 기초하여 구성된 개념임을 보여준다. 비록 형법에서 보호하고자 하는 정조가 오직 남편과의 성관계를 상정하고 있는 것은 아니나[4] 불특정 다수와 성관계를 하는, 이른바 "음행의 상습이 있는

---

2 조선법제편찬위원회 형법기초요강(1948)에 따르면, "14. 외설간음 및 중혼죄의 장을 풍속을 해하는 죄와 간음죄의 이장으로 나누고 일반외설행위, 간통, 중혼편은 전자의 장하에, 강간을 위시여 피해부녀의 의사에 반하는 간음행위를 후자의 장하에 규정하여, 전자는 공익, 후자는 사익으로 각각 죄질로 하는 것으로 할 것. 19. 간음죄의 장하에 유리한 지위 및 기타 위력 또는 혼인의 위계를 사용하여서 부녀의 정조를 유린하는 조문을 신설할 것(한국형사정책연구원, 1990: 11)"이라 서술하고 있다.

3 "우리나라의 전통적 미풍에 비추어 부녀의 정조는 재산권은 물론이고 때로는 생명권보다 소중한 것임에 불구하고 강자의 지위에 있는 자가 약자의 지위에 있는 부녀의 정조를 농락하는 소행에 대하여는 그[것이] 강간이 아닌 이상 아무런 처벌규칙도 없는 것이 우리 현행 형벌법규이다. 그러므로 이러한 행위를 처벌키 위함이다(엄상섭, 1948[2009]: 29)."

4 "정조란 그 고유의 의미에서는 유일의 상대편에게만 바쳐야 하는 것이다. 그러나 형법에서 보호하려는 정조는 그렇게 엄격한 것이 아니다. 개가(改嫁)한 부녀의 정

여성"의 성적 실천을 배제함으로써, 보호법익인 여성의 정조권이 가부장적 가족질서 내에 한정된 개인적 법익임을 보여준다.

여성의 정조권을 보호법익으로 하는 형법 제32장은 강간죄를 기본적인 범죄구성요건으로 설정하고 있는데, 강간죄에서 규정하는 행위태양은 성기삽입으로 인한 침해로 설정하고 피해자를 오직 부녀로 한정하고 있었다. 가부장적 일부일처제도 내에서 여성의 정조권은 남편에 의해 침해될 수 없기 때문에 남편의 아내에 대한 강간은 인정되지 않았다.[5] 정조권은 정조 유린에 적극적으로 저항하는 여성에게 한정되는 것으로, 강간죄의 행위수단인 폭행·협박은 상대방의 의사를 제압할 수 있는 정도가 아니라 상대방의 저항을 불가능하게 하거나 현저히 곤란할 정도에 이른 경우에만 인정되는 '최협의설'이 확립되었다. 이렇게 정조를 보호법익으로 상정한 형법의 태도에 대해 성폭력 문제를 해결하기는커녕 오히려 가부장적 성인식을 더욱 공고히 하고 있다는 비판이 페미니즘 연구를 통해 적극적으로 제기되었다(박선미, 1989; 이명선, 1989; 심영희, 1992 등). 형법학계 역시 법과 윤리의 분리라는 근대적 법원칙에 따라 성도덕의 개념인 정조라는 보호법익이 형법상 법익으로 적절하지 않다고 보고 성적 자기결정권을 보호법익으로 설정해야 한다는 주장을 전개해왔다(이영란, 1994; 한인섭, 1996 등).

조나 이삼차의 실연을 한 부녀의 정조나를 막론하고 형법상 보호의 대상이 되는 것이다. 다만 정조관념이란 인정받을 수 없을 정도로서 상대편을 가리지 않고 유상무상으로 육체를 제공하는 상습을 가진 부녀의 정조만은 보호대상에서 제외한다는 것이 제304조의 법의(法意)인 것이다(엄상섭, 1955[2009]: 375)."

5 대법원 1970.3.10. 선고 70도29 판결 참조.

보호법익으로서 성적자기결정권으로의 법적 변화와 한계

이러한 상황에서 "1953년 형법 제정 이래 사회 영역의 발전과 윤리의식의 변화로 발생한 법규범과 현실의 괴리를 해소"하기 위해 추진된 1995년 12월 29일 형법 일부개정(시행 1996.7.1.)을 통해 형법 제32장의 제목을 '정조에 관한 죄'에서 '강간과 추행의 죄'로 변경하여 형법에서 정조라는 보호법익이 삭제되었다. 그러나 강간 등을 규정하는 장의 제목만 변경했을 뿐 여전히 '여성의 정조'라는 보호법익을 전제로 구성되었던 형법상 성폭력범죄 규정을 유지해오다가 2012년 12월 18일 형법일부개정(시행 2013.6.19.)에 이르러서야 비로소 다음과 같은 법규정의 변화가 이루어졌다. 강간죄의 객체가 '부녀'에서 '사람'으로 변경되었으며, 성기삽입 이외의 삽입행위가 유사강간죄라는 별도의 범죄로 규정됨으로써 '개인의 성적 자기결정권'이라는 보호법익이 형법규정에 반영되었다. 그러나 강간죄의 법정형이 3년 이상인 것과 구분하여 유사강간죄의 법정형을 2년 이상으로 규정함으로써 여전히 성기에 의한 삽입행위에 비해 그 외의 삽입행위로 인한 침해의 불법성을 낮게 평가하고 있다는 점에서 성기삽입을 중심으로 한 성폭력범죄의 구성 자체의 변화는 크지 않다.

남편이 폭행·협박으로 법률상 아내를 강간하거나 추행한 행위에 대해서 2004년부터 하급심 판결에서 강간죄나 강제추행죄를 적용한 판례들이 나오기 시작했으며[6], 결국 2013년 5월 16일 대법원 전원합의체 판결을 통해 부부간의 강간을 부인했던 종례의 판결을 변경하여 정상적인 결혼생활을 유지하고 있더라도 남편의 폭행·협박에 의한

6 서울중앙지법 2004. 8. 20 판결 2003고합1178 판결(강제추행 인정), 부산지방법원 2009.1.16 선고 2008고합808 판결(강간죄 인정) 등.

강간에 대해 강간죄를 인정했다.[7] 강간죄의 폭행·협박에 대한 최협의설에 입각한 판례의 태도 역시 2005년부터 변화를 겪게 되었는데, 비록 폭행·협박의 최협의설에 대한 규범판단을 유지하고 있으나, 실질적 저항행위의 존재를 요구해왔던 최협의 폭행·협박 정도를 충족하는 입증의 기준[8]을 완화하는 방향으로 변화하게 되었다. 2005년 7월 28일 대법원은 "강간죄가 성립하기 위한 가해자의 폭행·협박이 있었는지 여부는 그 폭행·협박의 내용과 정도는 물론 유형력을 행사하게 된 경위, 피해자와의 관계, 성교 당시와 그 후의 정황 등 모든 사정을 종합하여 피해자가 성교 당시 처했던 구체적인 상황을 기준으로 판단하여야 하며, 사후적으로 보아 피해자가 성교 이전에 범행 현장을 벗어날 수 있었다거나 피해자가 사력을 다하여 반항하지 않았다는 사정만으로 가해자의 폭행·협박이 피해자의 항거를 현저히 곤란하게 할 정도에 이르지 않았다고 섣불리 단정하여서는 안 된다"고 하여, 그동안 폭행·협박의 최협의 정도를 충족하는 정황증거로 피해자의 범행 전 탈출시도나 범행 전·후 피해자의 구조 요청을 요구했던 기존 판례의 판단기준을 변경했다.[9] 2005년 이후 대법원은 범행 장소가 제3자가 접근할 수 있다는 사실 또는 피고인과 피해자가 수년 전부터 알고 지내던 사이 내지 연인관계였다는 점이 성적인 자기 방어를 포기할 정도의 심리적 억압상태를 부인하는 근거가 될 수 없다고 판단하고 있으며, 피해자와 피고인 간의 체격의 차이 등 신체적인 특성이나 범

7 대법원 2013. 5. 16. 선고 2012도1478 전원합의체 판결 참조.

8 강간죄의 최협의 폭행·협박 판단의 기준을 살펴보면, 피해자의 실질적인 저항행위를 확증할 수 있는 간접증거로 ① 피해자의 구조 요청, ② 사건 장소로의 자발적 이동의 부재, ③ 탈출의 시도 등을 요구하고 있다(장다혜, 2009).

9 대법원 2005. 7. 28. 선고 2005도3071 판결 참조.

행 당시 피해자의 명시적인 거부의사표시, 당시 피해자의 신체적·정신적 상태(알코올의 섭취), 범행 후 피해자의 피고인에 대한 행동 등을 최협의의 폭행·협박 정도에 대한 판단기준으로 삼고 있다.[10] 이러한 판례의 태도는 실질적인 피해자의 저항행위를 입증하도록 요구해왔던 기존 판례를 변경하여 합리적인 관점에서 피해자의 저항행위가 제압되거나 피해자가 저항할 수 없었던 상황에 대해 종합적으로 판단함으로써 최협의 폭행·협박의 정도에 대한 객관적인 기준을 모색하고 있음을 보여준다. 비록 폭행·협박의 최협의설 자체에 대한 판례의 변경은 없으나 최협의 정도를 충족하는 사실에 대한 판단기준을 객관적이고 합리적인 관점으로 변경함으로써 사실상 최협의설을 완화하고 있는 것이다.

최근에는 대법원이 강제추행죄에서 기습적인 추행에 대해서도 폭행·협박의 정도 및 추행과 폭행·협박 간의 인과관계를 인정했던 것을 강간죄에도 적용함으로써, 강간죄의 폭행·협박에 대한 판단기준은 폭행 또는 협박을 '항거를 곤란케 하는 정도인 경우'에 인정하는 강제추행의 판단기준과 유사한 정도로 확대되었다. 대법원은 "강간죄에서의 폭행·협박과 간음 사이에는 인과관계가 있어야 하나 폭행·협박이 반드시 간음행위보다 선행되어야 하는 것은 아니다"라고 판단기준을 제시하여[11], 피해자와 피고인이 동거하고 있었으나 이미 피해자가 헤어지자고 이야기한 사정, 피고인이 피해자의 옆에서 자위행위를 하는 것에 대해서는 피해자가 동의했으나 성교행위에 대해서는 명시적 거부의사표시를 했던 점을 고려하여, 피고인이 기습적으로 피해자의

10 대법원 2012. 7. 12. 선고 2012도4031 판결; 대법원 2018. 2. 28. 선고 2017도21249 판결.

11 대법원 2017. 10. 12. 선고 2016도16948, 2016전도156 판결.

팔과 함께 몸을 세게 끌어안은 채 가슴으로 피해자의 등을 세게 눌러 움직이지 못하게 한 유형력의 행사를 항거불가능하거나 현저히 곤란하게 할 정도의 폭행·협박으로 보았으며, 간음행위 시작 당시 폭행·협박이 없었다고 하더라도 간음행위와 거의 동시 또는 그 직후에 피해자를 폭행하여 간음한 경우에도 강간죄의 폭행·협박이 성립되는 것으로 보았다.

그러나 이러한 대법원 판례의 변화에 대해 전통적인 최협의 폭행·협박설을 수정했다는 점에서 의미가 있으나 최협의 폭행·협박설을 유지했다는 점에서 한계가 있다는 평가가 존재한다(조국, 2016). 실제 폭행·협박의 최협의설이 수정되지 않음으로써 여전히 하급심에서는 피해자의 실질적인 저항행위에 대한 입증을 요구하는 태도를 보이는 등 비일관적인 폭행·협박에 대한 해석이 이루어지고 있는 한계가 존재하고 있다.

2) 비동의간음죄 신설 논의에서의 성적 자기결정권의 의미

최근 비동의간음죄 신설이나 비동의 요건을 추가하는 형법개정법률안은 모두 형법상 강간 등 성폭력범죄의 유형력인 폭행·협박의 최협의설에 대한 한계를 극복하기 위한 대안으로 제기된 것이지만, 비동의 요건을 중심으로 형법상 성폭력 범죄의 개념을 구성한다는 것은 결국 형법상 성적 자기결정권이라는 보호법익에 따른 체계 전반의 변화와 연결될 수밖에 없다. 이하에서는 비동의간음죄 신설 논의가 등장했던 성폭력특별법제정운동 당시의 논쟁과 2000년대 중반에 전개되었던 비동의간음죄 관련 논의를 통해 형법상 성적 자기결정권의 의미에 기초한 입법적 개선방향의 흐름이 어떻게 변화되어왔는지를 살펴보고자 한다. 이를 통해 성적 자기결정권이라는 보호법익을 실현을 위해 형법상 성폭력법체계 전반의 변화가 모색될 필요가 있음을 확인할 수 있다.

성폭력특별법제정운동과 비동의간음죄 신설 요구

폭행·협박을 "피해자의 반항을 불가능하게 하거나 현저히 곤란할 정도"를 의미하는 최협의로 해석함으로써 성폭력을 상대방의 동의 유무가 아닌 여성의 저항 여부로 판단하는 법원의 태도는 여성의 성적 자기결정권 침해를 협소하게 다룰 뿐만 아니라 여성에게 저항을 통해 강간을 입증하라는 부당한 요구를 한다는 점에서 현실에서 발생하고 있는 여성에 대한 성적 침해를 제대로 다루지 못한다는 비판이 전개되었다(박선미, 1989; 심영희 외, 1989; 배은경, 1997). 이에 따라 정조를 보호법익으로 삼고 있는 「형법」상 성폭력범죄 규정을 개인의 성적 자기결정권의 침해를 중심으로 전환하는 것이 필요하다는 인식 하에 현행 형법이 성적 자기결정권을 침해하는 비동의적인 성 중 일부만을 범죄로 규정하고 있다는 점을 비판하며 성폭력특별법에 비동의간음죄를 신설해야 한다는 주장이 제기되었다(최은순, 1993; 한인섭, 1994).

90년대 성폭력특별법제정운동 당시 비동의간음죄 신설 주장은 형법상 강간죄의 폭행·협박이라는 강제성 요건과 폭행·협박 판단기준으로서 최협의설로 인해 다양한 유형의 성적 자기결정권 침해행위를 처벌하지 못한다는 문제인식 하에서 강간의 연속선상에 있는 침해행위를 경중에 따라 성폭력법체계로 구조화할 필요성에 근거하고 있다. 상대방의 폭행·협박 등 유형력이 행사되었음에도 불구하고 그 정도가 항거불가능하거나 현저히 곤란한 정도에 이르지 않았거나 이를 입증하기 어려운 경우나 저항행위의 성공으로 간음 또는 추행의 미수에 이른 경우를 당시 형법으로는 처벌할 수 없으므로 비동의간음죄의 신설이 필요하다는 것이다(최은순, 1993; 한인섭, 1994; 신윤진, 2005). 강간죄의 구성요건인 폭행·협박의 정도를 상대방의 항거불능 내지 곤란이라는 최협의로 해석하고 있는 법원 태도에 대한 비판적 관점에 기초하여 비동의간음죄가 폭행·협박이라는 유형력 요건의 한정적인 해석으로 인한 처벌의 공백을 메꾸기 위한 경미범죄의 한 유형으로 제시된 것이었다. 그러나 이 당시 주장이 형법 제32장의 전반적인 체계 변경의 요청을 담고 있지 않았더라도, 유형력 요건의 한계를 폭행·협박이 아닌 여성의 성행위 합의를 판단하기 위해 저항에 집중하는 폭행·협박의 최협의설이 전제하고 있는 정조에 대한 가부장적 관념으로 보고(김희균, 2005) 비동의간음죄 신설을 통해 "동의 없는" 성적 침해라는 성폭력범죄 유형을 새로이 구축할 것을 제안한다는 점에서, 성적 자기결정권을 형법상 성폭력범죄의 보호법익으로 변경하고자 시도한 것으로 평가할 수 있다.

성적 자기결정권에 근거한 비동의간음죄 신설 반대 의견

폭행·협박의 최협의설로 인한 처벌의 공백을 해결할 필요성에 대해서는 비동의간음죄 신설을 반대하는 학자들 역시 인정하고 있다. 그러나 이들은 '동의'라는 구성요건이 피해자의 의사에 근거하고 있다는 점에서 불명확성을 가지며 여성의 성적 자기결정권에 대한 국가 형벌권의 과도한 개입과 보호로 인해 오히려 여성의 성적 자기결정의 주체성을 훼손하므로 비동의간음죄 신설을 통해 처벌의 공백을 해결하려는 시도에 한계가 있다는 점을 지적한다. 다시 말해, 성적 자기결정권 개념에 근거하여 비동의간음죄를 신설하는 것이 오히려 여성의 성적 자기결정권을 제한하는 법체계를 구성하게 된다고 비판하는 것이다.

구체적으로 살펴보면, 이상돈(2003)은 비동의간음에 포섭될 수 있는 사안은 가해남성과 피해여성 사이에 '의사소통적 장애'가 발생한 상황이고 의사소통 방식은 곧 문화이기 때문에 형법상 법익개념에 포섭되지 않으며, 이러한 문화적인 영역에 형법이 개입하려는 이유는 보호해야 할 대상으로서 여성에 관한 성 역할 고정관념에 근거할 뿐이므로 이러한 형벌권의 과도한 개입이 성평등한 성적 자기결정권의 실현을 방해한다고 지적한다. 다시 말해, 남성중심적인 성문화에서 여성의 성적 주체성과 이에 기반한 자기결정을 구성하는 것은 형법적 차원이 아니라 사회·문화적 차원에서 이루어져야 할 문제임에도 불구하고 과도한 형법의 개입을 통해 해결하려는 태도는 여성이 성적 자기결정권을 행사할 수 있는 능력을 가진 주체임을 부정할 뿐이라는 것이다(이상돈, 2003: 401-407). 조국 역시 여성의 성적 자기결정권에 대한 어떠한 침해도 형법을 통해 막아줘야 한다는 시각이 오히려 가부장적인 관념의 산물일 수도 있다는 점을 지적하면서, 항거 곤란한 정도가 아닌 강제력으로 피해자의 동의 없이 간음·추행한 경우와 저항의 외적 표시를 남길 여지없이 공포심에 짓눌려 강간당한 경우 가해자를 처벌할 수 있도록 유형력 모델을 유지한 체 폭행·협박의 최협의설을 완화하는 입법 또는 법해석을 통해 해결할 수 있다고 본다(조국, 2004: 67-69). 이러한 입장은 최근 비동의 요건 도입에 대해 반대의견을 제출하고 있는 주장들에서도 동일하게 확인할 수 있는데, 성적 자기결정권을 자유의사 또는 동의 합의의사에 기초한 성적 관계맺음임에도 불구하고 이를 일방의 개인의사 영역에 한정하여 범죄화하는 것은 형법의 과도한 개입이 될 수밖에 없으며(김한균, 2018: 436-438), 여성의 특수한 상황의 고려 및 여성피해자에 대한 특별한 보호를 위한 차별적 법제를 구축하는 것은 '나약한 여성상'을 법이 공식화함으로써 여성의 성적 주체성을 훼손할 위험이 크다고 평가한다(주승희, 2018: 122-123).

그러나 이러한 주장들이 전제하고 있는 성적 자기결정권의 의미는 다음과 같은 두 가지 측면에서 전통적 자유주의의 이분법에 기초하여 구성되었다는 점에서 한계를 가진다. 우선, 전통적인 자유주의 철학에 근거한 공사 이분법에 따라 사적 영역인 성(sexuality)의 문제는 자기결정의 영역에 속하게 되어 국가가 개입할 문제가 아니라 사회적 영역에서 개인이 다루어야 한다는 전제이다. 자유주의 법체계에서 성적 자기결정권은 성별에 관계없이 모두에게 동등하게 주어진 권리이며 권리를 향유할 수 있는 개인은 권리행사의 능력을 가진 시민이므로, 사적인 성적 영역의 국가 개입에 대한 요청은 성적 자기결정권의 행사능력이 없는 자에 대한 특별한 보호를 구성할 뿐이라는 것이다. 이러한 인식은 한편으로 여성의 정조 침해를 특별히 범죄로 구성해왔던 기존의 형법 체계가 사실상 동등한 성적 자기결정권의 보호를 제공하지 않아왔다는 비판적 관점을 제공할 수 있다. 그러나 성적 자기결정권의 동등한 보호를 실현하기 위한 형사법체계의 구축에 대해서는 어떠한 추가적인 검토 없이 사적 영역에 대한 불개입 원칙을 반복하는 것은 인권 개념의 발전에 따라 국가 개입의 방식이 다양화되고 있는 형사법체계의 변화를 고려하지 않는 것일 뿐이다. 성적 자기결정권의 동등한 보호의 실현은 자발적 동의에 기초하지 않은 성관계가 발생하는 성별 위계적인 사회구조와 여성의 성을 정조와 연관하여 구성해온 사회문화 속에서 구축된 성적 자기결정권 수행의 불평등한 조건들에 대한 고려 속에서 가능한 것이다(장다혜, 2004; 이호중, 2005; 이유정, 2007). '모두에게 이미 성적 자기결정권이 동등하게 주어져 있다'라는 성적 자유주의의 전제 하에서 구성된 성적 자기결정권의 주장은 결과적으로 성별 불평등과 이성애남성 중심의 섹슈얼리티 구조 속에서 발생하는 여성의 성적 침해 문제를 제대로 담아내지 못할 수밖에 없다(신상숙, 2001). 개인주의적인 자유주의 철학 하에서 완전한 자기 통치(self-gevernace)를 바탕으로 설정된 개념인 '자기결정'이 가능하기 위해서는 합리적 선택 가능성이 보장되어야 하며 선택의 방해로부터 자유로워야 하므로(Schulhofer, 1998: 105-106), 오히려 선택의 방해 자체를 범죄화하는 비동의간음죄의 도입은 불평등한 권력관계와 뿌리 깊은 정조관념에 노출되어 있는 사회에서 성적 자기결정권의 의미를 바로 세우기 위해 필요한 것일 수 있다(이유정, 2007).

이러한 입장들이 가진 더 큰 한계는 신체와 정신의 이분법에 근거하여 성적 자기결정권의 내용을 개인의 의사결정에 관한 것으로 한정함으로써 상대방의 동의 없는 성적 침해행위를 성행위와 관련된 의사결정의 자유를 침해하는 행위로 협소하게 이해하고 있다는 점에 있다. 이러한 인식 하에서 '비동의' 요건은 피해자의 의사에 근거한 불명확한 개념일 뿐이며, 성적 자기결정권의 침해행위 모두를 범죄화하는 것은 피해자의 의사에 따라 형벌의 적용여부가 결정되는 불합리한 결과를 가져오게 된다고 이해된다(이영란, 1994; 서보학, 1998; 김한균, 2018). 그러나 형법상 성적 자기결정권을 보호법익으로 하는 범죄가 형법상 의사결정의 자유를 보호법익으로 하는 협박죄, 강요죄와는 다르게 신체를 대상으로 하며, 동시에 신체의 완전성 침해만을 설정한 폭행죄나 상해죄와 달리 개인의 인격과 결부된 성의 완전성 침해를 포함한다는 점을 고려한다면 성적 자기결정권은 성행위와 관련된 의사결정의 자유가 내포한 본질인 성과 관련된 신체적, 정신적 정체성 내지 성의 완전성에 대한 침해로 이해되어야 한다(박혜진, 2009). 이는 헌법재판소가 성적 자기결정권을 표현의 자유가 아닌 헌법 제10조 인간의 존엄과 행복추구권에서 도출되는 자기운명결정권의 하나로 인정한 것과 연결된다.[12] 비동의간음죄는 성행위에 대한 서로 다른 의사결정 자체를 형사적 제재의 대상으로 하는 것이 아니라 상대방의 의사결정에도 불구하고 그 의사에 반하여 상대방의 신체에 대해 성적 행위를 한 것에 대해 처벌하는 것이며, 그러한 의사에 반한 행위가 상대방의 성적인 신체와 섹슈얼리티에 대한 폭력으로 상대방의 개인성과 상호주체성을 침해하는 결과를 초래하기 때문에 처벌하는 것이다.

성적 자기결정권의 실현을 위한 형법상 성폭력법체계 재구성 필요성 제기

2000년대 중반 비동의간음죄의 도입 논의는 정조를 중심으로 구축되었던 성폭력법체계를 성적 자기결정권을 중심으로 재구성하기 위한 형법 제32장의 전면적 개정 논의로 확대되었다. 성적 자기결정권이라는 개인적 법익을 중심으로 어떠한 행위를 국가형벌권이 개입할 범위로 설정할지에 대해 구체적인 입법안이 제시되어, 성적 자기결정권 침해의 의미가 보다 구체화되었다고 평가할 수 있다. 구체적으로 살펴보면, 2006년 여성운동단체들의 연대체인 여성인권법연대가 발족하여 '동의 없는 성적 행동'이라는 표제로 비동의 요건을 포함한 성폭력관련법의 체계와 구조를 전체적으로 변경하는 「형법」 제32장 전면개정안을 마련했으며, 2007년 임종인 의원 대표발의(의안번호: 176449)로 제출되었으나 임기만료로 폐기되었는데, 2007년 형법개정안은 그 제안이유를 성적 자기결정권이라는 성폭력처벌법의 보호법익에 부합하는 형법상 성폭력법체계를 정비하고자 한다는 것을 명시하고, 제32장의 제목을 "성적 자기결정권을 침해하는 죄"로 변경하고

12 헌법재판소 1990.9.10 선고 89헌마82 결정 참조.

비동의간음죄를 "동의 없는 성적 행동"이라는 표제로 이 장의 기본적 구성요건으로 구성하고 있다.

이 개정안의 구체적인 내용을 살펴보면, '동의 없는' 성적 행동 및 간음을 기본적 구성요건으로 하고, '폭행, 협박, 위력으로' 성적 행동 및 간음을 가중적 구성요건으로, 그리고 최협의 폭행·협박 및 준강간, 특수강간 등의 경우를 가중적 처벌요건으로 두는 것으로 규정함으로써 기존의 형법 제32장의 법체계 및 구조를 전면적으로 변경할 것을 제안한다. 또한 제32장이 정조가 아닌 성적 자기결정권을 침해하는 범죄임을 분명히 하는 보호법익에 따른 개념과 용어의 변경도 시도하는데, '추행'의 용어를 '성적 행동'으로 변경하고, 성교행위가 아닌 삽입행위의 경우를 모두 '강간 또는 간음행위'로 포섭함으로써 정조의 평가에 기초한 성기에 대한 성기 삽입과 그 외의 삽입행위에 대한 불법성에 대한 다른 평가를 제거하고 일체의 삽입행위를 동일한 불법성으로 다룬다. 폭행 또는 협박과 함께 위력을 규정함으로써 범죄행위자의 사회적 지위와 권력적 요소로 인한 두려움과 공포가 존재하는 경우를 유형력이 행사된 경우와 동일하게 처벌할 수 있도록 규정하고 있으며(이호중, 2007: 21), 업무상 위력 간음을 "교육, 업무, 고용, 종교 기타 관계로 인하여 자기의 보호 또는 감독을 받는 사람에 대하여 그 보호 또는 감독의 관계를 이용하여 성적 행동"을 한 경우로 규정하여, 위력 요건을 삭제하고 "보호 또는 감독 관계를 이용"한 행위를 요건으로 두는 것으로 변경했다. 이는 유무형의 힘을 의미하는 위력을 폭행·협박과 같은 '유형력 행사'라는 점을 분명하게 하고 행위자의 특정한 지위를 이용하는 행위를 일종의 '지위의 남용'으로 구분한 것이다.

90년대 비동의간음죄 신설의 주장이 기존의 강간죄 등을 그대로 두는 대신 비동의간음죄를 신설함으로써 강간죄의 해석으로 인한 처벌의 공백을 해결하고자 하는 것이었다면, 2000년대 비동의간음죄 신설은 비동의 요건을 기본적인 성폭력 범죄의 행위수단으로 규정함으로써 성적 자기결정권에 부합하는 성폭력법체계의 재구성을 위한 것이었다. 이러한 입장은 UN 등 국제기구의 여성에 대한 폭력(Violence against Women)에 대한 대응 정책의 방향과도 유사하다. UN CEDAW 일반권고 35호에서는 젠더 기반 여성에 대한 폭력 관련 일반입법조치와 관련하여 "부부강간 및 아는 관계/데이트 강간을 포함한 성범죄의 정의는 자유롭게 결정할 수 있는 동의 부재를 기초로 하고, 강요적 환경을 고려해야 한다"[13]고 명시하고 있다.[14] 기본적인 성폭력범죄 유형을 비동의를 중심으로 변경하는 것은 형법상 성폭력의 기본 개념을 변경함으로써 기존의 규정방식과 해석에 존재하는 정조관념의 제거와 동등한 성적 자기결정권의 보호를 위한 형법체계의 재구성으로 연결될 수밖에 없다.

2. 현행 형법상 성폭력법체계의 특징과 한계

현재 형법상 성폭력범죄의 보호법익이 성적 자기결정권이라는 것에 이론은 없으나, 우리 형법상 성폭력법체계는 정조를 보호법익으로 설

---

13 Committee on the Elimination of Discrimination against Women, General recommendation No. 35 on gender-based violence against women, updating general recommendation No. 19, 14 July 2017, CEDAW/C/GC/35, par. 29(e).

14 본 권고에 기반하여 2018.3.12. CEDAW 위원회 한국정부 젠더 기반 여성에 대한 폭력분야 권고의 내용에는 "(a) 형법 제297조 개정하여 피해자의 자유로운 동의 없음을 중심으로 강간을 정의하고, 특히 배우자 강간을 범죄화할 것"이 포함되어 있다.

정했던 1953년 형법 제정 당시의 체계를 그대로 유지함으로써 성적 자기결정권이라는 보호법익에 부합하지 않는 한계를 가지고 있다. 이하에서는 형법상 성폭력범죄의 행위유형과 행위수단에 대한 규정에서 나타나는 정조 관념과 체계상의 한계를 구체적으로 분석하고자 한다.

1) 용어 및 개념에 반영된 사회적 질서로서 정조

성적 행위의 유형으로서 간음 및 추행

우리 형사법체계에서 성폭력범죄에 해당하는 성적 행위의 유형은 크게 간음, 유사간음, 추행으로 나뉜다. 간음은 남성성기를 여성성기에 삽입하는 행위, 즉 성교행위를 의미하는 것이며, 유사강간(간음)은 구강, 항문 등 신체(성기는 제외한다)의 내부에 성기를 넣거나 성기, 항문에 손가락 등 성기 이외에 신체의 일부 또는 도구를 넣는 행위를 의미한다. 추행은 간음 또는 유사간음에 해당하지 않는 성적 행위로, 판례에서는 "객관적으로 일반인에게 성적 수치심이나 혐오감을 일으키게 하고 선량한 성적 도덕관념에 반하는 행위로서 피해자의 성적 자유를 침해하는 행위"[15]로 설명한다. 형법 제297조는 강간죄를 규정하면서 구성요건에서 강간이라는 용어를 그대로 사용하고 있어 이에 따라 강간과 간음을 별도의 행위로 구분할 수도 있으나, 강간이라는 개념이 강제로 간음행위를 하는 것을 의미하기 때문에 여기에서는 이를 별도의 행위유형으로 분류하지 않는다.

2013년 형법 일부개정을 통해 신설된 유사강간죄에서는 유사강간

15 대법원 2002. 4. 26. 선고 2001도2417 판결; 대법원 2018. 2. 8. 선고 2016도17733 판결.

에 대한 정의를 법률에 규정하고 있으나, 강간(간음)이나 추행에 대해서는 법률상 정의는 없다. 간음 및 추행의 법적 개념은 판례를 통해 확인되는데, 간음의 경우 성기삽입행위인 성교행위로 해석함으로써 행위유형이 제한되어 있으나 추행은 판례상으로도 간음이나 유사간음 이외의 성적 행위가 모두 해당될 수 있는 불명확한 개념이다. 구체적으로 살펴보면, 판례는 일반적으로 가슴이나 엉덩이 등 성적으로 판단되는 신체부위에 접촉하거나 키스하거나 껴안는 등 성적 의미의 신체적인 접촉행위를 추행행위로 인정하고 있으나, 피해자를 도구로 삼아 피해자의 신체를 이용하여 스스로를 만지게 하는 행위[16]나 30대 직장 상사가 20대 부하직원의 어깨를 주무르는 행위[17], 11세 아동 앞에서 성기를 꺼내어 잡고 움직이며 피해자에게 가까이 다가가는 행위[18] 등 가해자와 피해자 간의 성적인 신체적인 접촉이 없는 행위를 추행으로 인정하기도 한다. 그러나 같은 신체적 접촉이 없는 행위에 대해서 48세 여성에게 바지를 벗어 성기를 보여준 행위에 대해서는 신체접촉이 없었고 공개된 장소라는 점 등을 고려하여 추행으로 인정하지 않기도 한다.[19] 이렇게 추행에 해당하는 행위범주가 명확하지 않은 것은 판례상 추행 개념이 "일반인에게 성적 수치심이나 혐오감을 일으키게 하고 선량한 성적 도덕관념에 반하는 행위"라는 추상적 정의에 근거하고 있기 때문이다. 판례는 "추행에 해당하는지에 대한 판단은 피해자의 의사, 성별, 연령, 행위자와 피해자의 관계, 그 행위에 이르게 된 경위, 피해자에 대하여 이루어진 구체적 행위태양, 주위의

16 대법원 2018. 2. 8. 선고 2016도17733 판결.

17 대법원 2004. 4. 16. 선고 2004도52 판결.

18 대법원 2013. 1. 16 선고 2011도7164 판결.

19 대법원 2012. 7. 26. 선고 2011도8805 판결.

객관적 상황과 그 시대의 성적 도덕관념 등을 종합적으로 고려하여 판단하여야 한다"는 기준을 제시하고 있는데,[20] 이는 결국 추행에 해당하는 행위의 범주에 대한 판단이 행위 자체의 특성보다는 피해자나 행위자의 특성, 행위 상황의 특성 등으로 유추된 수치심이나 혐오감을 느낄 수 있는 피해자 내지 상황에 대한 기존의 통념에 기대고 있음을 알 수 있다.

정조와 성적 자기결정권을 연결하는 개념으로서 '성적 수치심'

추행의 개념에서 사용되는 "성적 수치심 또는 혐오감을 일으키는 행위" 내지 "선량한 성적 도덕관념에 반하는 행위"라는 문구는 사회적 법익인 성풍속을 해하는 범죄들의 구성요건인 '음란'의 개념에서도 유사하게 확인할 수 있다. 판례에서는 '음란'을 "사회통념상 일반 보통인의 성욕을 자극하여 성적 흥분을 유발하고 정상적인 성적 수치심을 해하여 성적 도의관념에 반하는 것"[21]으로 개념화하고 있다. 또한 군형법 제92조의 추행죄에서도 '추행'이라는 개념을 동일하게 사용하고 있는데, 판례는 군형법상 추행죄의 주된 보호법익이 '개인의 성적 자유'가 아니라 '군이라는 공동사회의 건전한 생활과 군기'라는 사회적 법익으로 보고 군형법상 추행과 형법상 추행을 다르게 개념화하고 있다. 군형법 제92조의 추행은 "계간(항문 성교)에 이르지 아니한 동성애 성행위 등 객관적으로 일반인에게 혐오감을 일으키게 하고 선량한 성적 도덕관념에 반하는 성적 만족 행위로서 군이라는 공동사회의 건전

20 대법원 2010. 2. 25. 선고 2009도13716 판결, 대법원 2012. 3. 29. 선고 2012도936 판결 등 참조.

21 대법원 2017. 10. 26. 선고 2012도13352 판결.

한 생활과 군기를 침해하는 것"을 의미한다.[22]

성적 자기결정권을 침해하는 범죄와 성풍속을 해하는 범죄에서 동일한 판단기준을 활용하거나 동일한 용어를 사용하고 있는 것은 개인적 법익 침해와 사회적 법익 침해의 경계에 놓여 있는 정조라는 보호법익이 여전히 형법상 성폭력법체계에서 핵심적인 기준이 되고 있음을 보여준다. 앞서 살펴보았듯이 우리의 형법 제정 과정에서 의용형법상 제22장 음란, 간음, 중혼의 죄를 '제32장 정조에 관한 죄'와 '제22장 성푹속을 해하는 죄'로 분리함으로써 성범죄의 영역을 개인적 법익과 사회적 법익으로 구분하고자 했으나, 강간과 강제추행과 같은 기본적인 범죄유형의 구성요건과 관련하여 음란[23]이라는 용어를 단지 추행으로 변경했을 뿐 그 개념은 동일하게 해석되어왔다. 이러한 해석은 정조라는 보호법익이 그 속성상 가부장적인 일부일처제라는 사회질서와 연결된 성차별적인 개념으로 개인적 법익으로서의 명확한 모습을 갖추고 있지 못했기 때문에 가능한 것이었는데, 성적 자기결정권을 보호법익으로 하고 있는 현행 법체계에서도 동일한 해석이 유지됨으로써 실질적으로는 성적 자기결정권이 아닌 정조에 기초한 법적 해석이 이루어지고 있는 것이다.

정조라는 가부장적 사회질서와 관련된 보호법익이 형법상 성폭력체계에 여전히 존재하고 있다는 점은 간음, 추행이라는 용어 자체에

22 대법원 2008. 5. 29. 선고 2008도2222 판결.

23 일본의 명치13년(1880년) 구형법에서는 강제추행을 강간죄의 선행규정으로 두면서, 강간을 폭행·협박으로 남녀의 정욕을 완성하는 것, 즉 간음하는 것이며 강제추행은 폭행으로써 음란의 소행을 하는 것으로 규정하면서 남녀의 정욕을 완성하는 것이 아니라 예를 들어 사람의 음부 등을 보임으로써 우롱하는 것으로 구분하였다(권창국, 2016: 5-6). 현재 일본 형법에도 강제추행 규정은 강제음란이라는 표제로 "폭행 또는 협박으로 음란한 행위를 하는" 것으로 규정되어 있다(일본 형법 제176조).

서도 파악할 수 있다. 간음(姦淫)의 사전적 의미에 대해 표준국어대사전은 “부정한 성관계를 함. 주로 배우자 이외의 사람과의 성관계 따위를 이른다”라고 설명한다. 추행 역시 도덕적 가치평가가 포함된 개념으로, 표준국어대사전에서 추행(醜行)은 “1. 더럽고 지저분한 행동, 2. 강간이나 그와 비슷한 짓”이라고 정의되어 있다. 즉, 형법상 성폭력법체계에서 성적 행위를 바람직한 성적 질서에 대한 가치와 그에 대한 도덕적 비난이 내포되어 있는 용어를 활용하여 지칭함으로써 정조라는 보호법익을 중심으로 한 체계를 구축하고 있는 것이다.

이렇게 정조 개념에 기초한 사회적 평가가 포함된 용어와 개념을 이용하여 형법상 성적 침해행위를 규정하고 있기 때문에, 성적 자기결정권의 침해로 인정되는 ‘성적 속성’에 대한 판단기준은 ‘성적 수치심’이 된다. 판례는 성적 수치심을 기준으로 성적 자유를 침해하는 행위의 부적절한 성적 속성을 판단하는데, 피해자와 같은 성별, 연령대의 일반적이고 평균적인 사람의 성적 수치심으로 평가함으로써 피해자의 관점과 성별화된 맥락을 고려하는 것으로 설정하고 있으나, 결국 성적 수치심이라는 기준을 활용함으로써 여성의 정조권에 대한 침해결과로서 여성의 수치심과 이러한 수치심을 느낄 수 있다고 평가되는 여성 집단에 대한 차별적 관념, 즉 보호받을 만한 정조에 기초한 법적 판단을 반복할 뿐이다. 결국 현행 형사법체계가 성적 속성에 대한 판단 기준을 ‘성적 수치심’으로 설정함으로써 성적 자기결정권이라는 보호법익을 기준으로 한 법적 판단이라는 이름으로 정조에 기초한 법해석을 하고 있음을 확인할 수 있다.

근대 형법의 제정 당시 개인의 권리로서 성적 자기결정에 대한 침해가 아닌 사회적 공공질서로서 여성의 정조에 관한 도덕적 침해라는 것이 국가 형벌권 행사의 근거가 되었기 때문에, 영미법체계에서 역시 강간(rape)과 외설적(indecent) 행위라는 용어를 사용하여 성폭력범죄를 표현하거나, 독일이나 스위스와 같은 대륙법 체계에서도 도덕에 대한 침해 등 사회적 법익의 차원에서 성적 침해를 규정해왔다(윤덕경, 2012: 13). 그러나 성적 자기결정권으로 보호법익이 전환되면서 각 국가별로 이러한 사회적 가치평가를 제거하기 위해 형법상 용어 및 개념의 개선을 추진하고 있다. 구체적으로 살펴보면, 1973년 독일은 성과 관련된 형법체계에서 도덕성을 제거하고 개인의 권리보호에 초점을 두기 위해 도덕에 관한 침해를 성적 자기결정에 관한 침해로 변경하고 조문에서 성적 명예, 수치심 등의 용어를 제거하고 성적 행위 등의 용어로 대체했다. 영국 역시 2003년 법개정을 통해 외설적 행위를 성적 행위로 변경했다. 그동안 영국은 사회적 평가가 반영된 외설성이라는 추상적 구성요건을 통해 다양한 성적 침해를 포괄해왔으나, 외설성이라는 개념에 내포된 윤리적 평가와 결별하기 위해 '외설적'이라는 용어를 중립적인 개념인 '성적'으로 대체하고, 합리적인 사람의 관점에서 행위의 본질 또는 행위의 목적이나 상황을 통해 성적인 속성을 판단하도록 규정하고 있다(Stevenson et al, 2004: 42-43).

2) 유형력을 중심으로 한 성폭력법체계의 특징과 한계

현행 형법상 성폭력법체계: 유형력 모델

형법상 성폭력범죄는 간음, 유사간음, 추행이라는 성적 행위가 특정한 행위수단에 의해 이루어졌을 때에 성립한다. 이때 특정한 행위수단으로는 폭행 또는 협박, 위계 또는 위력 사용, 심신상실 또는 항거불능의 상태 이용으로 크게 나누어볼 수 있다.

성폭력범죄 행위수단에 대한 법해석을 살펴보면 다음과 같다. 우선, '폭행 또는 협박으로' 앞서 설명한 성적인 행위유형(간음, 유사간음, 추행)을 실행하는 행위는 강간, 유사강간, 강제추행으로 처벌된다. 행위유형이 간음인지 추행인지에 따라 범죄의 성립요건에 해당하는 폭행 또는 협박의 정도에는 차이가 있으나, 대체로 폭행·협박은 상대방의 저항을 제압하기 위해 범죄행위자가 상대방에게 신체적인 유형력을 행사하거나 말 또는 행위로 해악을 고지함으로써 피해자의 자유를 강제하는 효과를 내는 수단을 의미한다. 판례는 성폭력범죄에서의 폭행·협박 정도에 대해서 유형력의 행사나 해악의 고지만으로는 충분하지 않고 상대방의 저항(항거)을 불가능하게 하거나 곤란하게 하는 정도를 요구한다.[24] 둘째, '위계 또는 위력으로써' 성적인 행위 유형(간음, 추행)을 실행하는 행위는 위계·위력간음 또는 위계·위력추행으로 처벌된다. 여기에서 위계란 행위자가 간음 또는 추행의 목적으로 상대방에게 오인, 착각, 부지를 일으키고 상대방의 그러한 심적 상태를 이용하여 간음 또는 추행의 목적을 달성하는 것을 의미한다.[25] 예를 들어, 의료행위로 가장하여 성적 행위를 하는 경우와 같이 성적 행위의 속성이나 목적에 대해 오인, 착각, 부지를 일으키는 속임수를 이용하는 경우가 위계에 해당된다. 위력은 피해자의 자유의사를 제압하기에 충분한 세력을 말하고, 유형적이든 무형적이든 묻지 않으므로 폭행·협박뿐 아니라 행위자의 사회적·경제적·정치적인 지위나 권세를 이용하는 것을 포함한다.[26] 위계 또는 위력은 폭행 또는 협박보다 행위수단의 포섭범위가 매우 넓은 보충적인 요건이기 때문에, 위계 또는 위력의 이용을 성폭력범죄의 행위수단으로 인정하는 법률규정은

---

24 대법원 2017. 10. 12. 선고 2016도16948 판결 등 참조.

25 대법원 2012. 9. 27. 선고 2012도9119 판결.

26 대법원 1998. 1. 23. 선고 97도2506 판결.

피해자가 미성년자 또는 장애인인 경우, 그리고 고용 등 보호감독관계와 같이 피해자와 가해자의 관계적 특성으로 피해자가 특별히 취약한 경우에만 한정되어 있다. 마지막으로 '심신상실 또는 항거불능 상태를 이용하여' 성적인 행위 유형(간음, 유사간음, 추행)을 실행하는 행위는 준강간, 준유사강간, 준강제추행 범죄가 성립하며, 각각 강간죄, 유사강간죄, 강제추행죄에 의해 처벌한다. 여기서 심신상실은 정신기능의 장애로 인하여 의사결정능력과 사리판단능력이 없는 상태를 의미하는 것으로 형법 제10조 제1항인 심리장애 상태를 의미하므로 동조 제2항의 심신미약의 상태를 제외하는 것으로 본다(백형구, 2003). 그리고 항거불능의 상태라 함은 형법 제297조, 제298조와의 균형상 심신상실 이외의 원인 때문에 심리적 또는 물리적으로 반항이 절대적으로 불가능하거나 현저히 곤란한 경우를 의미하는 것[27]으로 본다.

〈표 1〉은 형법 제32장에서 규정된 성폭력범죄를 행위유형, 행위수단과 법정형을 나눈 것이다. 표를 살펴보면, 우선 형법 제32장의 조문체계가 행위수단을 중심으로 구성되어 있음을 알 수 있다. 제32장의 제목인 강간과 추행의 죄에서 나타나듯이, 성적 자기결정권 침해 범죄를 규정하고 있는 제32장의 기본적인 범죄유형은 '폭행 또는 협박'을 사용한 성적 행위 유형(간음, 유사간음, 추행)이다. 폭행 또는 협박의 사용은 없으나, 그러한 정도에 준한 행위수단은 '심신상실 또는 항거불능 상태 이용'이다. '위계 또는 위력'을 사용한 경우는 피해자의 연령, 장애의 특성이나 특정 관계로 인해 피해자가 가해자에 대해 특별히 취약한 지위에 있는 경우에 한하여 규정하는 형법상 성폭력범죄

27 대법원 2000. 5. 26. 선고 98도3257 판결; 대법원 2009. 4. 23. 선고 2009도2001 판결; 대법원 2012. 6. 28. 선고 2012도2631 판결.

〈표 1〉 형법상 성폭력범죄의 체계

죄명(조문)	행위유형	행위수단	법정형
강간(§297)	간음/강간	폭행·협박	3년 이상
유사강간(§297의2)	유사간음	폭행·협박	2년 이상
강제추행(§298)	추행	폭행·협박	10년 이하 1,500만 원 이하
준강간(§299)	간음	심실상실 또는 항거불능 상태 이용	3년 이상
준유사강간(§299)	유사간음	심실상실 또는 항거불능 상태 이용	2년 이상
준강제추행(§299)	추행	심실상실 또는 항거불능 상태 이용	10년 이하 1,500만 원 이하
미성년자심신미약자 위계·위력간음(§302)	간음	위계·위력	5년 이하
피보호감독자위력간음(§303①)	간음	위계·위력	7년 이하 3,000만 원 이하
피구금자간음(§303②)	간음	-	7년 이하
미성년자간음(§305)	간음	-	3년 이상
미성년자유사간음(§305)	유사간음	-	2년 이상
미성년자추행(§305)	추행	-	10년 이하 1,500만 원 이하

의 특수한 유형이다. 마지막으로는 피해자가 13세 미만인 미성년자인 경우 내지 피해자-가해자 관계가 법률상 피구금관계에 한정된 특수유형으로, 행위수단과 관계없이 성적 행위가 이루어지면 형법상 기본범죄유형으로 처벌한다. 〈표 1〉에 따르면 행위유형 역시 불법성이 다르게 설정되어 있는데, 우선 성기에 의한 성기 삽입인 성교행위가 가장 불법성이 높은 행위이며, 그 다음으로 성기 이외의 삽입행위, 삽입 이외의 성적 침해유형 순으로 불법성이 낮아진다.

종합해보면, 우리 형사법체계는 폭행·협박을 형법상 성폭력범죄의 기본적 행위수단으로 둠으로써 유형력 요건을 중심으로 하는 성폭력법체계이며, 간음행위를 기준으로 유사간음과 추행을 감경적인 구성요건으로 둠으로써 폭행 또는 협박으로 하는 성교행위를 성폭력범죄의 기본적인 범죄유형으로 두고 있다는 것을 알 수 있다. 이러한 점에서 우리의 성폭력법체계는 저항을 억압하는 유형력을 성폭력범죄 행위수단의 기본적 형태로 규정한 유형력 모델이라 할 수 있다.

유형력 모델의 한계

형법상 성폭력법체계가 상대방의 저항을 제압하는 폭행·협박이라는 유형력을 기본적인 범죄유형으로 두는 유형력 모델이므로, 유형력을 행사할 필요가 없는 피해자의 상태를 이용하거나 무형력까지 포괄한 위력과 같은 행위수단 역시 유형력의 기준을 중심으로 해석된다.

우선 우리 형법은 유형력을 행사할 필요가 없는 피해자의 상태를 이용한 성적 침해 역시 범죄로 규정함으로써, 특정한 상황을 이용하는 행위 역시 성폭력 행위수단으로 포섭하고 있다. 피해자의 심신상실 또는 항거불능 상태를 이용하는 준강간 등의 범죄가 여기에 해당하는데, 유형력 모델의 성폭력법체계에서는 유형력을 저항을 할 수 없는 정도에 이른 것으로 한정하고 있기 때문에 특정상황의 이용 행위 역시 피해자의 저항을 중심으로 피해자가 저항을 할 수 있는 능력을 애초에 가지고 있지 않거나 행위 당시 저항을 할 수 없는 상태를 이용하는 것으로 한정된다. 구체적으로 살펴보면, 형법 제299조 준강간등의 조문은 정신기능의 장애로 인하여 의사결정능력과 사리판단능력이 영구적으로 없는 상태를 의미하는 심신상실만을 규정하여 심신미약의 상태를 배제하고 있고, 항거가 곤란한 상황을 배제하고 절대적으로 불가능한 경우를 의미하는 항거불능으로 규정하고 있다. 판례는 술이나 약물 등으로 인해 일시적으로 저항무능력상태가 되는 항거불능에 대해서 "항거불능의 상태라 함은 형법 제297조, 제298조와의 균형상 심신상실 이외의 원인 때문에 심리적 또는 물리적으로 반항이 절대적으로 불가능하거나 현저히 곤란한 경우"[28]로 한정적으로 해석하고 있기 때문에, 술에 만취했더라도 당시 상황을 비교적 상세히 진술하거나 저항행위에 대해 진술했다면 심신상실에 이르지 않은 심신미약의 정도에 이른 것으로 보거나[29] 피해자가 모텔 객실로 스스로 걸어가는 등 특정한 행위를 했다는 근거로 일시적인 "블랙아웃 증상은 심신상실 또는 항거불능 상태에 해당하지 않는"다고 보아 준강간의 적용을 배제한다.[30] 이렇게 우리 성폭력법체계는 피해자가 행위 내지 기억을 할 수 없는 무의식 상태인 경우에 한정하여 성폭력범죄로 처벌하고 있는데, 이는 유형력 모델 하에서 이용 행위가 유형력 행사에 조응하는 상황으로 한정되기 때문이다. 다시 말해, 성폭력 범죄에 이용되는 상대방의 상태는 상대방의 저항을 억압하는 정도의 유형력을 행사할 필요가 없는 저항무능력 상태로 협소하게 해석되는 것이다.

유형력 모델에서는 폭행·협박보다 넓은 범위의 힘의 행사를 행위수단으로 규정하는 위계·위력 역시 유형력을 중심으로 해석될 수밖에 없다. 앞서 살펴본 대로 위력은 피해자의 자유의사를 제압하기 충분한 세력(유·무형의 힘 포함)을 의미하므로, 여기에는 최협의에 이르

28 대법원 2000. 5. 26. 선고 98도3257 판결; 대법원 2009. 4. 23. 선고 2009도2001 판결; 대법원 2012. 6. 28. 선고 2012도2631 판결 참조.

29 대법원 2011. 10. 27. 선고 2011도11518 판결, 울산지방법원 2012. 12. 7. 선고 2012고합278 판결.

30 서울고등법원 2015. 1. 30. 선고 2014노3517 판결.

지 않는 협의에 의한 폭행·협박뿐만 아니라 사회적·경제적·정치적인 지위나 권세를 이용하는 것도 가능하다는 것[31]이 판례의 판단기준이다. 그러나 위력이 유형력이 아닌 무형력을 행위수단으로 포섭하고 있음에도 불구하고, "위력으로써 간음"이라는 규정을 통해 위력의 '행사', 그리고 그와 간음행위 간의 인과관계를 요구함으로써 무형의 위력이 존재하는 것을 넘어 무형의 위력이 간음을 위해 행사되어야 되어야 하는데, 무형의 위력 행사는 결국 성적 행위 당시 행위자의 신체적 또는 언어적인 행위를 통해 표출되어야 하므로 사실상 무형의 권세를 가진 자의 유형력 행사로 한정되어 해석되고 있다. 미성년자나 장애인에 대한 위력간음죄의 유죄 판례들을 살펴보면, 대부분 피해자의 거부표현을 무시한 채 팔목 부위를 꽉 잡거나 입을 막는 등의 신체적인 힘의 행사에 대해 언급하고 있다. 판례는 그러한 힘의 행사가 저항하지 못할 정도의 유형력은 아니었으나 신체적인 유형력이 행사되었다는 사실[32]과 함께 저항하기 어려운 장소 내지 피해자의 경악과 공포, 피해자의 술에 취하는 등 심신미약의 상태, 신체적인 차이의 존재 등으로 인해 저항의 의사가 제압되었을 때에 이를 위력에 의한 간음 또는 추행으로 인정한다. 최근 전 충남도지사의 업무상위력등간음죄

31 대법원 2005. 7. 29. 선고 2004도5868 판결.

32 뇌병변 1급 장애인인 피해자의 거부의사표시에도 불구하고 욕설을 하고 피해자의 머리를 강제로 피고인의 성기 쪽으로 누르거나(대법원 2001. 12. 24. 선고 2001도5074 판결), 성경험이 없는 17세 피해자가 하지 말라고 하면서 바지를 벗기지 못하도록 벨트를 잡고 있었으나 피고인이 그냥 하자며 설득하고 피해자의 신음소리를 막기 위해 손으로 입을 막거나(대법원 2007. 8. 23. 선고 2007도4818 판결), 성경험이 있는 17세의 피해자의 거부의사표시에도 불구하고 피해자의 팔목을 힘 있게 꽉 잡았고 울면서 몸을 비트는 피해자의 바지를 힘으로 벗기는 등(대법원 2005. 7. 29. 선고 2004도5868 판결)이 유형력의 행사로 인정이 되었다.

1심 판결에서 행위자에게 피해자의 자유의사를 제압하기에 충분한 세력, 즉 위력은 있으나 행위 당시 행위자의 언행이 지위 내지 권력을 남용하거나 위력적인 분위기를 만들거나 물리력을 행사하는 등 위력의 행사를 인정할 수 없다며 무죄선고를 했는데,[33] 이는 위력의 행사가 결국 신체적, 언어적 행위를 통한 유형력의 행사를 의미하며 다만 무형의 지위나 권세의 이용은 단지 그러한 유형력이 상대방의 저항을 제압할 정도에 이르지 않았더라도 행위자가 가진 무형의 힘이 더해져 저항이 제압되는 결과를 초래할 수 있다는 점에서 고려되고 있음을 보여준다. 결국 위력은 최협의 폭행협박이라는 수단의 보충적인 행위수단으로 협의의 폭행·협박이라는 유형력을 의미하는 것으로 한정되는 것이다.[34]

우리의 성폭력법체계에서 폭행·협박과 심신상실 또는 항거불능 상태의 이용이 유형력 행사와 이용의 대응관계에 있는 것과 마찬가지로, 위력(협의의 폭행·협박)과 위계(상대방의 오인, 착각, 부지의 심적 상태 이용)의 관계도 그러하다. 이 점에서 우리 형법상 성폭력범죄에서 위계와 위력은 동일한 조문에 대등한 행위수단으로 규정되어 있으며, 미성년자나 장애인 또는 보호감독관계라는 특정한 요건이 있는 경우에만 위계·위력이 성폭력범죄의 행위수단으로 인정된다. 그러나 위력이라는 힘의 행사에 대응하는 이용행위를 위계로만 한정시키는 것은 어두운 밤을 틈타 남편으로 가장하여 여성과 성행위를 하는 행위

33 서울서부지방법원 2018. 8. 14. 선고 2018고합75 판결.

34 일부 미성년자 위력간음 판례에서 유형력 행사는 없으나 피보호감독자의 지위나 11세라는 어린 연령 등의 추가적인 요인이 있는 경우 위력으로 인정한 판례들이 있으나(춘천지방법원 2017. 9. 8. 선고 2016고합128 판결, 부산지방법원 2012. 10. 12. 선고 2012고합358, 2012전고13(병합) 판결 등), 이는 추가적인 불법 요소가 있는 경우에 한정될 뿐이다.

등과 같이 성인을 대상으로 오인, 착각, 부지의 심적 상태를 이용하여 간음하는 경우를 배제하게 된다. 게다가 위력과 마찬가지로 위계의 행사와 간음행위의 인과관계에 대해 좁게 해석하고 있어, 간음행위 자체에 대한 오인, 착각, 부지를 이용한 경우가 아닌 간음행위와 불가분적 관련성이 인정되지 않는 고립된 장소로 유인하는 행위나 성행위와 관련된 조건에 대한 속임수인 경우 위계에 해당하지 않는 것으로 보아[35] 결국 미성년자나 지적 장애인에 대한 간음행위를 용이하게 하기 위해 위계를 이용한 대부분의 사례는 여기에서 배제될 수 없다. 특히 미성년자나 장애인에 대한 위계·위력 간음 또는 추행에 대해 제한적인 법해석이 이루어지고 있는데, 이는 성폭력처벌법이나 아청법 등 특별법에서 가중된 형벌을 피하기 위해 실질적인 유형력의 입증을 요청하거나 위계·위력의 개념을 제한적으로 해석하기 때문이기도 하다(최은하, 2015: 188-189). 그러나 위계·위력에 대해 유형력 중심의 제한적 해석이 이루어지는 것은 폭행·협박의 행위수단을 기본적인 구성요건으로 규정하고, 위계·위력을 보충적인 요건으로 적용하고 있

35 판례는 지적장애인인 피해자를 행위의 발생을 가능하게 하는 제3자가 없는 고립된 장소인 집 또는 모텔로 오게 하는 것은 위계에 해당하지 않는다고 보며 (대법원 2002. 7. 12. 선고 2002도2029 판결; 대법원 2014. 9. 4. 선고 2014도8423, 2014전도151 판결), 피고인이 16세 피해자에게 성교의 대가로 50만 원을 줄 의사나 능력이 없으면서도 돈을 주겠다고 거짓말을 하고 피해자가 이 말에 속아 피고인과 성교행위를 하였다고 하더라도, 사리판단력이 있는 피해자에 관하여는 그러한 금품의 제공과 성교행위 사이에 불가분의 관련성이 인정되지 아니하는 만큼 위계에 해당하지 않는다고 본다(대법원 2001. 12. 24. 선고 2001도5074 판결). 이러한 판례의 태도는 최근 대법원 2020. 8. 27. 선고 2015도9436 전원합의체 판결에 의해 변경되었다. 이에 따라 행위자가 간음의 목적으로 피해자에게 오인, 착각, 부지를 일으키고 피해자의 그러한 심적 상태를 이용하여 간음의 목적을 달성하였다면, 위계와 간음사이의 인과관계가 인정된다.

는 현재 법체계의 유형력 모델로 인한 것이다. 독일이나 영국 등 해외의 성폭력법체계에서 미성년자나 장애인이 피해자인 경우에 행위자의 지위 남용을 폭행·협박 등의 유형력을 이용한 좁은 의미의 성폭력과 분리하여 체계화하고 있다. 미성년자나 장애인이 피해자인 경우 피해자에 대해 특정한 영향력을 행사할 수 있는 지위에 있는 자가 성적 행위를 하거나 성인인 행위자가 대가 지급 내지 성적 인식의 제한된 인지 상태를 이용하여 미성년자에 대해 성적 행위를 하는 경우에 성적 남용으로 처벌함으로써 행위자의 폭력적 행위가 아닌 그 행위의 착취적 성격에 집중하고 있다. 그러나 우리의 경우 미성년자나 장애인에 대한 성적 남용의 속성을 가진 행위에 대해 위계·위력이라는 유형력의 보충적 요건을 둠으로써 보다 강력한 유형력 모델을 구축하고 있는 것이다.

유형력 모델은 행위자의 폭행협박 등 유형력이 행사되어 피해자의 저항행위가 실패하고 그로 인해 성적 침해가 일어난 전형적인 강간의 상황을 전제한 모델이다. 유형력 요건에서의 제압은 대체로 피해자의 거부의사가 아닌 저항행위에 집중되는데, 이는 전통적으로 강간죄를 여성이 사력을 다해 끝까지 저항해야만 그것을 강간으로 보는 이른바 '강간신화'에 기초한 해석의 방향이다. 과거 프랑스 형법에서 강간을 "저항을 제압하기에 충분한 유형력을 행사하여 피해자와 합의 없이 간음한 것"으로 규정한 것은 정조유린으로서 강간에 대한 신화, 즉 정조있는 여성이 결사적인 저항을 하면 성행위가 불가능하다는 전제에 기초한 것으로, 당시 정조를 지키려는 자유의지를 가진 정숙한 여성만이 강간죄의 객체였으며, 강간의 성립을 위해 피해자가 끝까지 일관되게 저항하고 소리를 질러야 하며 폭행의 흔적이 피해자에게 남아 있을 것이 요구되었다(김희균, 2005: 109-110). 현재 유형력 요건에서 피해자의 극도의 저항행위 존재나 피해자가 "음행의 상습 없는" 정숙한 여성일 것을 요구하지 않으나, 여전히 법원은 피해자의 거부의사를 제압한 폭행협박이 아니라 그 폭행협박의 존재를 입증할 수 있는 피해자의 저항행위를 요구함으로 정조를 보호법익으로 설정했던 과거의 법적 태도와 크게 다르지 않은 해석을 유지하고 있다(유주성, 2016: 38-39). 이러한 점에서 유형력 모델을 유지하되 피해자의 저항을 통해 비동의를 추정하는 것이 아니라 피해자의 자유의사를 제압한 행위자의 폭행·협박 자체에 대한 입증에 집중해야 한다는 주장이 제기되기도 한다(김희균, 2005). 그러나 행위자의 유형력 행사에 집중하는 법해석은 피해자가 제압되는 무형력의 행사나 무방비상태를 포섭하지 못하는 한계를 가진다는 점에서 성폭력이 이루어지는 현실을 제대로 포괄할 수 없다. 종합해보면, 유형력 모델에서의 한계는 유형력의 존재를 입증하는 기준을 피해자의 항거불능 또는 현저한 곤란으로 상정한 강간죄를 성폭력법체계의 기본적인 범죄유형이자 구성요건으로 둠으로써 여전히 정조를 보호법익으로 했던 기존의 법적 태도를 유지하고 있다는 점에 있다.

독일의 유형력-남용 모델에서 동의 모델로의 이행

대륙법계국가인 독일은 유형력 요건을 중심으로 한 성폭력법체계를 유지해오다가 2016년 11월 10일 형법상 성폭력범죄의 기본적 구성요건에 비동의 요건을 추가함으로 유형력-남용 모델에서 비동의 모델로 전환하게 되었는데, 유형력 모델이 가진 한계를 극복하기 위한 동의 모델로의 전환 시도라는 점에서 별도로 검토해볼 필요가 있다.

독일의 형법상 성폭력체계는 1997년까지 제13절 성적 자기결정권 침해에 관한 죄 이하에서 폭행협박에 의한 성기삽입행위인 강간죄를 기본적인 구성요건으로 하는 유형력 요건을 둔 성폭력범죄와 미성년자 및 장애인에 한정하여 행위자의 지위 내지 피해자의 상황을 남용한 성적 행위와 항거가 불가능한 피해자의 상황을 남용한 성적 행위에 대해 유형력 요건이 없는 성적 남용 범죄로 규정하는 유형력-남용 모델을 취하고 있었다. 독일의 경우 성폭력범죄에 대한 낮은 유죄율 및 그로 인한 성적 자기결정권 침해에 대한 처벌 공백을 해결하기 위해 형법상 성폭력범죄 기본적 범죄유형(제177조)에 대한 개정을 추진해왔는데, 주요한 개정은 1997년 개정과 2016년 개정이다.

독일의 1997년 형법개정은 유형력 모델을 유지하면서도 유형력 요건의 한계를 극복하기 위한 방향성을 가지고 있었다. 유형력 모델이 전제하고 있는 정조 침해에 대한 전통적 사고를 개선하기 위해 1997년 제177조의 개정은 다음과 같은 두 가지 큰 축으로 이루어졌다. 첫째, 성폭력범죄의 기본적 범죄유형을 성기삽입이 전제된 강간행위에서 성기 삽입 이외의 성적 강요행위로 변경했다. 이를 위해 폭행협박의 유형력에 의한 성기삽입 이외의 성적 행위를 규정한 성적 강요죄와 강간죄를 (구)제177조로 통합하고, 성적 강요죄를 (구)제177조 제1항에 둠으로써 성폭력범죄의 기본적인 구성요건으로 설정하는 동시에 같은 조 제2항에 성기삽입에 의한 강간죄를 다수에 의한 성적 침해와 함께 가중적 처벌요건으로 규정했다.[36] 이러한 개정을 통해 성폭

---

36 독일형법 (구) 제177조[성적 강요; 강간] (1) 타인에게 자신 또는 제3자의 성적 행위를 수인하도록 하거나 또는 자신이나 제3자에 대하여 성적 행동을 하도록 다음 각 호의 1과 같이 강요한 자는 1년 이상의 자유형에 처한다.

1. 폭행을 행사한 경우
2. 신체 또는 생명에 대한 현재의 위험으로 위협한 경우, 또는
3. 피해자가 범죄행위자의 행위에 무방비하게 맡겨져 있는 상황을 이용한 경우

(2) 특히 중한 경우에는 2년 이상의 자유형에 처한다. 특별한 사정이 없는 한, 다음

력범죄가 성기삽입에 의한 정조침해가 아닌 성적 행위로 인한 성적 자기결정권 침해임을 분명하게 한 것이다. 둘째, 폭행협박이라는 유형력 요건이 피해자의 저항행위를 요구함으로써 현실적으로 피해자가 저항에 성공할 가능성이 없다고 판단하여 어떠한 신체방어도 하지 않고 범죄행위자가 이를 이용하는 사례들이 저항행위가 없었다는 이유로 처벌되지 않는 문제를 해결하기 위해(BT-Drs. 18/8210, 2016.4.25.: 7), 폭행((구)제177조 제1항 제1호) 또는 신체 또는 생명에 대한 협박((구)제177조 제1항 제2호) 이외에 "피해자가 범죄행위자의 영향력 행사에 무방비하게 맡겨진 상황을 이용"((구)제177조 제1항 제3호)이라는 포괄구성요건(Auffangtatbestand)을 신설했다. 여기에서 피해자의 무방비한 상황의 이용은 피해자가 저항을 할 수 없는 상황

각호의 1에 해당하면 특히 중한 경우로 본다.

1. 행위자가 피해자와의 성교를 실행하거나 실행하도록 만들거나, 신체 안으로의 삽입과 결부된 경우(강간)처럼 피해자를 특별히 모욕하는 유사성행위를 피해자에게 실행하거나 피해자로 하여금 실행하도록 만드는 경우, 또는
2. 범죄행위가 다수에 의해 범죄가 공동으로 범해지는 경우

(3) 다음 각호의 1에 해당하는 자는 3년 이상의 자유형에 처한다.

1. 무기나 다른 위험한 도구를 휴대한 경우
2. 타인의 저항을 폭력을 통해 또는 폭력을 이용한 협박을 통해 저지하거나 이기기 위해서 그 밖에 도구 또는 약품을 휴대한 경우, 또는
3. 피해자를 심각한 건강상 침해의 위험에 빠뜨리는 경우

(4) 다음 각호의 1에 해당하는 자는 5년 이상의 자유형에 처한다.

1. 행위 중에 무기 또는 다른 위험한 물건을 사용한 자
2. 피해자를
   a) 범행시에 신체적으로 심각하게 학대하거나
   b) 사망의 위험에 빠뜨린 경우

(5) 제1항의 중하지 아니한 경우에 대해서는 6월 이상 5년 이하의 자유형에 처하고, 제3항과 제4항의 중하지 아니한 경우에 대해서는 1년 이상 10년 이하의 자유형에 처한다.

을 이용하는 행위로, 구체적으로는 타인의 도움을 기대할 수 없는 상황에서 피해자가 공포나 두려움으로 저항하지 않는 경우가 해당된다. 우리 형법은 폭행협박이라는 유형력 행사에 대응하는 상대방이 저항할 수 없는 상태를 이용하는 행위를 피해자의 심신상실 또는 항거불능 상태의 이용으로 설정하고 있으나, 독일의 경우 남용 모델을 두고 있기 때문에 피해자의 심신상실 또는 항거불능 상태를 이용한 성적 침해는 (구)제179조 '항거불능자에 대한 성적남용'[37]에 포섭된다. 1997년 개정을 통해 독일은 유형력 요건을 중심으로 한 성폭력범죄의 기본적인 행위수단에 유형력 요건이 포섭하지 못하는 피해자 무저

---

37 독일 형법 (구)제179조 [항거불능자에 대한 성적 남용] (1) 다음 각호의 1에 해당하는 타인의 항거 불능인 상태를 남용하여 타인에 대하여 성적 행동을 하거나 또는 타인으로 하여금 자기에 대하여 성적 행동을 하게 한 자는 6월 이상 10년 이하의 자유형에 처한다.

1. 정신적·심리적 질병 또는 중독과 관련된 장애 또는 심한 의식장애로 항거불능인 자
2. 신체적으로 항거불능인 자

(2) 항거불능상태의 남용 하에 제3자에 대하여 성적 행동하게 하거나 또는 제3자로 하여금 자신에게 하도록 하는 것을 통해 항거불능상태인 자(제1항)를 남용한 자도 동일하게 처벌한다.

(3) 특히 중한 경우에 대해서는 1년 이상의 자유형에 처한다.

(4) 미수범은 처벌한다.

(5) 다음 각호의 1에 해당하는 경우 2년 이상의 자유형에 처한다.

1. 행위자가 피해자와 함께 성교하거나 또는 피해자에 대하여 신체 침입과 관련된(강간) 유사 성행위를 하거나 또는 피해자로 하여금 자신에 대하여 유사 성행위를 하게 한 경우
2. 다수에 의해 범죄가 공동으로 범해지는 경우
3. 행위자가 피해자에 대한 행위로 중한 건강상의 훼손위험 또는 신체적·정신적 발전에 현저한 훼손을 야기한 경우

(6) 제5항의 중하지 아니한 경우에 대하여는 1년 이상 10년 이하의 자유형에 처한다.

(7) 제177조 제4항 2호 및 제178조는 동일하게 적용된다.

항 상태를 이용하는 행위를 추가함으로써, 폭행협박에 집중된 유형력 요건의 범위를 넓히고자 한 것이다. 그러나 이러한 개정에 대해서 기존의 정조를 보호법익으로 했던 전통적인 강간 정의를 근본적으로 변경하지 못함으로써 여전히 피해자의 저항행위 여부를 성폭력 범죄 성립의 핵심적인 판단기준으로 한다는 한계가 있다는 비판이 제기된다(Hörnle, 2017: 1311-1312).

2016년 법개정은 1997년 개정을 통해 시도했던 유형력 모델의 개선이 결국 종국적인 한계에 봉착했다는 인식에 기초하여 이루어졌다. 당시 독일에서 연간 8,000여 건의 강간사건이 신고되고 있으나 2016년 강간죄로 신고된 사건의 8%만이 유죄 선고를 받는 등 낮은 유죄률이 문제되고 있었으며(『DW』, 2016.7.7.),[38] 이러한 원인에 대해 1997년 법 개정에도 불구하고 유형력 요건에 한정된 행위수단의 설정이 현실상 이루어지는 다양한 형태의 성적 자기결정 침해행위를 포섭하지 못하기 때문이라는 인식이 공유되었다. 게다가 2011년 〈여성에 대한 폭력과 가정 폭력의 방지와 대응을 위한 유럽의회협정(Council of Europe Convention on preventing and combating violence against women and domestic violence: 이하 이스탄불 협정)〉[39] 제36조가 비동의적인 성적 행위를 강간 등 성폭력으로 규정하고 있음에도 불구하고 독일 형법이 여전히 유형력 모델을 취하고 있는 것에 대해 법 개정을 촉구하는 "no-means-no" 캠페인이 광범위하게 전개되면서, 2014년부터

38 한국의 경우, 검찰연감에 따르면 2016년 형법상 '강간 및 추행의 죄'의 기소율은 약 29%(19,032건 접수, 5,633건 기소)이고, 사법연감에 따르면 2016년 유죄율은 약 91%(5,818건 접수, 5,347건 유죄)로 나타나, 접수된 사건의 대략 28% 정도가 유죄 선고를 받고 있다.

39 Council of Europe Treaty Series No. 210, 11.V.2011.

비동의 성적 침해를 처벌하기 위한 법 개정이 추진되었으며 2016년 11월 10일 비동의 요건을 규정한 제177조 개정안이 시행되기 이르렀다.

개정된 제177조[40]의 특징은 다음과 같다. 첫째, 제177조 제1항에

---

40 독일 형법 제177조 [성적 침해; 성적 강요; 강간] (1) 타인의 인식가능한 의사에 반하여 성적 행위를 그에게 실행하거나 그로 하여금 실행하도록 하거나 그로 하여금 제3자에 대해 성적 행위를 실행하거나 제3자의 성적 행위를 수인하도록 만드는 자는, 6개월 이상 5년 이하의 자유형에 처한다.

(2) 타인에 대해 성적 행위를 실행하거나 그로 하여금 실행하도록 하거나 그로 하여금 제3자에 대해 성적 행위를 실행하거나 제3자의 성적 행위를 수인하도록 만드는 자는, 다음의 경우에도 동일하게 처벌된다:

1. 범죄행위자가 타인이 반대의사를 형성하거나 표시할 수 없는 상황에 있음을 이용하는 경우
2. 범죄행위자가 타인의 동의를 확인한 경우가 아니라면, 타인이 그의 신체적 또는 정신적 상태로 인해 의사의 형성 또는 표시에 현저한 장애가 있음을 이용한 경우
3. 범죄행위자가 의외의 순간(Uberraschungsmoment)을 이용하는 경우
4. 범죄행위자가 피해자가 저항하면 느낄 수 있을 만한 해악이 발생할 가능성이 있는 상황을 이용하는 경우, 또는
5. 범죄행위자가 타인으로 하여금 성적 행위를 실행하거나 수인하도록 느낄 수 있을 만한 해악으로 위협함으로써 강요한 경우

(3) 미수는 처벌된다.

(4) 의사를 형성하거나 표시할 수 없는 무능력이 피해자의 질병이나 장애에서 비롯된 경우에는 1년 이상의 자유형이 선고된다.

(5) 범죄행위자가 다음에 해당하는 경우에는 1년 이상의 자유형에 처한다:

1. 피해자에 대해 폭력을 행사한 경우
2. 피해자를 신체 또는 생명에 대한 현재의 위험으로 위협한 경우, 또는
3. 피해자가 범죄행위자의 행위에 무방비하게 맡겨져 있는 상황을 이용한 경우

(6) 특별히 중한 경우에는 2년 이상의 자유형이 선고된다. 특별히 중한 경우는 일반적으로, 다음의 경우에 인정된다:

1. 범죄행위자가 피해자와의 성교를 실행하거나 실행하도록 만들거나, 특히 신체 안으로의 삽입과 결부된 경우(강간)처럼 피해자를 특별히 모욕하는 유사성행위를 피해자에게 실행하거나 피해자로 하여금 실행하도록 만드는 경우, 또는

"인식가능한 의사에 반하는 성적 행위"를 규정함으로써 비동의 범죄를 성폭력 범죄의 기본적인 유형이자 기본적 구성요건으로 규정했다. 여기에서 인식가능한 의사에는 명시적인 의사표시뿐만 아니라 묵시적인 표현까지 포함된다(Schmidt, 2018: Rn.466d). 성폭력범죄를 규정한 제177조의 기본적 구성요건이 의사에 반하는 성적 침해이기 때문에, 기존의 성적 강요에서 규정된 유형력 요건은 기본적인 범죄에 추가되는 가중적 처벌요건이 된다(제177조 제5항). 둘째, 피해자의 거부의사표시를 구성요건으로 하지 않은 피해자의 성적 자기결정권의 행사가 제한된 상황을 이용하는 행위를 제177조 제2항에 규정하여, 비동의에 대응하는 이용행위 역시 비동의 범죄로 처벌하도록 규정하고 있다. 성적 자기결정권의 행사가 제한되는 상황으로는 ① 피해자의 거부의사표시가 기대 불가능하여 비록 동의의사표시가 있더라도 이를 유효하다고 볼 수 없거나, ② 피해자의 거부의사표시가 객관적으

---

2. 범죄행위가 다수에 의해 공동으로 행해진 경우

(7) 범죄행위자가 다음에 해당하는 경우에는 3년 이상의 자유형에 처한다:

1. 무기나 다른 위험한 도구를 휴대한 경우
2. 타인의 저항을 폭력을 통해 또는 폭력을 이용한 협박을 통해 저지하거나 이기기 위해서 그 밖에 도구 또는 약품을 휴대한 경우, 또는
3. 피해자를 심각한 건강상 침해의 위험에 빠뜨리는 경우

(8) 범죄행위자가 다음에 해당하는 경우에는 5년 이상의 자유형에 처한다:

1. 범행에 무기 또는 다른 위험한 도구를 사용한 경우 또는
2. 피해자를
   a) 범행시에 신체적으로 심각하게 학대하거나
   b) 사망의 위험에 빠뜨린 경우

(9) 제1항 및 제2항의 중하지 아니한 경우에는 3개월 이상 3년 이하의 자유형에 처하고, 제4항 및 제5항의 중하지 아니한 경우에는 6개월 이상 10년 이하의 자유형에 처하고, 제7항 및 제8항의 중하지 아니한 경우에는 1년 이상 10년 이하의 자유형에 처한다.

로 불가능한 경우로 나누어볼 수 있는데(Schmidt, 2018: Rn.467), 이에 따라 제177조 제2항에서는 의사형성 또는 의사표시를 할 수 없는 상황에 있음을 이용하는 경우(제1호), 의사형성 또는 의사표시 능력에 제약이 있는 경우(제2호), 기습 등 의외의 순간을 이용하는 경우(제3호), 저항 시 해악이 발생할 수 있는 상황을 이용하는 경우(제4호), 신체 또는 생명에 대한 해악을 제외한 다른 해악을 고지하여 협박하는 경우(제5호)를 이용행위로 규정하고 있다. 셋째, 개정 전에는 저항무능력상태(항거불능)를 이용한 경우에는 성적 남용으로 처벌되었으나, 성폭력범죄의 기본적인 구성요건이 의사에 반하거나 의사형성 또는 표시능력이 제한된 상황이 됨으로써 장애나 질병으로 의사무능력 상태에 있는 경우를 이용한 행위가 성적 남용이 아닌 성폭력 범죄인 성적 침해로 포섭되었으며 가중적 처벌요건으로 규정되었다(제179조 삭제 및 제177조 제4항 신설).

제177조 개정안 입법이유서에서 법 및 소비자보호위원회(des Ausschusses für Recht und Verbraucherschutz)는 범죄행위자가 피해자의 인식가능한 거부의사를 무시하는 것이 곧 성적 자기결정권의 침해이고, 피해자의 저항행위 여부에 따라 성적 자기결정권의 침해 여부가 결정되어선 안 된다는 점을 분명히 강조한다(BT-Drs. 18/9097, 2016.7.6.: 21). 현행 독일 형법 제177조는 성적 자기결정권이라는 보호법익에 따라 의사에 반하는 또는 의사능력이 제한된 상황을 이용하는 성적 침해를 성폭력 개념으로 포섭함으로써, 기존의 유형력-남용 모델에서 동의 모델로 전환하게 되었다. 제177조의 기본적인 구성요건을 타인의 인식가능한 의사에 반하여 이루어진 성적 행위(제1항)로 변경하고, 장애인과 비장애인의 구분 없이 피해자의 거부의사표시가 기대불가능하여 동의의사를 유효하다고 볼 수 없거나 피해자의 거부의사

표시가 객관적으로 불가능한 상황(제2항)을 성적 남용이 아닌 성적 침해로 포섭함으로써, 유형력과 남용의 전통적인 이분법을 극복하고 동의를 중심으로 성폭력을 개념화한 것이다.

그러나 2016년 형법개정으로 동의모델을 구축했음에도 불구하고 이러한 시도가 형법 제13절 성적 자기결정권 침해에 관한 죄의 전체 규정이 아닌 제177조에 한정됨에 따라 입법의도에 따른 패러다임의 전환이 실제 이루어졌는지에 대해서는 부정적인 평가가 주류적이다. 성적 남용에 대한 대부분의 규정이 개정되지 않은 것에 대해 체계적인 정합성의 흠결을 문제 삼기도 하지만(Renzikowski, 2017: Rn.10-11), 유형력 모델에서의 남용 행위를 구분하는 것과 달리 의사능력이 제한된 상황의 이용행위를 남용으로 구분할 필요가 없음에도 불구하고 미성년자와 장애인에 대한 성적 남용 규정을 유지하는 것이 오히려 이들의 성적 자유에 대한 제한일 수 있다는 점이 지적되기도 한다(Hörnle, 2017: 1313-1314). 이와 관련해서 동의모델에 따른 성범죄법체계를 가지고 있는 영국의 경우, 동의에 대해서 동의능력과 동의의 자유로운 행사가 가능한 상황에서 가능한 것으로 개념화하고 연령과 장애의 기준에 따라 동의 무능력 상태와 동의 능력이 제한된 상태로 나누어 체계화하고 있다. 영국의 2003년 성범죄법(Sexual Offences Act)에서 13세 미만의 사람은 동의능력이 없으며 13세 이상 16세 미만인 동의능력이 제한되는 것으로 규정하고 있으며, 의사형성능력 또는 의사소통능력이 제한된 정신장애를 가진 자에 대해서는 동의능력이 제한되는 것으로 규정하고 있다. 이러한 구분에 따라 동의능력이 없는 자에 대해서는 비동의 요건[41]을 두지 않고 처벌하도록 규정하고

41 2003년 성범죄법 제1조 내지 제4조는 비동의 요건과 이에 대한 합리적 인식(신뢰)

있으며,[42] 동의능력이 제한되는 경우에는 행위자가 피해자에게 영향력을 행사할 수 있는 신뢰 지위에 있는 자이거나 행위자와 피해자의 연령 차이에 따라 피해자의 동의가 있더라도 성폭력범죄로 규정하고 있다[43]. 이러한 영국의 동의모델 역시 피해자의 의사형성 또는 의사표시능력 여부에 대한 일괄적인 기준(연령, 장애)에 따른 성적 남용 범죄를 규정하고 있어 미성년자나 장애인의 성적 자유에 대한 제한이 문제될 수 있으나, 이에 대해 처벌이 배제되는 조건[44]을 둠으로써 그 제한의 정도를 줄이고자 하고 있다.

독일에서 이루어진 유형력 모델에서 동의모델로의 이행은 유형력 모델과 성적 자기결정권이라는 보호법익의 불일치를 해결하려는 시도라는 점에서, 현재 우리 성폭력법체계의 한계를 보다 분명히 인식할 수 있도록 해준다. 동의 모델로의 이행은 성폭력범죄의 보호법익을 정조에서 성적 자기결정권으로 변화시키는 형법상 성폭력법체계 내에서의 패러다임 변화이다.

요건을 둔 비동의 성폭력범죄를 규정하고 있다.

42 13세 미만을 대상으로 한 성범죄(제5조이하)는 연령 요건만을 두고 있다.

43 피해자가 13세 이상 16세 미만인 경우에는 가해자가 성인이고 연령에 대한 합리적 인식(신뢰)가 있는 경우에 처벌하며(제9조 이하), 16세 이상 18세 미만인 경우에는 신뢰지위 내지 가족관계가 있고 연령 및 지위에 대한 합리적 인식(신뢰)가 있는 경우에 처벌한다(제16조 이하). 동의선택이 제한된 정신장애를 가진 경우에는 장애에 대한 합리적 인식(신뢰)가 있는 경우(제30조 이하) 내지 동의를 얻기 위한 위계가 있는 경우(제34조 이하)를 처벌하며, 정신장애를 가지고 있거나 환자인 경우 치료 및 보호감독을 하는 자에 한하여 처벌한다(제38조 이하).

44 신뢰지위에 선행하는 성적 관계가 있는 경우(제24조)에는 처벌을 배제하는 규정을 두고 있다.

3. 성적 자기결정권에 부합하는 성폭력법체계 개선방향

최근 미투운동으로 제기된 입법안들은 현행 성폭력법체계에서 나타나는 처벌의 공백을 해결하기 위해 일부 구성요건을 추가 또는 변경하거나 법정형을 강화하는 데에 집중하고 있다. 그러나 앞서 살펴보았듯이 현재 발생하는 성폭력범죄의 처벌 공백의 문제는 성적 자기결정권이라는 보호법익에 부합하지 않는 형법상 성폭력법체계로 인한 한계에서 도출되는 것이다. 결국 미투운동에 조응하는 형법의 개정방향은 성폭력법체계를 성적 자기결정권이라는 보호법익에 따라 재구성하는 것이 되어야 한다.

1) 성적 자기결정권의 보호법익에 부합하는 체계로서 동의모델로의 이행 필요

개인의 자유로운 의사에 따른 신체적인 성적 행위에 대한 성적 자기결정권이라는 보호법익에 대한 침해 자체를 기본적인 성폭력범죄 유형으로 설정하는 동의 모델로의 이행은 국제적인 차원에서도 요구되는 추세이다. UN CEDAW 일반권고 35호에서는 일반입법조치로 성범죄의 정의는 자유롭게 결정할 수 있는 동의의 결여를 기초로 하라고 권고하고 있고, 2011년 4월 7일 채택되고 2014년 8월 발효된 이스탄불 협약 역시 가입국의 성폭력법체계를 동의 결여를 중심으로 변경하도록 규정하고 있다. 이미 영국, 캐나다, 미국의 일부 주 등이 피해자의 동의를 중심으로 성폭력법체계를 구성하고 있고 있으며, 국제사회의 요구에 따라 독일 등과 같은 유럽 국가들도 성폭력법제를 변경하고 있다.

앞에서 살펴보았듯이 유형력 모델에서는 성적 자기결정권이 아닌 정조를 보호법익으로 하기 때문에, 유형력에 대한 입증을 위해 피해자의 저항 여부를 요구한다는 법적 판단과정에서의 한계를 가지고 있다. 저항을 중심으로 한 유형력에 대한 판단은 피해자의 저항에 대한 피고인의 주관적 인식, 즉 고의에 대한 판단을 피해자가 당시 보여준 저항행위 존재 여부에 대한 판단으로 대체하게 되는 한계를 가진다. 비록 구조요청이나 탈출 시도 등 피해자의 실질적 저항행위에 대한 입증을 요구해왔던 기존의 강간 판례가 2005년 이후 변화했으나 여전히 유형력의 정도를 충족하기 위한 저항 여부에 대한 판단기준은 변경되지 않았기 때문에, 여전히 강간 등 성폭력범죄 재판에서는 피해자의 저항 여부나 정도를 중심으로 유무죄 판단을 하고 있으며, 이에 대해 객관적인 정황보다는 저항에 대한 피해자의 진술 신빙성 판단을 매우 핵심적인 요소로 삼음으로써 행위자의 유형력 행사나 고의에 대한 판단보다는 범행 전후의 피해자 언동이나 행실, 재판과정에서의 피해자 진술 태도 등 피해자 자체에 대한 판단에 집중하는 결과를 가져온다. 이러한 문제는 항거불능을 이용한 준강간 사례에서 더욱 분명히 드러나는데, 유형력 모델에서는 피해자가 제대로 의사형성 내지 의사표시를 할 수 없는 상태에 있음을 이용하여 성적 행위를 하는 것에 대해 저항무능력 이외에 별도의 기준을 제시하지 못하기 때문에 피해자가 주취로 비틀거리긴 하지만 걸을 수 있는 상태인 경우에는 객관적 정황으로 도출되는 피해자의 의사형성무능력에 대한 고려가 배제되며 피고인의 성관계 합의에 대한 주관적 인식이 그대로 받아들여지게 된다.[45]

동의모델은 성행위에 대한 합의 여부를 요건으로 판단하게 됨으로써 현재 유형력 요건상 유형력 판단의 중심이 되고 있는 저항에 대한 평가가 아닌 성행위에 대한 합의 여부에 대한 객관적 평가를 수행하게 된다. 동의모델에서 비동의 요건에 대한 판단은 단지 피해자의 비동의 의사에 대한 진술만으로 성립하는 것이 아니라 비동의를 입증할 수 있는 객관적 정황, 그리고 비동의에 대한 피고인의 주관적 인식에 대해 판단하게 되므로 피해자 진술의 신빙성에 대한 판단은 유형력 요건에서 유형력의 정도를 입증하는 내용으로 포섭되는 것과 달리 객관적 정황 및 피고인의 고의 판단과 분리되어 이루어질 수 있다. 피고인의 고의에 대한 입증은 검사가 피해자의 비동의 의사표시나 동의할 수 없는 상태에 있음을 입증하게 되면 합리적인 관점에서 이를 인식할 수 있는지 여부에 대한 객관적 평가를 통해 가능하다. 물론 동의모델에서도 피해자의 비동의 의사표시나 동의할 수 없는 상태에 대한 피해자 진술의 신빙성에 대한 판단이 이루어질 수밖에 없으나, 현재 유형력 모델 하에서 판례가 진술의 신빙성 판단에 대해 저항을 기준

45 예컨대, 법원은 피해자가 지인 1명과 소주 6병을 나누어 마시고 몸을 제대로 가누지 못하여 넘어지고 주변의 도움을 받아 화장실에 다녀올 정도로 만취하였으며, 낯선 피고인과 모텔에 가는 동안에도 지속적으로 구토한 사실은 인정하였고, 술에 취한 상태에서 처음 만난 피고인과 불과 1시간 만에 모텔에 가 합의 하에 성관계를 갖는다는 것이 합리적이지 않다는 점을 인정하였으나, 피해자가 술에 취한 상태에서 비이성적인 행동을 하였고 당시 상황이 전혀 기억나지 않는다는 사정만으로 준강간의 고의를 인정할 수 없으며, 피해자가 모텔 객실로 스스로 걸어가는 등 행위를 한 것을 근거로 일시적인 “블랙아웃 증상은 심신상실 또는 항거불능 상태에 해당하지 않는”다고 보았다. 이 사건에서 피해자의 만취 상태에 대해서는 제3자의 진술이 있으며 피고인 역시 피해자가 계속 구토를 하였기 때문에 성관계 이후 피해자를 씻기기 위해 욕조로 데리고 갔다는 사실을 인정하고 있으나, 법원은 이러한 객관적 사실에 대한 검토 없이 피해자가 블랙아웃 상태에서 본인의 의사와 관계없이 한 행위가 피고인에게 동의로 인식될 수 있다는 점을 고려하여 준강간의 고의가 없다고 판단한 것이다.(서울고등법원 2015. 1. 30. 선고 2014노3517 판결 참조)

으로 하는 유형력 정도에 대한 판단으로 포섭하여 서술하고 있는 것과 달리 비동의 요건에 대한 진술 신빙성 평가가 분리되어 이루어짐으로써 보다 세밀한 신빙성 판단기준이 제시될 수 있을 것이라 기대된다.

비동의 요건을 도입하는 동의 모델로의 이행은 그동안 유형력 요건에서의 피해자에게 집중되었던 입증 부담이 피고인에게 전환되거나 보다 손쉬운 성폭력 범죄의 입증이 가능하도록 하는 방식의 전환을 의미하는 것이 아니다. 비동의 요건이 도입된다 하더라도 여전히 범죄 구성요건의 입증부담은 검사에게 있으므로 객관적 증거를 제시하기 어려운 사례들에서 비동의 요건과 관련된 피해자의 진술 신빙성을 입증해야 하는 부담은 유형력 요건에서와 마찬가지로 존재한다. 그러나 피해자의 저항을 요구하는 유형력 요건만을 성폭력범죄의 구성요건으로 두는 유형력 모델에서 동의 없는 성적 침해를 기본적 범죄유형으로 두는 동의 모델로의 이행은 형사법체계에서 성적 자기결정권이라는 보호법익을 구축하는 방향이라는 점에서 그 필요성이 있으며, 행위수단과 행위유형을 성적 자기결정권의 침해를 중심으로 체계화함으로써 기존의 정조라는 보호법익의 영향 하에서 왜곡되었던 성폭력 범죄 구성요건에 대한 판단의 한계를 해소할 수 있는 방향이 될 수 있다.

2) 형법상 성폭력범죄 관련 체계 개선의 방향

정조 관념의 제거 및 명확성 확보를 위한 행위유형의 개선방향

우리 형법은 성폭력 범죄에 해당하는 성적 행위유형을 간음, 유사간음, 추행으로 나누어 불법성의 경중을 구분하고 있다. 이러한 구분은 이미 살펴보았듯 정조를 보호법익으로 할 때에 통용될 수 있는 유형화일 뿐이다. 우선 성기에 의한 삽입행위와 그 외의 삽입행위에 대한 불법성의 구분은 성적 자기결정권을 기준으로 한 침해 정도로 볼 때 구분되지 않으며, 오히려 물건에 의한 성기삽입행위로 인해 심리적인 외상이 더 중할 수 있다는 점을 고려할 때에 성기에 의한 삽입행위보다 낮은 불법성을 설정하는 것도 적절하지 않다. 성기에 의한 성기삽입으로 인한 임신 또는 성병전염 등의 결과는 상해와 관련된 결과적 가중범의 영역으로 포섭해야 할 문제이며, 그 가능성만으로 불법성이 더 하다고 보는 것 역시 논리적이지 않다. 다만 삽입행위와 접촉행위의 신체적인 침해 정도에 차이가 있다는 점을 고려할 때에 삽입과 신체접촉을 구분하는 것은 가능하다. 해외의 입법례를 살펴보면 독일은 삽입행위 일체와 그 외의 성적 침해를 구분하고 있으며, 영국의 경우 성기에 의한 신체 삽입과 그 외의 삽입행위를 별도의 조문으로 규정하고 있으나 동일한 법정형을 두고 있다. 성적 자기결정권이라는 보호법익을 고려할 때에 삽입행위 일체와 그 외의 성적 침해를 구분하는 것이 적절하며, 삽입행위 중 그 불법성이 행위의 속성상 침해적 속성이 덜한 경우에는 피해의 경함을 기준으로 양형단계에서 감경하는 것이 타당하다.

정조를 기준으로 한 성도덕적 평가를 제거하기 위한 용어의 변경 역시 필수적이다. 간음과 추행이라는 용어의 사용은 성적인 것에 대한 판단을 수치심 내지 혐오감, 도덕관념이라는 기준으로 둠으로써 해당 범주의 불명확성을 가중시킬 뿐이다. 도덕적 가치평가를 제거하고 객관적 용어로 변경하기 위해서, 간음은 삽입 행위로 변경하고 추행은 성적 행위로 변경하는 것이 가능하다. 이때 '성적'의 의미에 대해서는 그 사회가 성적이라고 평가하는 행위로 개념화함으로써 사회적 관념의 변화를 반영할 수 있다. 현재 성적 수치심 또는 혐오감을 일으키고 선량한 성적 도덕관념에 반하는 행위로 추행행위를 개념화하고 있으나 성적 수치심 또는 혐오감 자체가 판단기준이 되는 것은 성적 자기결정권이라는 보호법익의 침해로 인해 가능한 일반적인 피해자 상태를 지칭하는 용어로는 적합하지 않을 뿐만 아니라 주관적인 감정 상태를 기준으로 한다는 점에서 명확한 지침을 제시해주지 못한다. 오히려 성적인 자기결정의 침해를 경험한 일반적인 피해자의 감정은 모욕감, 불쾌감, 무력감, 두려움이나 공포 등이 동시에 일어나는 상태에 가까울 것이다. 그러나 이러한 감정의 상태로 그 행위가 객관적으로 문제되는 행위인지에 대해 평가할 수는 없으며, 판례 역시 피해자와 같은 조건에 있는 일반인이 느끼는 성적 수치심 등을 언급하고 있어 객관적 평가를 하고 있음에도 불구하고 이러한 개념화를 통해 일반인에게 주관적 감정상태가 기준이 될 수 있다는 잘못된 지침을 제공할 수 있다.

이러한 용어 변경을 반영하여 제32장의 제목은 성적 자기결정에 대한 죄 내지 성적 침해에 대한 죄로 변경하는 것이 적절하다. 보호법익이 장의 제목에 들어가는 것에 형법 체계에 맞지 않는다는 의견이 있으나, 이미 제22장에서도 성풍속에 대한 죄로 되어 있어 체계적으로 볼 때에도 큰 무리는 없다고 보인다.

비동의 요건 및 유형력 요건의 조화를 통한 행위수단의 체계화

국제적인 기준에 따라 비동의 요건은 성문법체계에도 도입되고 있으며, 오스트리아와 같이 경미범죄로 "의사에 반하는" 성적침해에 대한 조문(비동의간음죄안)을 신설하여 기존의 유형력 요건을 기본적 모델로 하되 그로 인한 흠결에 대해서 보충적으로 처벌할 수 있도록 규정하는 방식과 독일과 같이 동의모델에 따라 비동의 요건을 기본적인 범죄유형으로 하고 행위수단의 강제성 정도와 행위유형의 불법성 정도에 따라 가중적 구성요건을 구성하는 방식이 모두 검토될 수 있다. 그러나 성적 자기결정권이라는 보호법익과 부합하는 법체계적인 개선을 위해서는 기본적인 범죄유형과 체계를 유지한 채 비동의간음죄를 보충적인 감경규정으로 신설하는 안은 제한적인 결과를 가져올 수밖에 없다. 이러한 개선은 해당 행위가 추행으로 인정되지 못하는 범주의 성적인 행위의 형사처벌을 가능하게 할 수 있거나 유형력 요건의 증명이 충분하지 않은 사례에서 피해자가 동의하지 않았음이 범행 전·후 사정을 통해 명백하게 입증된 경우를 포섭할 수는 있다. 그러나 후자의 경우에 유형력 요건 중심의 법체계에 부합하지 않는 결정인데 유형력 요건에 대해 충분히 입증되지 않은 행위들을 처벌하게 됨으로써 체계적인 정합성을 해할 수 있는 우려가 있다. 뿐만 아니라 비동의간음죄 신설 이외에 형법의 체계적인 개선을 하지 않음으로 인해 앞서 살펴본 심신상실 또는 항거불능이라는 저항 무능력 요건과 위계 또는 위력의 제한적 해석으로 인한 흠결이 해소되지 않는다. 이러한 개선방향은 비동의 요건으로 성폭력범죄를 체계화하라는 UN CEDAW의 권고와도 부합하지 않는다.

최근 입법안으로 제시된 폭행·협박이라는 유형력 요건을 비동의 요건으로 대체하는 안은 비동의 요건을 포괄적인 구성요건으로 설정하는 효과를 가지는데, 이러한 입법방식은 영국과 같은 영미법체계와 유사한 것이다. 영미법체계에서 비동의 요건만으로 성폭력범죄를 규정함으로써 포괄적 구성요건이 가진 불명확성의 한계를 해결하기 위해 동의 개념이나 증거추정, 피고인의 고의에 대한 주관적 구성요건에 관한 규정을 별도로 두거나 판례법을 통해 해결하고 있는데, 대륙법체계인 우리 법체계에서는 적합한 방식은 아니다. 또한 우리의 경우 이미 행위수단별로 불법성을 나누어 법률상 법정형을 세밀화하고 있으므로 다른 행위수단과의 관련성 속에서 비동의 요건이 설정될 수밖에 없다. 그러므로 모든 성폭력범죄에서 비동의 요건만을 규정하는 것이 아니라 비동의 요건을 기본적인 범죄유형으로 두고 가장 낮은 법정형을 두되 그 외의 행위수단이 추가되는 경우 법정형을 가중하는 독일의 규정방식을 고려하여 비동의 요건과 유형력 요건을 체계화하여 도입하는 방식을 검토할 수 있다.

비동의 요건과 유형력 요건의 체계화 방향을 검토하기 위해서는 그동안 처벌의 흠결로 지적된 사례들을 살펴볼 필요가 있다. 기존의 문헌들이나 판례 분석을 통해 확인된 처벌의 흠결이 있는 경우는 ① 행위 시에 폭행·협박이나 위계·위력이 없거나 입증되기 어려우나 피해자의 의사에 반하여 성적 행위가 있었다는 것이 입증된 경우, ② 행위 시 저항이 불가능하거나 현저히 곤란할 정도의 폭행·협박은 입증되지 않았으나 유형력의 행사 등 협의의 폭행·협박이 있는 경우, ③ 비장애성인에 대해 위계·위력이 이용된 경우, ④ 행위시 상대방이 항거불능 또는 심신상실의 상태는 아니지만 심신미약으로 인해 동의의 의사를 표시할 수 없는 상태인 경우이다. 동의 모델 하에서는 위의 사례들은 모두 성적 자기결정권을 침해한 행위에 해당되나, 유형력 모델인 현행 성폭력법체계에서는 피해자의 의사에 반하는 경우, 의사표시를 할 수 없는 상태를 이용한 경우, 위계나 위력이 있는 경우, 저항이 현저히 곤란한 정도에 해당하지 않은 폭행이나 협박이 있는 경우에 처벌되지 않고 있음을 알 수 있다.

그러므로 처벌의 공백을 해결하기 위한 행위수단의 설정은 ① 비동의 요건(의사에 반하는 행위와 동의능력 또는 의사표시능력에 제한된 상태를 이용하는 행위), ② 위력 요건(협의의 폭행·협박뿐만 아니라 무형의 세력을 포함), ③ 폭행·협박 요건(최협의 폭행·협박), ④ 동의무능력 상태의 이용으로 나눌 수 있다. 우선 비동의 요건에는 피해자의 의사에 반한 것뿐만 아니라 동의할 수 없는 상태를 이용하는 행위가 포함되는데, "동의 없는" 성적 행위 내지 삽입행위로 규정함으로써 의사에 반한 내지 심신미약 등 동의능력이 제한된 상태를 이용하는 것을 포섭할 수 있다. 위계와 위력의 경우에는 현행 법체계에서는 유형력의 보충적인 요건으로 규정함으로써 피해자 요건을 두어 제한하고 있으며, 위계와 위력이 서로 다른 행위수단임에도 불구하고 현재의 형법체계상 피해자가 성적 자기결정권을 행사할 수 없는 취약한 상태에 한정하여 일종의 남용 범죄에서만 인정했기 때문에 마치 같은 수준의 행위수단인 것처럼 규정되어 왔다. 그러나 위계와 위력의 행위수단의 내용과 본질에 큰 차이가 있고, 이미 형법의 다른 범죄에서 위계와 위력은 별도로 규정되기도 한다.[46] 위계는 이미 비동의 요건을 충족하는 행위가 될 수 있으므로 비동의 요건으로 포섭하는 것이 적절하며, 위력의 경우에 힘의 행사를 전제한다는 점에서 비동의 요건보다는 가중적인 요건으로 둘 수 있다. 판례의 해석에 따르면, 위력의 경우에 협의의 폭행·협박이라는 유형력 행사 자체가 포섭되어 있기 때문에 위력을 피해자의 요건과 관계없이 규정함으로써 협의의 폭행·협박이라는 행위수단을 이용한 성적 침해행위를 포섭할 수 있다. 폭행·협박의 요건은 현행 강간죄 등에서의 행위수단인 저항을 억압하는 폭행·협

46 위계만을 규정하고 있는 범죄로 제137조 위계에 의한 공무집행방해, 제313조 신용훼손이며, 위력만을 규정하고 있는 범죄는 제258조의2 특수상해, 제261조 특수폭행, 제278조 특수체포·특수감금, 제284조 특수협박 등으로 단체 또는 다중의 위력에 한정하여 규정하고 있다.

박의 정도에 해당하는 것으로 동일하게 두고, 현재 준강간죄 등의 행위수단인 심신상실 또는 항거불능 상태의 이용은 동의 무능력 상태를 이용하는 것이므로 구성요건의 내용을 변경할 필요가 있다. 이러한 행위수단의 분류에 따라 행위의 불법성에 차이가 있으므로 법정형을 통해 체계화할 수 있다. 현행 형법에서 폭행·협박을 수단으로 하는 성교행위에 대해서는 3년 이상의 징역과 추행행위에 대해서 10년 이하 징역 또는 벌금을 규정하고 있는 것을 기준으로 하면, 위력의 경우에는 그보다 경미한 범죄로 규정하고, 비동의 요건의 경우에는 가장 경미한 행위수단으로 체계화할 수 있다. 이렇게 행위수단의 체계를 구성하게 되면, 피해자의 연령, 장애나 양육 및 보호감독 관계 등은 유형력의 보충적인 요건을 두는 것이 아닌 처벌을 가중하는 요건으로 두거나 동의가 있더라도 특정한 지위를 이용한 행위를 처벌하는 요건을 별도로 두는 것이 가능하다.

향후 과제

성폭력법체계에서의 성적 자기결정권이라는 보호법익의 구축은 본 논문에서 다루고 있는 형법 제32장에 국한된 쟁점은 아니며, 성폭력범죄의 처벌등에 관한 특례법(이하 성폭력처벌법)이나 아동청소년의 성보호에 관한 법률(이하 아청법) 등 우리 형사법체계 내에서의 모든 성폭력범죄 관련 법체계와 관련된 것이다. 여기에서는 형법 제32장에서 규정하고 있는 직접적인 신체적 행위에 국한하여 성적 자기결정권의 의미를 재구성하고 있으나, 성폭력처벌법상 성폭력범죄의 정의가 형법 제22장의 음화반포나 공연음란 및 제32장 강간 등의 모든 성범죄를 포괄하고 있으며, 성적 수치심을 구성요건으로 하는 통신매체이용음란죄(성폭력처벌법 제13조)나 카메라등이용촬영죄(성폭력처벌법 제

14조) 등 언어적 표현, 이미지의 이용, 사생활의 침해 등 직접적인 신체적인 접촉을 동반하지 않는 행위를 통한 성적 침해를 성적 자기결정권이라는 보호법익을 침해하는 행위로 규정하고 있다는 점을 고려하면, 정조와 음란, 성적 자기결정권이 사회적 질서와 개인적 권리로 정확히 양분되지 않은 젠더의 사회구조와 복잡하게 얽혀 구축되어온 개념인지 알 수 있다. 이러한 점을 고려하여 성적 자기결정권이라는 의미구성은 우리 사회 내 여성에 대한 폭력의 구조적인 특성을 인식하면서 비신체적인 방식으로 이루어지는 성적 침해의 본질을 정조 개념과 무관하게 재설정할 수 있도록 확대되어야 하며, 이는 향후 연구과제이다.

신체적인 성폭력을 중심으로 한 형법상 성폭력법체계를 성적 자기결정권 침해를 중심으로 재구축하는 과정에서 본 논문에서 엄밀히 검토하지 못한 쟁점은 동의능력이 제한된 것으로 설정되는 미성년자나 장애인의 성적 자기결정권에 대한 것이다. 근대적인 법체계에서 권리를 향유할 수 있는 법적 주체의 설정은 권리행사능력을 전제로 한 것이기 때문에, 연령이나 장애를 근거로 동의 무능력 내지 제한을 설정하는 입법방식은 성적 자기결정권 행사에 대한 법적 제한으로 이어진다. 미성년자나 장애인의 성적 자기결정권 제한을 최소화하기 위해서는 연령이나 장애만을 요건으로 하는 입법은 지양해야 하며, 특히 장애에 관련된 요건은 장애의 종류나 정도에 관계없이 모든 장애를 통칭하여 규정하는 방식으로 둘 경우에 장애인의 권리에 대한 과도한 제한일 수 있다는 점을 고려하여 장애에 대한 연구를 통해 어떠한 종류의 장애를 구성요건화할 것인지에 대한 검토가 필요하다. 이 점에서 연령이나 장애에 관한 요건은 가중적인 처벌요건으로 두거나 가족 등 양육이나 보호관계를 이용한 행위에 대한 별도의 요건을 구체적으로 검토할 필요가 있으나, 이 글의 연구목적에서 벗어나 상세히 검토하지는 못했다. 구체적인 연령이나 장애의 기준과 관련한 성적 침해의 규정방식에 대해서는 실증적인 연구와 함께 법체계적인 검토가 필요한 쟁점이다.

마지막으로 비동의 요건과 유형력 요건의 체계화를 통한 동의 모델의 구축을 위한 형법 제32장의 재구성으로 해결되지 않는 처벌의 흠결은 앞서 간략히 언급했던 피해자 진술 신빙성 판단의 문제이다. 폭행협박의 최협의설을 완화하는 최근 판례의 변화에도 불구하고 전형적인 성폭력 피해자상에 근거하여 피해자 진술의 신빙성을 부인함으로써 폭행협박의 최협의 정도를 충족하지 못했다고 판단하는 판례들이 존재하며, 피해자의 범행 전후 태도나 재판에서의 진술 태도 등을 피해자 진술의 신빙성을 판단하는 근거로 삼음으로써 결국 피해자의 언행 자체가 성폭력 재판의 주된 대상이 되는 과정에서 형사절차상 2차 피해가 발생하게 된다. 이러한 문제는 비동의 요건에 대한 판단에 있어서도 동일하게 반복될 수 있으므로, 피해자 진술 신빙성 판단에 있어 전형적인 성폭력 피해자에 대한 신화에 기초한 판단을 제거할 수 있는 판례의 구축이 필요하다. 판례의 재구축이 필요한 또 다른 쟁점은 피고인의 동의에 대한 구성요건적 착오 주장의 판단기준으로, 피고인의 고의 판단 시 피고인 관점에서의 주관적 판단을 배제하고 합리성을 근거로 한 객관적 판단기준을 세우는 것이 필요하다. 영미법체계에서는 피고인의 착오에 대한 배심원들의 주관적 판단을 제거하기 위해, 판례법으로 구축된 피해자의 과거 성적 이력, 연인 관계 여부, 피해자의 옷차림 등에 대해서 피고인의 확정적 방어 주장이 될 수 없다는 원칙을 법률상 규정으로 도입하고 있다. 우리의 경우 이러한 판단기준은 판례를 통해 구축되어야 할 영역으로, 이를 위해서는 판결문이 객관적·주관적 구성요건에 대한 판단과 피해자 진술의 신빙성에 대한 판단으로 나뉘어 기술될 필요가 있으며, 이러한 판례들을 축적함으로써 세부적인 판단기준을 마련해나가야 할 것이다.

참고문헌

권창국(2016), "강제추행죄의 요건으로서 '폭행'의 해석과 기습추행", 대법원「형사실무연구회」발표문(2016.12.20.).

김한균(2018), "비동의 간음죄 입법론의 비판적 검토", 대검찰청, 『형사법의 신동향』, 제59호, 415-443쪽.

김희균(2005), "성폭력범 처벌의 이론: 강간죄의 구성요건 해당성", 한국형사정책연구원, 『형사정책연구』, 제64호, 103-132쪽.

박선미(1989), "여성학적 관점에서 본 강간범죄의 재판과정", 한국형사정책학회, 『형사정책』, 제4호, 289-316쪽.

박혜진(2009), "형법상 성적 자기결정권 개념에 대한 성찰", 한국형사법학회, 『형사법연구』 제21권 제3호, 229-252쪽.

배은경(1997), "성폭력 문제를 통해 본 여성의 시민권", 한국여성연구소, 『여성과 사회』 제8호, 51-77쪽.

백형구(2003). "준강도죄와 준강간죄-학설·판례의 정리", 고시계사, 『고시계』 제48권 2호, 49-59쪽.

유주성(2016), "강간죄 성립의 판단기준으로서 피해자의 동의와 저항-대법원 2015.8.27. 2014도8722 판결", 한국비교형사법학회, 『비교형사법연구』, 제18권 1호, 33-60쪽.

서보학(1998), "성폭력범죄와 형법정책", 한국인문사회과학회, 『현상과 인식』, 제22권 제1·2호(통권 제75호), 43-63쪽.

신상숙(2001), "성폭력의 의미구성과 '성적 자기결정권'의 딜레마", 한국여성연구소, 『여성과 사회』, 제13호, 6-43쪽.

신윤진(2005), ""의제화간"의 메커니즘-강간죄 해석에 있어서의 최협의 폭행·협박설 비판", 서울대학교 공익인권법센터, 『공익과 인권』, 제2권 1호, 67-97쪽.

심영희·윤성은·박선미·조정희(1989),『성폭력의 실태 및 대책에 관한 연구』, 서울: 한국형사정책연구원.

심영희(1992),『여성의 사회참여와 성폭력』, 서울: 나남.

엄상섭(1948), "형법요강해설",『형법제개정 자료집』, 신동운 편저, 19-31쪽, 서울: 한국형사정책연구원, 2009.

_____(1955), "우리 형법전에 나타난 형법민주화의 조항", 신동운 편저, 369-376쪽,『형법제개정 자료집』, 서울: 한국형사정책연구원, 2009.

윤덕경(2012), "형사법상 성적 자기결정권 본질 및 성적 자기결정권 보호증진을 위한 입법과제 검토", 이화여자대학교 젠더법학연구소,『이화젠더법학』, 제4권 1호, 1-35쪽.

이명선(1989),『강간에 대한 여성학적 접근』, 이화여자대학교 대학원 석사학위논문.

이상돈(2003),『법철학: 법, 이성, 사회』, 서울: 법문사.

이영란(1994), "성폭력 특별법의 형법적 고찰", 한국피해자학회,『피해자학 연구』, 3호, 19-31쪽.

이유정(2007), "비동의간음죄 신설에 대한 논의", 한국성폭력상담소,『성폭력, 법정에 서다: 여성의 시각에서 본 법담론』, 서울: 푸른사상사, 66-88쪽.

이호중(2005), "성폭력 처벌규정에 대한 비판적 성찰 및 재구성", 한국형사정책학회,『형사정책』, 제17권 2호, 81-98쪽.

_____(2007), "성폭력 형법 개정안의 주요 내용과 쟁점", 여성인권법연대 주최「성폭력관련 형법개정안 공청회」자료집 발표문(2007.2.8).

장다혜(2004),『단순강간의 형사법상 판단기준에 대한 여성주의적 연구』, 이화여자대학교 대학원 석사학위논문.

_____(2009), "성폭력 법담론: 합리적 법해석과 입법적 해결을 위하여", 이미경 엮음,『성폭력에 맞서다: 사례, 담론, 전망』, 파주: 한울아카데미.

조국(2004),『형사법의 성편향』, 서울: 박영사.

_____(2016), "강간죄 및 미성년자 등에 대한 위계간음죄 재론(再論)", 한국형사법학회,『형사법연구』, 제28권 4호, 91-122쪽.

주승희(2018), "미투(#MeToo) 운동과 형사정책: 성인지적 관점의 수용과 법의 중립성: 비동의간음죄 신설론 및 사실적시 명예훼손죄 폐지론에 대한 비판적 검토를 중심으로", 한국해양경찰학회 주최「2018년 범죄 및 경찰 학술대회」자료집 발표문(2018.5.26), 115-131쪽.

최은순(1993), "여성과 형사법", 법과사회이론학회, 『법과 사회』, 제8권, 95-120쪽.

최은하(2015), "위계 또는 위력에 의한 미성년자간음죄(형법 제302조)에서 "위계"의 해석 – 성적 강요죄(독일형법 제177조)의 관점에서", 한국비교형사법학회, 『비교형사법연구』, 제17권 3호, 177-200쪽.

한봉석(2014), "정조(貞操) 담론의 근대적 형성과 법제화–1945년 이전 조일(朝日) 양국의 비교를 중심으로", 성균관대학교 인문학연구원, 『인문과학』, 제55권, 159-209쪽.

한인섭(1994), "성폭력특별법과 피해자보호: 그 문제와 개선점", 한국피해자학회, 『피해자학 연구』, 제3호, 33-52쪽.

_____(1996), "성폭력의 법적 문제와 대책", 한국인간발달학회, 『인간발달연구』, 제3권 1호, 172-202쪽.

한국형사정책연구원(1990), 『형사법령제정자료집(1): 형법』, 서울: 한국형사정책연구원.

Hörnle, Tatjana(2017), "The New German Law on Sexual Offenses," *German Law Journal*, 18(6), pp.1309-1330.

Renzikowski, Joachim(2017), StGB § 177, Münchener Kommentar zum Strafgesetzbuch: StGB Band 3: §§ 80-184j, C.H.BECK.

Schulhofer, Stephen J.(1998), *Unwanted Sex: the culture of intimidation and the failure of law*, Cambridge, Mass.: Harvard University Press.

Schmidt, Rolf(2018), *Strafrecht Besonderer Teil 1: Straftaten gegen die Person und die Allgemeinheit*, Berlin: Verlag.

Stevenson, Kim, Anne Davies and Micheal Gunn(2004), *Blackstone's Guide to The Sexual Offences Act 2003*, Oxford; New York: Oxford University Press.

기타자료

김민경, 『한겨레』, 2018.9.19., "'상습추행' 이윤택 징역 6년…'미투' 첫 실형 선고", http: //www.hani.co.kr/arti/society/society_general/862772.html#csidxb8e0fa3b10a26149f5a7d497962e417(검색일: 2018.10.28.).

김현민, 『오피니언뉴스』, 2018.8.15., "[시각] 안희정 무죄의 숙제…"사법개선책 마련, 미투 지속", http: //www.opinionnews.co.kr/news/articleView.html?idxno=10818(검색일: 2018.10.28).

강정규, 『YTN』, 2018.11.19., "징역 10년에서 무죄로…'해군 미투' 널뛰기 판결",

https://ytn.co.kr/_ln/0101_201811192109407158(검색일: 2018.11.19).
『DW』, 2016.7.7., "'No means no': Germany broadens definition of rape under new law", https://p.dw.com/p/1JL7M(검색일: 2018.9.3.).
BT Drs, "Entwurf eines … Gesetzes zur Änderung des Strafgesetzbuches – Verbesserung des Schutzes der sexuellen Selbstbestimmung", BT Drs. 18/8210(2016.4.25).
_____, "Beschlussempfehlung und Bericht – des Ausschusses für Recht und Verbraucherschutz (6. Ausschuss)", BT Drs. 18/9097(2016.7.6).

피해자다움을 왜곡한 안희정 1심 무죄 판결의 부당성[1]

| 정대현 |

대한민국 법원은 전 도지사 안희정의 그의 수행 비서 김지은 성폭행 피의사실들에 대해 2018년 8월, 1심에서 무죄를 판결했다[2]. 이 판결은, 2018년 1월에 서지현 검사가 촉발한 한국사회 #미투운동의 상황에서, 같은 해 3월 전 국민의 주목을 모은 김지은의 성폭행 피해 사건에 대한 것이기에, 역사적으로 뿐만 아니라 여성주의적으로도 중요하다. 판결문은 개념적으로나 논리적으로 다수의 오해, 왜곡, 오류를 보이기 때문이다. 1977년에 한국사회에 착지한 여성학의 여성주의가 주로 여성억압의 사회성에 착안하여 공적, 법률적, 사회과학적 장치

---

1 이 글은 한국여성철학회 (#미투와 여성철학; 2018.11.24.)에서 발표한 것을 확장하여 『여성학논집』 제 35집 2호(2018년)에 게재한 논문 "피해자다움을 왜곡한 안희정 1심 무죄 판결의 부당성"을 수정·보완한 것이다.

2 서울서부지방법원 2018.8.20. 선고 2018고합75 판결. 이 글에서 표시하는 쪽수 숫자는 114쪽에 달하는 이 판결문의 쪽수를 지칭한다.

의 인간주의를 지향한 것이었다면(조형, 1986: 107-108), 2018년의 #미투운동의 여성주의는 주로 사적 공간, 친밀한 일상적 삶의 권력관계에서 인간주의를 추구하는 것이라 할 수 있다. 사회과학적 개선의 과제는 지성적 공간의 거리를 허용하지만, 친밀한 권력관계 내의 인간화 과제는 관련된 피해자의 총체적 삶을 걸어야 하는 것이기 때문에 특별한 아픔을 수반한다.

법원의 1심 재판부(조병구, 정윤택, 황용남)는 안희정의 무죄를 크게 두 개의 논변으로 지지하고 있다. "위력행사 부재" 논변과 "피해자다움 부재" 논변이다. 전자는 필자가 이미 다른 곳에서 논의(정대현, 2018)했으므로 여기서는 간단히 언급하고 후자를 중심으로 논의하고자 한다. 전자는 안희정이 도지사로서 비서인 김지은에 대해 위력은 가지고 있었지만 그 위력을 행사하지는 않았다는 주장이다. 이 주장은 위력과 위력행사의 구분의 정당성을 전제한다. 물론 건물 공사장 공간, 생명 신체 공간 같은 사물적 인과관계의 공간에서는 위력과 위력행사가 쉽게 구분된다. 그러나 군대의 위계 공간이나 야구팀의 위계 공간 같은 언어적 의미 관계의 공간에서는 그 구분을 유지할 수 없다. 사물적 공간은 인과관계로 연결되는 총체성을 갖지만, 그럼에도 사물적 사건들이 독립적이고 분리되어 있어야만 인과관계의 법칙 하에 들어갈 수 있고, 경험적인 종합판단의 대상이 된다. 그러나 의미적 공간은 언어 규칙적인 총체성(이한구, 1986)을 갖기 때문에 인과관계를 가질 수 없고 선험적인 분석판단의 대상이 된다. 예를 들어, 위력의 공간 안에서 선임자가 후임자를 향하여 음욕을 품는 것은 위력의 공간 구조로 말미암아 음욕 자체만으로 위력행사가 된다. 선임자가 후임자를 향하여 아직 신체적 행위에 돌입하지 않았다 할지라도 그렇게 접근하고자 하는 마음의 선임자는 억압하는 주체이고, 이때의 후임자는 억압받는 객체가 된다. 후임자는 순기능적 선임자의 지시에 대해 이의, 비판, 반대를 할 수 있는 소통의 문법에 열려 있지만, 음욕을 품은 역기능적 선임자의 지시에서는 이미 위계 공간이 왜곡되어 있기 때문에 그러한 정상적 소통의 통로로부터 차단된, 음욕적 대상으로 전환된 사물적 존재가 된다[3].

최성호(2018a; 2018b)는 안희정 무죄 판결문의 논리를 비판도 않고 수용도 않지만, 이를 존중하여 제3의 논변, "자기근원성 자유"로 강화한다. 먼저 그는 행위에 있어서 "달리 행동할 수 있음"이라는 전통적인 자유 개념과 "행위자가 자신이 원하는 것을 수행할 수 있음"이라는 새로운 자유개념을 구분하고 이것을 "자기근원성"이라 부른다. 그는 사유실험을 통해서 "달리 행동할 수 없지만 자기근원성으로서의 자유"가 가능함을 보인다. 그리고 김지은은 "달리 행동할 수 없었지만 자기근원성으로서 자유"를 가졌기 때문에, 성적 자기결정성이 침해되지 않았다고 논변한다. 물론 자기근원성은 자유의 정당한 조건이다. 그러나 이 조건은 자유의 필요조건일 뿐 충분조건이 아니다. 여기에서의 혼동은 "칸트적 오류"라 볼 수 있다(허라금, 2004: 37-55; 남경희, 1986). 칸트가 "나의 도덕적 의지", "내적 강요로서의 자율"이라는 특정한 사적 질서를 자유의 조건으로 제안했을 때(백종현, 2012: 105-120), 칸트적 자기근원성의 자유 조건을 만족할 수 있는 계급은 "상층부의 백인 남자"에 제한된다는 비판이 바로 그것이다. 그 제한된 계급의 사람들은 대부분 다른 외적 상태들에 의해 제약을 받지 않는 조건에 있기 때문이다. 그러나 "하층부의 유색인 여자"는 정상적인 경

---

3 "나는 너희에게 이르노니 음욕을 품고 여자를 보는 자마다 마음에 이미 간음하였느니라", 대한성서공회 편(2012a).

우 그러한 자기근원성으로서의 자유에 이르기 어려운 조건에 있다.

또한 안희정 판결의 재판부는 안희정의 무죄를 지지하기 위해 "피해자다움 부재" 논변을 편다. 재판부는 "김지은이 성폭행을 당했다고 하지만 그 후의 김지은의 행태가 피해자다웠는가에 대한 정황은 안희정이 김지은의 성적 자기 결정권을 침해하지 않았다는 것을 보인다"고 판단했다. 재판부 판결문은 "'피해자로서의 일반적 반응'이 나타나지 않는 경우가 빈번"(77쪽) 했다고 하여, "피해자로서의 일반적 반응"이라는 행동유형을 일반화하고 이에 의존하여 논의한다. 재판부는 조심스럽게 "피해자 진술 등의 신빙성 저하가 성폭력 피해로 인하여 발생한 부조화 때문인지 여부"(78쪽)를 판단하기 위해, 피해자의 심리상태에 관한 4가지 설명 모델들, "그루밍, 학습된 무기력, 해리, 심리적으로 얼어붙음"(91-95쪽)을 도입한다. 그리고 재판부는 김지은의 행태는 그러한 설명모델에 부합하지 않는 것으로 판단한다. 김지은이 성폭력으로 인한 불쾌감을 느끼면서도 아무런 내색을 하지 않고 가해자를 지근거리에서 지속적으로 수행한 의식적 행동은 "부인과 억압"의 방어기제가 작동한 것이라고 단정하기 어렵다는 것이다(96쪽). 안희정이 자기를 흠모하는 김지은의 심리상태에 편승했다 하더라도 이는 상호적인 것으로 볼 여지가 없지 않고, 이를 두고 위력에 의한 간음, 추행에서의 위력을 행사한 것으로 단정 짓기도 어려워 보인다는 것이다(97쪽). 재판부는 김지은에게서 "피해자다움 부재"를 추정해 내고 이러한 해석에 의해 김지은의 성폭행에 대한 진술을 신뢰할 수 없다고 하여 그의 성적 자기 결정권이 침해되지 않았다고 판단한다.

재판부의 판결문에 따르면, 안희정 무죄 판결의 논리는 표면상 단순하다. 그러나 왜 그렇게 단순해 보이는가? 재판부의 무죄판결에서의 "피해자다움 부재" 논변은 옹호할 만한가? 최성호의 변론도 재판부가 "피해자다움"에 대해 "사려 깊게 판단"하기를 주문하면서도 그 스스로는 "피해자다움"에 대한 개념적 명료화를 시도하지 않는다. 그러나 "피해자다움"의 개념 사용에 잘못이 있다면 그것은 어떤 종류의 잘못인가? 그 잘못은 어디에 귀책되어야 하는가? 그 개념의 잘못은 어떻게 구조화되어야 하는가? 이러한 작업을 하지 않는다면, 그 잘못을 개인적 품성의 결함이나 가치관의 오류에서 찾아야 하는가? 잘못을 구조화하기 위해서는 대안적 구조화를 하여야 하지 않을까? 이 논문은 이러한 물음들을 논의하고자 한다.

1. 안희정 1심 판결과 전형적 "다움"

안희정 1심 판결의 재판부는 무죄 판결의 근거로서 김지은의 "피해자다움 부재" 논변을 제시했다. 재판부는 판결문에서 "피해자다움"에 대한 용어를 개념적 정당화 없이 자명한 것으로 전제한다. 그러나 실제로 "다움"이라는 단어가 나타내는 것은 자명하지 않다. 일상적으로 쉽게 그리고 편리하게 사용하고 있지만 이 단어 또는 이 어미가 나타내는 것이 무엇인가에 대한 논의가 필요하다.

먼저 "피해자다움"에서 "다움"이란 무엇인가? "다움"이라는 표현은 한국 일상 언어에서 소중하고 아름다운 표현이다. 많은 부모들이 이를 자녀의 이름으로 선택하기도 한다. 이 단어는 사람다움, 여성다움, 남자다움, 신사다움, 아름다움, 학교다움, 노래다움, 선비다움, 학자다움, 재판관다움 등의 표현들을 통해 그 대상의 본질이나 실체, 기준이나 이상, 현실이나 현상, 또는 억압 등의 특정 속성을 지칭하는 것으로 이해될 수 있다. 논의를 위해 "다움"의 유형을 세 가지로 구분할 수 있을 것이다.

"다움"의 첫째 유형은 "다움"의 전형적인 경우로 볼 수 있는 "사람다움"의 사례에서 찾을 수 있을 것이다. "사람다움"은 사람의 어떤 속성을 지칭하는 것일까? 우리는 어떤 사람을 향하여 "사람답다"라고 말하는가? 우리는 이와 관련된 예를 병원 영안실 대화에서 찾아볼 수 있다. 사람들은 망자를 떠올리면서 한 인간으로서의 유기적 총체성을 드러내며 그 어구를 사용한다. 그리고 그가 이웃을 배려하거나 약자의 고통에 아파했던 사례들, 즉 자신의 안위 못지않게 타인의 안위에 마음을 썼던 삶의 방식을 언급한다. 이러한 속성들이 그 사람의 특징적 조건으로 말해질 수 있을 때 "그는 사람다운 사람이었다"라고 말해지는 것이다. 중요한 것은 그런 속성들이 그 사람의 다른 속성들을 압도한다는 사실이다. 그 사람이 현명했는지, 총기가 있었는지 또는 부자였는지 등은 "사람다움"의 지배적 속성이 아니다. 그가 지도자였는지 또는 권력자였는지는 "사람다움"의 충분한 성질도 필요한 조건도 아니다. 이러한 관찰이 정당하다면 "사람다움"은 "개인의 홀로 주체성이 아니라 인간연대의 서로 주체성의 삶을 산 사람"을 드러낸다고 일반화할 수 있을 것이다. "사람다움"은 이러한 사람의 특징적 조건을 만족하는가의 여부에 따라 사용되는 술어인 것이다(정대현, 1985a: 84-87).

"사람다움"에 대한 이러한 분석을 수용할 수 있다면 이 술어에 대한 한 가지 해석에 열리게 된다. 그것은 "사람다움"은 인간의 본질적 속성이라는 해석이다. 사람이라면 누구건 간에 그러한 속성을 가져야 하고 그리고 그 속성을 갖는다는 것이다. "사람다움"의 본질주의적 해석이다. 그러나 이 해석은 부담스러울 뿐만 아니라 거짓이다. 많은 사람들, 그 중에도 특히 독재자들은 실제로 사람답지 않기 때문이다. 그러한 독재자들 때문에 "사람다움"의 본질주의 해석은 들어올 자리가 없다. 그렇다면 다른 해석이 용이하게 진입할 수 있다. 그것은 "사람다움"은 인간이 추구하고 싶은 가치의 속성이라는 것이다. 즉 "사람다움"의 이상주의적 해석이다. "사람다움"은 당대의 인간 공동체가 추구하는 가치의 속성인 것이다. 그래서 영안실에서 망자에 대해 "그는 막강한 지도자였다" 보다 "그는 사람다운 사람이었다"라는 표현이 최고의 조사가 되는 것이다.

2. 피해자다움의 특이성

그렇다면 "다움"의 모든 경우가 "사람다움"과 같은 것일까? 한국일상언어의 발전과정의 시각에서 볼 때, 그런 것 같지는 않다. 우리는 "다움"의 둘째 유형을 만날 수 있기 때문이다. 예를 들어 "남자다움"도 남자의 본질적 속성을 표시하기보다는 그 이상적 속성, 즉 당대의 인간 공동체가 추구하는 남성성의 속성을 나타냈을 것이다. 만일 내가 "나는 남자지만 안살림만 하겠다"라고 말한다면, 이 말은 200년 전 내외법이 지배했던 조선왕조 사회에선 수용되지 않았겠지만 2018년의 "남성 전업주부"의 가능성이 허용되는 한국 사회에선 이해가 된다. 한국의 남성들은 이제 과거의 "남성다움"의 이데올로기를 부정하고 보다 원초적인 "사람다움"의 가치를 선택할 수 있게 되었다. "남성다움" 논리의 비시대성은 "여성다움"의 논리의 비적합성에 의해 명료해진다. "남성다움"이라는 표현의 전통적 가치가 현대적 남성을 억압하는 것보다는, "여성다움"이라는 표현의 전통적 가치가 지금의 여성들을 억압하는 것이 훨씬 크다. "여성다움"이라는 고정관념은 특정한 시대의 추구적 가치를 실체화하여 여성들의 삶을 더욱 옥죄어 왔기 때문이다(정대현, 1985a: 143-168).

"여성다움"의 탈시대적 억압은 "어머니다움"의 사용을 통해 보다 명백해질 수 있다. 나는 가족과 함께 어머니를 모시고 성지순례를 시작한 적이 있었다. 미국에서 식구들은 갑자기 귀국할 일이 발생하여 나만 어머니와 둘이 남은 여행을 계속했다. 나는 그동안 어머니와 단둘이서는 한 시간도 공유한 적이 없었다는 사실을 발견하고 놀랐다. 그리고 "어머니도 사람이었구나"라는 사실을 인식했다. 나는 어머니를 언제나 "어머니"라는 기호 아래에서 믿고 인식하고 기대하고 소망해왔던 것이다. 나는 어머니에게도 당신 나름의 믿음, 소망, 욕구가 있으리라는 생각을 하지 못했던 것이다. 나는 나도 모르게 어머니를 "어머니"라는 언어의 감옥에 방치 또는 속박했던 것이다. "어머니"라는 단어의 표피적 미와 덕을 찬양하면서, 바로 그 단어 사용이 얼마나 어머니를 억압해왔는지를 깨닫지 못했던 것이다.

이제 "남성다움"과 "여성다움"의 차이에 주목해보자. 두 용어에서 사용되는 "다움"은 남성이나 여성에게 모두 억압적이지만 억압성의 정도에 차이가 있다. 어떤 남녀가 각기 "나는 남자지만 남성답게 살지 않겠다"라는 말과 "나는 여자지만 여성답게 살지 않겠다"라는 말을 하는 경우, 남성과 여성에게 가해지는 부담, 비난, 억압의 정도는 매우 다르다. 왜 그럴까? 두 남녀가 각기 "나는 아버지지만 가족 재정에 관심이 없다"라는 문장과 "나는 어머니지만 가족 육아에 관심이 없다"라는 문장을 말하는 경우에도 두 사람에게 쏟아지는 꾸짖음, 나무람, 질책의 정도는 아주 다르다. 왜 그럴까? 그러한 차이의 이유로 하나의 가설을 세울 수 있다. "그 비대칭성은 내외법이 여성을 더 억압해왔다는 사실에 기인한다"는 것이다. 이외에 어떤 다른 설명 가설을 도입할 수 있을 것인가? 이 가설은 여성 억압적 내외법이 하늘에서 떨어진 자연법이 아니라 기존의 주류 사회가 만들어낸 인공물이라는 점을 보인다.

그렇다면 "피해자다움"은 앞의 두 유형 중 어떤 것에 속할 것인가? 아니면, 그 자체로 셋째 유형을 구성하는 것은 아닐까? "피해자다움"의 "다움"은 어떻게 해석될 수 있는가? 이것은 초견적으로도 "사람다움"의 이상주의적 속성이나 "어머니다움"의 심층적 억압성을 가졌다고는 보여지지 않는다. 이 표현은 그 자체로 독특한 현상 평균적 속성을 드러내는 것으로 여겨진다. "게으름뱅이"가 "다움"을 가질 수 있다면 "게으름뱅이다움"이 게으름뱅이의 이상적 속성이나 억압적 속성을 보이기보다는 특정 사람들의 습성이나 태도가 게으르다는 현상적 속성을 나타내는 것처럼, "피해자다움"도 피해를 입은 사람들의 이상적 속성을 지칭하기보다는 그러한 사람들의 성향이나 행태의 특정한 현상 평균적 속성을 표시하는 것이다. 그 속성은 "주눅들음, 말을 삼킴, 우울증, 회피성, 숨김, 과장" 같은 목록의 성질들로 나타날 것이다. 그러나 그 속성 집합의 어느 한 성질만일 수도 없고 집합의 모든 성질들을 가질 필요도 없다. 피해자의 속성은 피해를 입은 구체적 상처나 개별적 문맥에 의해 구성되는 인격 훼손성이다.

피해자의 현상적 속성 목록에 주목해보자. 이 목록은 가해자에 의한 일차적 피해에 의해 유발되기도 하지만 사회주류에 의한 이차적 피해도 첨가되어 있다. 그리고 피해자의 피해는 일차적 피해 못지않게 이차적 피해가 심각하다. 이차적 피해의 심각성을 간과하지 않기 위해서 중요한 것은 "피해자다움"을 표상할 때 그 피해자의 피해나 문맥에 충실해야 하는 것이다. 그렇지 않으면 "여성다움"이나 "어머니다움"이 내외법의 잔재에 의한 억압성에 이르는 것처럼 "피해자다움"도 피해자의 관점이 아니라 기성 주류 사회 또는 가해자의 관점으로부터의 기술에 의존하게 된다. 가해자의 관점이 설득력이 있는 것처럼 보이는 것은 우리가 피해자를 바라볼 때 사회주류의 관점을 통해 바라보고 기술하기 때문이다. "어머니다움"의 억압성이 은폐되어 온 것은 내외법의 잔재가 사회주류에 각인되어 있었기 때문이다. "어머니다움"이 초견적으로 찬사적이지만 심층적으로 억압적인 것처럼, "피해자다움"도 초견적으로 현상 기술적이지만 평가적으로 피해자 중심적이 아니라 사회주류 중심적 억압성을 수반할 수 있다.

피해자에게 일반적으로 가해지는 이차적 피해는 그 피해를 피해자의 관점에서가 아니라 비피해자의 관점, 사회주류의 관점 또는 가해자의 관점에서 기술할 때 발생한다. 대부분의 경우 비피해자의 관점은 제도적 관점 또는 디폴트(default) 관점으로 간주된다. 성폭력의 경우 디폴트 관점은 사회의 주류인 남성 관점이기도 하다. 예를 들어, 강간피해자의 경우가 그러하다(정대현, 1985b: 146-149). 오래 전 "시골에서 혼자 상경한 어린 여공이 유서를 남기고 자살하였다"는 신문보도가 있었다. "강간을 당하고 몸이 더럽혀져 어머니와 남자 친구를 볼 면목이 없어 먼저 갑니다"라는 유서였다. "여공은 강간을 당했을 뿐인데 어떻게 몸이 더럽혀졌다는 것인가?" 이 물음에 대한 조명은 "성관계의 전반 단계에선 범인의 일방적 의도만 있었을 뿐이었기 때문에 여공은 "강간"을 당한 것이고, 후반단계에선 합법적 부부관계에서 남자의 절정감만 필요하기 때문에 여공은 성관계를 수행한 것"이라는 시나리오로 시도된다. 성관계 경험의 이러한 개념적 구성은 성관계 경험을 남성적 관점에서만 기술해왔기 때문에 얻어진 것이다. 성관계 개념이 평등한 상호적 개념이기 위해서는 상호적 관점으로부터 기술되어야 한다. 성관계의 전반단계에서 남성의 삽입과 여성의 흡입이 있어야 하는 것처럼 후반단계에서도 남성의 절정감 못지않게 여성의 절정감도 요구되어야 한다. 여공은 전반단계에서 흡입을 하지 않았기 때문에 강간을 당한 것이고 후반단계에서 절정감이 없었어도 성관계를 한 것이 된다. 여공은 강간범으로부터 일차적 피해를 입었어도 죽지 않았지만 "더러워졌다"라는 주류사회의 기술방식에 따른 사회적 인식을 자기 인식으로 하는 이차적 피해로 죽음을 선택한 것이다.

3. 재판부의 피해자다움의 기술과 그 해석학

안희정 1심 무죄판결의 재판부는 "피해자다움"을 어떻게 이해하고 있는가? 피해자 김지은의 피해 경험을 어떤 관점으로부터 기술하고 있는가? 먼저 김지은의 "피해자다움"에 대한 재판부의 기술방식에 주목하고자 한다. ①피해자는 "아니다"라고 말하는데도 가해자는 피해자를 안고 침대로 데려가서 간음을 하고, 피해자는 전임 수행비서에게 이를 이야기했다. 그러나 재판부는 이러한 문맥에서 가해자는 피해자의 "성적 자기 결정권을 침해하기에 충분할 정도"의 위력을 행사한 것이 아니라고 기술(34-35쪽) 하여, 피해자의 거부의사 표현의 강약 정도에 이의를 제기한다. ②가해자와 피해자가 "단둘이 호텔방에서 성적 접촉을 하기에 이르렀을 때의 태도를" 가해자의 "평소 업무태도와 비교하여" 가해자가 "피해자의 거절의사를 인식했을 것이라고 추정하긴 어렵다"(36쪽), 라고 재판부는 기술하고 있다. 재판부는 가해자의 평소 업무태도를 도입하여 피해자를 향한 가해자의 구체적인 태도를 읽어내고 있다. ③전문심리위원 한 사람은 가해자가 피해자의 능력을 넘어 특별대접, 성적으로 그루밍 심리상태에 빠트리게 했을 가능성을 지적했다. 그러나 재판부는 피해자의 능력에 대한 호평을 인정하여 그 가능성을 부인하고 있다(38쪽). 가해자의 그루밍을 피해자에 대한 호평에 의해 무화될 수 있는 것으로 상정한 것이다. ④재판부는 피해자의 의식을 분석하는 경우에서도 특별한 해석을 부여한다: "성폭력으로 인한 불쾌감을 느끼면서도 아무런 내색을 하지 않고 가해자를 지근거리에서 지속적으로 수행한 의식적 행동은 '묵인과 억압'의 방어기제가 작동한 것이라고 단정하기 어렵다"(96쪽)라고 재판부는 단정한다. 피해자의 비서직 일상 행동과 피해 의식간의 복잡한 관계를 단순화시키는 것이다.

앞 문단에서 보이는 대로, 재판부는 김지은의 "피해자다움의 직접 현상"을 기술할 때, 특정한 방향에로의 해석을 감행한다. 그리고 여기에서 한걸음 더 나아가 "피해자다움의 간접 현상"에 대해서도 그러한 시각으로부터 해석하여 기술하고 있다. 그 몇 가지 사례를 살펴보자. 재판부는 다음과 같은 사건들(40쪽), 즉 ⑤"첫 간음 사건이 발생한 때로부터 몇 시간이 지난 후" 피해자는 가해자가 "좋아하는 순두부집을 물색하려고 애쓴 점", "첫 간음 사건이 발생한 당일 저녁에" 피해자는 가해자와 "와인바에 동행하여 담소를 나누었던 점", 피해자는 "가해자의 머리를 손질했던 미용사로부터 머리 손질을 받으려고 예약하여 찾아간 점", 피해자는 간음 사건 후에 "제3자와의 사적인 대화에서조차", "가해자를 적극 지지하는 취지로 대화"한 점 등의 사건들을 나열한다. 그리고 재판부는 이 나열에 의해 피해자가 가해자로부터 "위력에 의한 간음의 피해를 당했다는 증언 진술을 그대로 믿기 어려운 정황임을 부정할 수 없다"(41쪽)라고 적고 있다. 여기에서 보이는 전제와 결론의 연결 관계에 대한 재판부의 논리는 특별한 해석을 요구한다. ⑥재판부는 “피해자가 같은 선거 캠프의 정철호에 대해서는 성적 주체성과 자존감이 강한 모습을 보이고”, 가해자에 “대해서는 약한 모습을 보인다”고 하면서 그 차이를 “피해자가 성적 자존감이 낮아서가 아니라 대상과의 관계적 특성에 따라 성적 자기 결정권을 선택하여 행사하는 것으로 볼 여지마저 있다”(80쪽)라고 한다. 이것은 위력적 공간의 질서를 부정하여 양자를 일차원적으로 기술하는 것이다. ⑦ “생각들을 얼려서 다 조각조각 내고 부서뜨린 다음 바다에 던져버려서” 가해자로부터 “받은 트라우마와 상처를 관리하고 분리하려고 했다”(91쪽)라는 피해자의 진술을, 재판부는 가해자의 피해자를 향한 “성폭력이기보다는 정무비서로서의 상실감으로 보인다”(91쪽)라고 기술한다. 그러나 문맥은 비서 상실감으로 해석할 정도로 모호한 것이 아니라 선명한 성폭력의 문맥이다. ⑧가해자가 “러시아에서의 출장을 마치고 귀국할 무렵 피해자에게 화장품을 선물”하고 피해자는 “스스로도 ‘내가 이 정도 가격에’라고 생각”한 것에 대해, 재판부는 “이는 성관계이후의 사정일 뿐”(92쪽)으로 해석하고, 강간에 대한 미안함의 행위로 보지 않았다.

재판부가 김지은의 피해자다움을 기술할 때 표면적으로는 무리를 하고 비약을 하고 견강부회를 하고 있는 것으로 보인다. 이러한 관찰을 어떻게 거부할 수 있을 것인가? 따라서 여기에서 적어도 두 가지 물음이 가능하다.

(1) 재판부 판사들은 단순히 비합리적이거나 비윤리적인가?
(2) 재판부에 일차적 합리성을 부여할 수 있는 방식은 가능하지 않을까?

어떤 사람들은 첫째 물음을 물어 판사의 품성을 비난하고자 하는 유혹에 빠질 수 있다. 그러나 그것보다는 둘째 물음을 물어 재판부가 어떠한 합리성의 구조로 그러한 판결에 이르렀는가에 주목해 보는 것이 생산적 비판의 과정일 것이다. 어떤 대화자도 상대방을 합리적 참여자로 간주하지 않는 한 유익한 대화는 이루어질 수 없기 때문이다. 이를 위해 소위 재판부의 판결문에 대한 의미론적 상승(semantic ascent)(Quine, 1960: 270-276; 1980[1993]: 30-34; 정대현, 2013: 18-19, 220-222)을 하여 그 합리성의 구조를 구성해 보는 것이 일차적일 것이다. 이러한 의미론적 상승의 필요성은 "어떤 언어 사용도 특정한 형이상학을 전제 한다"라는 더밋(Dummett, 1991: 8-15)의 통찰[4]을 통해 확인된다. 그러한 체계의 명시는 우리의 논의, 토론 또는 비판을 선명하게 하기 위해 불가피하다. 언어체계들 중에서 한 체계의 선택의 지점에 오게 된다면 그 선택은 세계에 대한 어떤 조감이 더 만족스러운가를 볼 수 있는 체계들의 비교가 불가피하기 때문이다.

구체적으로, 의미론적 상승이란 재판부가 김지은의 피해자다움을 대상적으로 기술했을 때 상정한 해석학이 무엇이었을지를 추론해보고, 이에 대한 상위 언어적 기술을 하여 재판부의 합리성을 구성하는 일이 될 것이다. 그 프레임은 무엇일 것인가? 다행하게도 판결문은 그러한 해석학을 구성할 수 있는 적어도 세 가지 단서를 다음과 같이 제공하고 있다.

(3) 재판부가 준수해야 할 항목들을 확인한다;

---

4 더밋은 실재론이 이가율에 의존한다고 한다. 실재론이란 마음 또는 언어 독립적 실재가 있다는 것이고 이가율이란 모든 문장은 참이거나 거짓이라는 규칙이다. 그리하여 형이상학의 내용은 논리체계의 유형에 의존한다고 한다.

(4) 죄형법정주의를 준수한다.

(5) 입법정책적 문제에는 개입하지 않는다.

명제(3)은 자명한 원칙으로, 재판부가 안희정과 김지은 간의 간음에 위력의 인과관계, 범의 등이 합리적인 의심이 없을 정도로 증명되는지 여부를 판단하고(10쪽), 성적 자기 결정권이 침해되었는지에 대한 판단(12쪽)을 해야 한다는 것을 뜻한다. 명제(4)는 직관적인 것으로, "법률이 없으면 범죄도 없고 형벌도 없다"라는 법치국가의 기본원칙이라는 것을 재판부가 확인한 것이다(14쪽). 명제(5)는 구체적으로, "부동의 의사에도 불구하고 수행한 성관계를 강간으로 처벌"하는 것이나 "명시적인 성관계 동의 의사가 없이 수행한 성관계를 강간으로 처벌"하는 것은 법으로 존재하지 않기 때문에 안희정을 처벌할 수 없다는 것이다(98-99쪽). 그러한 처벌을 위해서는 그러한 국회의 입법이 전제되어야 한다는 것이다. 명제 (3), (4), (5)가 구성하는 이러한 해석학은 김지은의 "피해자다움 부재"와는 독립적으로, 선험적으로 채택된 것이다. 이것은 기존 제도를 유지하고자 하는 "보수적 법해석학"이라 부를 수 있다. 재판부는 "보수적 법해석학"에 따라 "피해자다움 부재" 논변을 구성할 수밖에 없었을 것이고, "피해자다움 부재" 논변에서 그러한 현상 기술의 해석이 불가피했을 것이다.

4. 재판부 피해자다움 해석학의 성격: 자연법적 체계

재판부의 김지은의 "피해자다움 부재" 논변의 책임의 소재를 재판부의 개별 판사들에게 돌리는 것보다는 논변에 대한 의미론적 상승을 하여 논변이 상정한 해석학, "보수적 법해석학"에서 찾고, 그 정당성을 부여하는 사유체계를 명료화할 수 있다면, 재판부의 합리성이 드러날 것이다. 그러기 위해 먼저 재판부의 "보수적 법해석학"이 어떤 종류의 법적 언어체계에 기반할 수 있는가를 살펴보고자 한다.

보다 구체적으로, 김지은의 "피해자다움"에 대한 재판부의 보수적 해석학의 세 가지 요소, 즉 구체적 법률적 항목, 죄형법정주의, 입법 정책 문제의 불개입은 상식적인 것이 아니고 기존 법률, 제도, 판례를 존중하여 순응한 것이다. 그렇다면 해석학의 3요소가 정당화될 상위체계가 필요하다. 상위체계가 없이는 재판부의 "근거사실"과 "해석결론" 간에 존재하는 거리, 비약, 무리를 해소하기 어렵다. 해석학의 매력은 "근거사실"과 "해석결론" 간에 부드럽고 매끈한 연결고리를 장착하는 것인데도, 재판부의 해석학만으로는 개연성이 부족하다. 재판부는 기존의 법원 틀을 따르면서 김지은의 피해자다움의 행태방식과는 관계없이 "보수적 법해석학"을 선험적으로 수용한다. 심각한 문제는 이 특정한 해석학 자체가 의문스러운 것이다. 이 해석학의 의문성을 최소화하기 위해서는 이를 정당화할 수 있는 상위적 언어체계가 요청된다. 다행히도 이를 위한 출발점은 재판부가 자연법적 언어체계를 수용했다고 할 근거를 판결문에서 보인다는 사실이다. 재판부는 해석학의 3요소를 자연법적 차원에서 이해하고 그 믿음에 의해 결론을 향하여 "논리적으로 강행"[5]한다. 자연법적 언어체계는 그러한 논

---

5 "논리적 강행"은 자연법적 언어체계에서 자연스러운 것이다. "전제들이 자연질서로 인식되는 한 이 전제들이 강요하는 결론은 수용되어야 한다"라는 믿음은 자연법적이기 때문이다. 자연법적 언어는 법실증주의의 "완성된 사실의 규범적 효력"이나 실증주의 법학자 켈젠의 "합법성은 정당성과 동일한 표현으로 사용"을 가능하게 하기 때문이다. 참조: (심헌섭, 1995: 40-65).

리적 강행을 오랫동안 요구해왔기 때문에, 재판부는 특별한 논의 없이 따른 것이다.

재판부의 보수적 해석학은 자연법적 체계를 함축하는 것이 아니라 오히려 자연법적 체계에 의해 그 해석학이 지지되고 정당화되는 관계를 갖는다. 그러므로 판결문에 들어 있는 적어도 3가지 자연법적 체계의 요소들에 주목할 필요가 있다. 첫째, 해석학의 요소인 "입법정책적 문제 불개입"은 "동의 의사가 없이 수행한 성관계를 강간으로 처벌"하는 것은 법으로 존재하지 않기 때문에 처벌할 수 없다는 것이다. 이것은 실증주의적 실정법 존중의 태도이고 자연법 사상의 요소이다. 둘째, 재판부의 판결문은 많은 행위, 인물, 사건들을 독립적 개체로 해석, 기술, 평가하고 있다. 이들을 자연 상태에서의 질서로 파악한 존재론일 것이다. 셋째, 재판부가 법률적 사유의 방식으로 도입한 인과개념이다. 이 주제에 대해선 보다 자세한 논의를 필요로 한다.

재판부의 판결문은 "인과관계"라는 개념을 도입, 특별한 방식으로 사용하면서도 그 사용에 대한 정당화를 하지도 않고 불편함을 내비치지도 않는다. 그러나 이 표현의 사용방식은 판결문이 어떻게 자연법학적인가를 보이는 결정적인 단서라고 생각한다. 판결문은 안희정과 김지은 사이에 "위력과 간음·추행과의 인과관계 존부"(10쪽)가 합리적인 의심이 없을 정도로 증명될 것을 요구하고, 검찰이나 피해자는 "행사된 위력과 간음·추행 행위 사이에 인과관계"(32쪽)를 보여야 한다고 요구한다. 그러면서 판결문은 안희정과 김지은 사이에 "위력과 성관계 사이에 인과관계도 존재하지 않는다"(9쪽)고 하고, "위력과 성관계 사이에 인과관계도 없다"(33쪽)고 판단한다.

"위력과 성관계 간의 인과관계"란 무엇인가? 임의의 두 사건 a와 b가 인과관계에 들어간다는 것은, 예를 들어, "돌 던짐"과 "창 깨짐"의

두 사건들이 연결되는 방식에서처럼 두 사건이 독립적일 것을 전제한다(정대현,1996). "그때 '돌 던짐'이 없었더라면 '창 깨짐'도 발생하지 않았을 것이다"라는 반사실문이 함축하는 두 사건의 성향성 조건들이 독립적으로 존재해야 하고 그리고 원인 사건에 대한 발현 조건의 작동에 의하여 두 사건이 인과 연쇄에 들어가는 것이다(Choi and Fara, 2018; Chung, 2017).

반면 군대에서 "규칙위반"과 "연병장 돌기"의 두 사건이 "인과관계"를 나타내지 않고 "이유관계"를 나타내는 것은 이 두 사건은 사물적으로 독립적인 사건이 아니라 구조적으로 연결된 사건이기 때문이다. 잘 조직된 군대에서는 부당한 행위와 처벌의 항목의 규칙관계가 이미 제시되어 있거나 또는 훌륭한 지휘관은 미리 그 규칙관계를 예고하고 경고할 것이다. 이유관계는 사건들의 의미관계로서 사회적이고 공동체적이지만, 인과관계는 사건들의 물리관계로서 자연적이고 법칙적이다. 그렇다면 위력과 성관계 사이에 관계가 있다면, 이는 인과관계가 아니라 이유관계가 되는 것이다(Davidson, 1963: 3-20; 1980a: 164; 1980b: 151). 위력과 성관계는 자연적인 것도 아니고 법칙적인 것도 아니다.

그렇다면 자연주의라는 것이 현대의 관점에서 "완성되지 않은, 애매모호한 태도의 형이상학"인 것처럼, 재판부도 "인과관계"라는 단어를 이유관계를 포함하는 방식의 애매모호한 표현으로 사용하고 있다. 재판부가 그러한 애매모호성을 수용하여 인과관계 개념을 사용한다면, 사건들 간의 필요충분관계나 고도의 확률적 관계인 상관관계도 인과관계 개념에 포섭하게 된다[6]. 자연주의라는 것이 고대에서 근대

6 심신관계에서 김재권(Kim, 2005: 136-144)이나 차머즈(Chalmers, 1996: 242-

에 이를 때까지 "완성되어 확실한 체계"로서의 주류적 패러다임이었을 때 법이라는 것은 그러한 구조에서 당연한 것이었을 것이다.

그러한 자연법 사상은 오랜 철학적 전통으로 지지되기도 한다[7]. 플라톤에게 자연 질서의 근거는 선(Good)의 이데아이고 아리스토텔레스는 자연을 인간 완성의 목표로 삼았고 아퀴나스는 자연법을 피조물의 영원법에의 참여라고 믿었다. 정당한 법률들은 자연에 숨겨진 것이어서 인간 이성에 의해 발견된다고 본 것이다. 인간 이성이 찾아내는 자연법들은 인간 행동과 자연 법칙을 인과관계로 연결하는 독립적 질서이다. 자연법의 법률언어가 존재론적으로 인과관계적이고 인식론적으로 초월 이성적이어서 사건들을 독립적으로 보아야 한다는 전통이 이해될 수 있는 것이다. 재판부의 "피해자다움 부재" 논변은 자연법적 해석학이 마련하는 실증주의적 실정법적 합리성을 추구하는 것이고, 자연법적 합리성을 표면적으로 나타낸다고 보인다.

5. 피해자다움의 피해자중심적 해석학: 인간법적 체계

재판부가 판결문에서 보이는 자연법적 합리성은 만족스러운가? 만족스럽지 않다면, 자연법적 언어체계 안에서 보완할 것인가? 아니면 대안적 해석학이나 대안적 합리성을 찾을 것인가? 박은정과 김현섭은 구체적 피해자다움에 대한 해석학을 제시하고 있지는 않지만 이들의

---

245)는 물리적 인과관계를 기대하지 않기 때문에 환원적 동일성이나 상관관계를 추구한다. 참조: (정대현, 2001: 227-230).

7 Wikipedia(2018), "Natural law", https://en.wikipedia.org/wiki/Natural_law(검색일: 2018.11.24)

헌법에 충실한 "헌법적 법해석학"을 통해서 김지은의 피해자다움에 대한 해석학을 구성할 수 있고 그 해석학이 상정하는 법률언어체계의 특성을 명료하게 할 수 있을 것이다.

박은정(2016: 63-103)은 "법관은 헌법과 법률에 의하여 그 양심에 따라 독립하여 심판한다"라는 헌법 제103조를 법해석학의 출발점으로 택한다. 법관은 특정 사안을 심판할 때 한편으로 법을 준수하면서 다른 한편으로 그 사안의 구체성의 조건에 대해 양심적으로, 독립적으로, 자율적으로 생각할 수 있어야 한다는 것이다. 법관은 심판을 할 때 "제약의 차원"과 "자유의 차원"을 동시에 경험하는 것이다. 박은정은 이 조문에 들어있는 이 긴장을 법률이 보편화할 수 있는 "일반적 정의"의 요구와 구체적 사안이 몸으로 말하는 "개별적 정의"의 요구를 대조한다. 법관이 겪는 양자 간에 발생하는 "긴장은 해소될 수 없기 때문에" 그러나 판결을 해야 하는 의무로부터 오는 판단은 사법적 도덕성을 충족할 수 있어야 한다는 것이다. 법관의 법해석학은 종국적으로 법관의 양심의 덕목에 시민들이 감응하고 존중할 수 있는 상호성 원리에 기초하는 것이어야 한다.

김현섭(2015; 2017: 125-164)은 법관의 법해석학에 있어서 불가피한 법관의 양심의 덕목을 집중적으로 고찰한다. 그는 아리스토텔레스의 형평의 덕을 도입하여 법관의 인격에 결부시킨다. 그는 헌법 제103조가 주문하는 법 준수의 제약 차원과 양심의 자유 차원을 "법규맹종"과 "법규 무시"라는 부정적 표현으로써 형평차원을 선명하게 구조화한다. 형평이 발생해야 하는 계기는 법률에 대한 맹종과 무시가 만나는 지점이라는 것이다. 김현섭은 법관이 갖추어야 할 형평의 덕이 처할 수 있는 몇 가지 문맥을 고려한다. 첫째, 형평의 덕은 얼핏 "법의 지배"와 대조되는 "인치(人治)"로 보일 수 있다. 그러나 법의 지배란 단순한 합법성이 아니라 사회를 규율하는 법이 가지는 것이 바람직한 속성들을 의미하고, 규범적으로 동등한 사안들을 같게 취급하라는 요구이지, 기존 법규의 요건사실에 해당하지 않는다는 이유로 고려되어야 할 사실을 무시할 것을 의미하지는 않는다고 한다. 법관은 필요한 경우 기존 판례를 보완·변경·형성할 수 있음은 사전에 법으로 정해진 공지의 사실이기 때문이다. 둘째, 형평의 덕은 사법적 지혜, 절제 그리고 용기를 필요로 한다는 것이다. 기존 법규의 요건사실에 해당하지는 않지만 법적으로 유의미한 특수한 사정을 포착해 낼 수 있어야 하고, 기존의 법규를 적용하여 용이한 판결을 내리려는 유혹을 이겨야 하고, 판례 이탈의 비난을 회피하기보다 구체적 정의 구현을 소망할 수 있어야 한다는 것이다.

법해석학을 향한 박은정과 김현섭의 작업은 표현상의 작은 차이들에도 불구하고 공유하는 관심(박은정 외, 2015)과 주제의 지속적 발전을 통해 법관의 덕목의 구조화에 이르고 있다고 생각한다. 이를 바탕으로 박은정·강태경·김현섭의 "헌법적 법해석학"은 다음과 같은

(6) 법관은 법을 준수한다;
(7) 법관은 양심적 자율성을 갖는다;
(8) 법관은 사법적 도덕성을 확보할 수 있는 형평성을 유지한다;

의 세 명제로 요약될 수 있을 것이다. 그렇다면 이들의 법해석학은 헌법에 충실하다는 점에서 정당화된다. 그러나 이 해석학은 개념적으로도 정당화될 수 있는가? 그 설득력은 어디에서 오는가? 이를 위해 박은정 (2007; 2010)의 "인간학으로서의 법학" 언어에 주목하고자 한다. 그는 법(률)이라는 것이 하늘이 자연에 감추어 놓은 진리가 아니라 인

간 사회로부터 올라오는 공동체 소통의 결과라는 사실에 주목한다. 자연법 체계의 언어가 인간 역사에서 중요한 사상가들을 통해 오랜 전통의 궤적을 이어오고 있었지만, 계몽기를 지나면서 인간 이성은 더 이상 초월적이거나 선험적인 것이 아니라 공동체적, 언어소통적이고 정치적(김재현, 1996: 32-47; 홍윤기, 2002: 201-215)이라는 것이 밝혀졌기 때문이다.

박은정에게, 법은 단순히 법률과 판례들의 총체가 아니라, 법 원리와 법이념을 담지하여 발생하는 정신적 긴장이나 대결을 결과하는 법 실천을 포함한다. 법률 언어는 한편으로 사태 규정적이지만 다른 한편으로 자유 지향적인 양면성을 갖는다고 한다. 법률가들은 오래 지속되어온 자연법사상의 무거운 무게로 사태 규정적인 실정법이라는 판례들에 쉽게 매이게 된다. 그러나 법률가들은 또한 법률 언어의 자유 지향적인 가능성에 주목하고 이를 지켜내고 실현할 수 있어야 한다. 자유의 언어는 체계가 보존하는 무게에 쉽게 억눌리는 약자 관점이나 소수 의견을 기존의 단일 체계가 아니라 항상 열려 있는 새로운 시각을 통해 자유를 확장할 수 있어야 하는 것이다. 자연법학적 법률언어가 자연 내재적 질서를 선험적 이성으로 찾아내야 하는 절대주의적인 확실성의 언어라면, 인간학적 법률언어는 공동체가 추구하는 질서를 상호 소통으로 합의할 수 있는 상대주의적이고 불확실하고 따라서 변화에 개방적인 언어이다. 자연법적 언어가 인간을 선험적 주체로 간주할 수 있다는 신뢰로 선악, 진위의 이분법이 유지되는 확실성에 이르고자 한다면, 인간학적 언어는 인간을 자기 마음도 잘 알 수 없는 존재인 것을 인정하는 불확실성을 천명한다. 자연법 언어가 선험적 주체로 홀로 주체성에 익숙해져 있다면 인간학적 언어는 공동체적 주체로 서로 주체성에 뿌리 내리고 있는 것이다[8]. 박은정·강태경·

김현섭의 "헌법적 법해석학"은 이러한 인간학적 법률언어체계에 의해 정당화되고 설득력을 얻을 것이다.

김지은의 피해자다움은 인간학적 법률언어체계의 법해석학에서 어떻게 달리 기술될 것인가? 홀로 주체성의 자연법학은 인간 행위나 사건의 공간이 원자적이고 분리적이라면, 서로 주체성의 인간법학은 행위나 공간이 유기적이고 의미론적이다. 따라서 김지은의 피해자다움의 기술은 재판부가 수행한 기술의 방식과는 달라진다. 행위들이나 사건들의 관계에서 인과적 질서가 아니라 의미적 질서를 보는 것이다. 피해사건들은 독립된 원자적 실체가 아니라 유기적으로 연결되고 언어적으로 통합되어 있는 의미체가 된다. 안희정이 김지은을 향하여 "신체접촉은 맥주를 들고 있는 피해자를 포옹한 행위뿐"이고 "언어적으로는 외롭다고 안아달라고 말한 것뿐"이라는 재판부의 기술은 원자적 실체일 수 없다. 가해자가 피해자를 향하여 "음욕을 품고 맥주를 들고 포옹을 하고 침대로 데려가서 옷을 벗기고 간음"을 수행한 행위들은 "강간"이라는 "단일한 의미체"를 구성하는 단계적 국면들일 뿐이다.

8 데카르트로 대표되는 근대성은 "나는 생각한다 고로 나는 존재한다"라는 나의 확실성 명제에 기초하여, 합리주의라는 유일언어, 논리중심, 중앙중심주의, 체계의 위계성, 시간과 공간의 유일성, 탑다운 연역성 등을 특징으로 하고, 비트겐슈타인과 니체로 대표되는 탈근대성은 "우리는 소통한다"라는 착상에 기초하여, 일상언어, 공동체의 생활양식, 지역중심주의, 시공의 다원성, 다원주의, 바틈업 귀납성 등을 내세운다. 참조: (김상봉, 2007; 김선욱, 2007; 김상환, 2012).

6. 재판부가 피해자다움을 왜곡한 까닭

이 글은 김지은의 피해자다움을 이해하기 위해서는 특정한 해석학이 전제되어야 한다는 것을 전제했다. 그리고 해석학이란 해석의 지침일 뿐 그 정당화는 상위 언어체계를 통해 주어진다는 것을 주장했다. 그리하여 "보수적 법해석학"은 자연법적 언어로, "헌법적 법해석학"은 인간법적 언어로 정당화될 수 있다는 것을 논의했다. 그렇다면 남은 과제는 자연법적 합리성과 인간법적 합리성 중, 어느 것을 선택할 것인가의 기준을 상대적으로 명료하게 하는 것이다. 먼저, "자연법적 합리성"은 법이라는 것을 자연 내재적 존재 질서로 간주하고 선험적 이성으로 인식하여 절대주의적 확실성의 윤리의 합리성으로 해석할 수 있을 것이다. 그리고 "인간법적 합리성"은 법의 존재를 공동체가 추구하는 결과로 보고 그 추구는 상호 소통으로 상대적인 것으로 인식되어서 불확실하고 변화에 개방적인 윤리의 합리성이 된다.

"자연법적 합리성"은 원칙 확신으로부터의 연역적 합리성을 요구하고, "인간법적 합리성"은 현실 긴장으로부터의 귀납적 합리성을 강요한다. "합리성"이라는 같은 기호로 표현되지만, 그 운동들의 하나는 하향적(top down)이고 다른 하나는 상향적(bottom up)이기 때문에 다른 단어라고 할 정도로 차이가 있다. 하향적 합리성은 이론언어에서는 확실한 형식에 의해 절대적으로 부여되고, 그 체제 안에서 명료성과 통합성이 주어지는 장점이 있다. 그러나 문제는 바로 그러한 장점이 안희정-김지은 사건 같은 현실의 범주를 인정하면서 유지될 수 있는가이다. 그 합리성의 장점을 보기 전에 현실 범주의 심각성에 먼저 주목할 때, 여기에 적합한 합리성의 프레임에 다가갈 수 있지 않는가를 물어야 하는 것이다. 그것은 하향적 합리성이 아니라 상향적 합리성이라야 하는 것이다.

자연법적 합리성의 하향적 운동 방식의 문제점은 재판부가 전제하는 "보수적 법해석학"과 "헌법적 법해석학"의 대조를 통해 더 명료화해보자. "보수적 법해석학"은 (3); (4); (5)의 명제들로 요약되어 있고, "헌법적 법해석학"은 (6); (7); (8)의 명제들로 축약된다. 두 법해석학의 가장 큰 차이는 법관의 양심적 자율성을 인정하는가의 여부이다. "보수적 법해석학"은 헌법이 인정하는 일반정의와 구체정의의 긴장관계에 대한 해법으로서의 법관의 양심적 자율성의 여지를 무시하고 있다. 헌법이 보장하는 법관의 양심적 자율성을 스스로 포기하는 것이다. 보다 구체적으로, "보수적 법해석학"은 표면적으로 "법의 보수"라고 하면서 실제로는 반헌법적인 "제도 보수"의 길로 나아가기 쉽다. "법의 보수"의 해석학이 역설적이게도 자승자박의 위헌적 해석학이 될 수 있는 것이다.

"보수적 법해석학"의 치명적 약점은 문장(5), "입법정책적 문제에는 개입하지 않는다"는 명제의 수용이다[9]. 명제(5)는 구체적으로, "부동의 의사에도 불구하고 수행한 성관계를 강간으로 처벌"하는 것이나 "명시적인 성관계 동의 의사가 없이 수행한 성관계를 강간으로 처벌"하는 것은 법으로 존재하지 않기 때문에 안희정을 처벌할 수 없다는 것이다(98-99쪽). 명제(5)를 정당화할 수 있는 근거도 있다. 법판례의 법률적 권위를 존중, 준수 또는 절대화하는 것이다[10]. 또한 재판부는

---

9 최성호(2018a)가 재판부를 향하여 보이는 신뢰의 태도도 "기존 질서 보존적" 이다. 이 태도는 일반적으로 옳은 것이지만, 목전의 사안은 판결문의 논리가 "신뢰를 받을 만한가?"라는 물음이다(이현재, 2018; 이상룡, 2018).

10 판례 변경에 대한 한 연구는 판례변경이 하급심에서도 발생하지만 상급심의 발생 경향에 대해 다음을 보고하고 있다: "1957년부터 2012년까지 판례변경이 문제된 총 301건의 대법원 판례 및 해당 판례에서 [⋯] 대체로 다음과 같은 경향이 관찰된

명제(5)와 관련하여 논리적 오류를 범하고 있다. 재판부는 한편으로 명제 (5)를 포함하는 해석학에 따라 판결문을 작성하여 "실제화"하고 있지만 다른 한편으로 무죄 판결문을 심각하게 구성하여 "허구화"하고 있는 것이다. 달리 말해, 재판부는 명제 (5)만으로 안희정-김지은 사건을 기각했어야 한다. 구태여 "피해자다움 부재" 논변 같은 것을 수고스럽게 펴지 않아도 되었던 것이다.

자연법적 합리성과 인간법적 합리성 중 어느 것이 더 시민적 상식에 부합하고 국민적 정의 감각에 일치하는가? 재판부가 수용한 자연법적 합리성은 그 존재론, 인식론, 윤리론의 총체적 성격에 따라 기존 판례를 이탈했을 때의 비판 또는 평가의 기준을 너무 선명하게 제시한다. 재판부는 그러한 분명한 기준을 무시하기 어려웠을 것이다. 그러나 재판부가 수용했음직한 인간법적 합리성이 요구하는 형평성 원칙은 법의 지배를 단순한 합법성이 아니라 사회를 규율하는 법이 가지는 것이 바람직한 속성을 유지하기 위한, 비난 가능성에도 불구하고 자신을 내어놓는 용기의 원칙이다. 그렇다면 재판부는 채택했어야 할 "사법적 도덕성을 확보하는 형평성" 원칙을 버리고 거부했어야 할 "입법정책 문제의 불개입" 원칙을 채택함으로써 사법적 도덕성을 고의적으로 외면하면서 "피해자다움"의 개념을 왜곡한 것이다.

다. […] 피고인에게 유리하게 판례가 변경된 것 [……] 배경으로는 사회전반의 민주화, 헌법재판소의 등장에 따른 대법원의 암묵적 경쟁의식, 사법적극주의의 대두 등을 생각해 볼 수 있다"(고학수·최준규, 2014).

참고문헌

고학수·최준규(2014), "법경제학적 관점에서 본 판례의 변경", 민사판례연구회, 『민사판례연구』, 제36집, 1013-1082쪽.

김상봉(2007), 『서로 주체성의 이념: 철학의 혁신을 위한 서론』, 서울: 길.

김상환(2012), 『철학과 인문적 상상력: 헤겔 만가』, 서울: 문학과지성사.

김선욱(2007), "정치에 있어서 대중과 자각적 개인", 한국정치사상학회, 『정치사상연구』, 제13집 2호, 183-202쪽.

김재현(1996), "하버마스 사상의 형성과 발전", 김재현 엮음, 『하버마스 사상: 주요 주제와 쟁점들』, 서울: 나남출판, 19-62쪽.

김현섭(2015), "법관의 양심과 독립에 대한 헌법 제103조의 해석", 한국법철학회 월례독회 발표문(2015. 4. 25).

_____(2017), "아리스토텔레스의 형평(epieikeia): 구체적 타당성을 위한 덕", 한국법철학회, 『법철학연구』, 제20권 2호, 125-164쪽.

남경희(1986), "사회정의, 평등이냐 자유냐", 이화여자대학교 한국여성연구소 엮음, 『여성학 방법론: 사회과학적 접근』, 서울: 한국여성연구소, 73-106쪽.

대한성서공회 편(2012a), "마태복음 5장 28절", 성경전서, 서울: 대한성서공회.

_____(2012b), "고린도전서 13장 4절", 성경전서, 서울: 대한성서공회.

박은정(2007), 『법철학의 문제들』, 서울: 박영사.

_____(2010), 『왜 법의 지배인가』, 서울: 돌베개.

_____(2016), "법해석방법에서 본 헌법 제103조 법관의 독립과 양심", 서울대학교 법학연구소, 『서울대학교 *法學*』, 제57권 2호, 63-103쪽.

박은정·강태경·김현섭(2015), "바람직한 법관상의 정립과 실천 방안에 관한 연구", 법원행정처.

백종현(2012), 『칸트이성철학』, 서울: 아카넷.

심헌섭(1995), "법철학·혁명·쿠데타: 검찰의 5·18 불기소 처분을 계기로", 박은정·한인섭 엮음, 『5·18, 법적 책임과 역사적 책임』, 서울: 이화여자대학교 출판부, 40-65쪽.

이한구(1986), "사회과학에 있어서의 방법론적 개체론과 전체론", 이화여자대학교 한국여성연구소 엮음, 『여성학 방법론: 사회과학적 접근』, 서울: 한국여성연구소, 37-54쪽.

정대현(1985a), 『한국어와 철학적 분석』, 서울: 이화여자대학교 출판부.
_____(1985b), "여성문제의 성격과 여성학", 한국여성학회, 『한국여성학』, 제1권, 136-165쪽.
_____(1996), "인과와 사건", 한국분석철학회 엮음, 『인과와 인과이론』, 서울: 철학과현실사, 137-162쪽.
_____(2001), 『심성내용의 신체성』, 서울: 아카넷.
_____(2013), 『이것을 저렇게도: 다원주의적 실재론』, 서울: 세창출판사.
조형(1986), "사회과학으로서의 여성학 방법론: 서론", 이화여자대학교 한국여성연구소 엮음, 『여성학 방법론: 사회과학적 접근』, 서울: 한국여성연구소, 107-114쪽.
허라금(2004), 『원칙의 윤리에서 여성주의 윤리로: 자기성실성의 철학』, 서울: 철학과현실사.
홍윤기(2002), "비판적 사고와 인성", 철학연구회, 『철학연구』, 제58집, 75-105쪽.
Chalmers, David(1996), *The Conscious Mind: In Search of a Fundamental Theory*, New York: Oxford University Press.
Chung, Daihyun(2017), "Dispositions: An Integrational(誠) Analysis", *Diogenes*, Special Issue on "Korean Philosophy Today", edited by Han Goo Lee,
Davidson, Donald(1980a), "Actions, Reasons, and Causes," in *Essays on Actions and Events*, Oxford: Clarendon Press, pp.3-20.
_____(1980b), "The Individuation of Events," in *Essays on Actions and Events*, Oxford: Clarendon Press, pp.163-180.
Dummett, Michael(1991), *The Logical Basis of Metaphysics*, Cambridge: Harvard University Press.
Kim, Jaegwon(2005), *Physicalism, or Something Near Enough*, Princeton, N.J.: Princeton University Press.
Quine, W.V.O.(1960), *Word and Object*, Cambridge: MIT Press.
_____(1980), *From a Logical Point of View*, 『논리적 관점에서』, 허라금 옮김, 서울: 서광사, 1993.
Whitehead, A.N.(1920), *The Concept of Nature*, Cambridge: Cambridge University Press.
_____(1925), *Science and the Modern World*, New York: Macmillan.

신문기사

이상룡(2018), 『교수신문』, 2018.9.27., "안희정 무죄 판결의 부당성-성적 자기결정권은 타자와의 관계속에서 성립된다".

이현재(2018), 『교수신문』, 2018.9.10., "안희정 무죄 판결이 정당하다고 볼 수 없는 이유".

정대현(2018), 『교수신문』, 2018.10.8., "왜곡된 위력 공간을 간과한 안희정 판결의 부당성: 최성호 교수의 주장에 대한 반론".

최성호(2018a), 『교수신문』, 2018.8.27., "안희정 무죄 판결이 정당하다고 볼 수 있는 한 가지 이유: 안희정 무죄판결에 대한 변론".

_____(2018b), 『교수신문』, 2018.9.17., "안희정 무죄 판결의 정당성과 두 가지 자유개념 그리고 보론과 답변".

기타자료

서울서부지방법원 2018.8.20. 선고 2018고합75 판결.

Choi, Sungho and Fara, Michael(2018), "Dispositions," *The Stanford Encyclopedia of Philosophy*, https://plato.stanford.edu/archives/fall2018/entries/dispositions/(검색일: 2018.11.19)

Wikipedia(2018), "Natural law", https://en.wikipedia.org/wiki/Natural_law(검색일: 2018.11.19)

성범죄재판에서 '피해자다움'이란 있는가?[1]: 좁은 의미의 피해자다움의 논리에 대한 비판적 논의

| 김선희 |

이 글의 목표는 성범죄 재판에서 피해자에게 피해자다울 것을 요구하는 '피해자다움'의 논리를 비판하고, 전형적인 의미의 '피해자다움'이란 없다는 것을 논의하는 것이다. 즉 성범죄 재판에서 도입하고 있는 피해자다움의 개념은 가부장제 주류 사회의 통념과 편견의 산물이며, 그런 통념에 의해 구축된 신화라는 것을 보이고자 한다. 그리하여 피해자다움의 신화는 피해자를 편향적 시각으로 바라보도록 함으로써 피해자의 진술의 신빙성을 떨어뜨리며, 그 결과 왜곡된 판결을 조장하게 된다는 것을 논의할 것이다.

---

1 이 글은 2019년 2월 한국분석철학회에서 발표한 최성호 교수의 논문 〈성범죄 재판에서 피해자다움이란 무엇인가?〉에 대한 논평에서 논의했던 '좁은 의미의 피해자다움'에 대한 비판을 발전시켜 『여성학논집』, 제36집 1호(2019년)에 게재한 논문 "성범죄 재판에서 '피해자다움'이란 있는가?: 좁은 의미의 피해자다움의 논리에 대한 비판적 논의"를 수정·보완한 것이다.

이 목적을 위해, 이 글에서는 이미 많은 비판에 노출된 넓은 의미의 피해자다움이 아니라, 그런 문제나 폐단이 없다고 주장하는 '좁은 의미의 피해자다움'에 초점을 두어 논의하고자 한다. '좁은 의미의' 피해자다움은 상대적으로 피해자다움의 범위를 좁게 설정함으로써 피해자다움을 요구하는 조건을 최소화하는 것으로 보인다. 그럼에도 불구하고 좁은 의미의 피해자다움 개념도 심각한 문제가 있다는 것을 논의함으로써, 피해자다움의 개념 자체가 불필요할 뿐 아니라 불합리하다는 것을 보일 것이다.

구체적으로 이 글에서는 좁은 의미의 피해자다움 개념에 근거하여 피해자의 진술의 신빙성을 평가할 것을 주장하는 최성호의 최근 논의를 중심으로 비판적인 검토를 할 것이다. 그리하여 필자는 성범죄 재판에서 도입하는 피해자다움의 개념은 넓은 의미든 좁은 의미든 심각한 문제가 있다는 것을 보일 것이다. 피해자다움의 개념은 일종의 신화라는 것과, 법정에서 그 개념이 하는 역할이 있다는 주장을 반박하는 동시에 진술의 신빙성을 판단하기 위해서도 피해자다움의 개념은 불필요하고 해롭기까지 하다는 것을 논의함으로써, 궁극적으로 성범죄 법정에서 '피해자다움' 개념은 폐기되어야 한다는 것을 논의하고자 한다.

나아가 피해자다움의 전형적인 행위란 존재하지 않으며 사건 이후 피해자가 취할 수 있는 행위는 개별적으로 다양하고 일반화할 수 없기 때문에, 피해자의 행위를 이해하기 위한 적절한 모델은 법칙모델이나 인과모델이 아니라 피해자의 입장에서 피해자의 이유를 공유하는 시뮬레이션 모델이라는 것을 논의할 것이다. 또한 대법원 판결에서 언급한 성인지 감수성을 해석할 수 있는 하나의 대안으로서 시뮬레이션 행위이해모델을 검토할 것이다. 이 모델은 피해자를 단지 피해자다움의 전형에 가두기보다는, 피해자도 자신의 목표와 가치관에 따라 다양한 방식으로 행위를 선택하는 행위주체로 보는 것을 지지해 준다.

1. 좁은 의미의 피해자다움 개념: 최성호의 모델 비판

미투를 비롯한 성범죄 재판정에서 피해자(대부분의 경우 여성)에게 피해자다움을 증명할 것을 요구하는 것에 대하여, 여성주의자를 비롯한 학자들의 거센 비판이 있어왔다.[2] '피해자답다'거나 '피해자답지 못하다'는 것은 그야말로 사회적 편견을 넘어서기 어려우며, 피해자다운 행동에 대한 이해는 주류사회의 시각(혹은 가부장사회의 남성시각)을 반영할 뿐이라는 것이다(정대현, 2018: 94). 그렇게 형성된 전형적인 피해자상(혹은 이상적인 피해자상)에서 벗어난 피해자의 언행은 피해자답지 못하다고 평가받고, 이는 피해자의 진술의 신빙성을 떨어뜨리며 무고죄로 의심받도록 만든다. 그 결과 성범죄 피해자에 대한 피해자다움의 요구는 왜곡된 판결을 조장한다는 비판이 제기되어왔다.

이에 대해 최근에, 최성호는 기존의 넓은 의미의 피해자다움 개념(혹은 이상적인 피해자상)은 문제가 많지만, 좁은 의미의 피해자다움은 필요하고 또 마땅히 요구되어야 한다는 논의를 제시했다.[3] 최성호는 넓은 의미의 피해자다움, 즉 우리 사회에서 폭넓게 수용되는 성범죄

---

2 대표적으로 이미경(2013), 이미경(2018), 허민숙(2017), 허민숙(2018), 김수아(2018), 장다혜(2018), 정대현(2018) 등을 참고하라.

3 최성호(2019), "성범죄 재판에서 피해자다움이란 무엇인가?", 한국분석철학회, 2019년 겨울 학술발표회, 발표문(2019.02.22).

피해자의 스테레오타입(혹은 '이상적인 피해자다움')에 대해서는 인식론적으로도 부도덕하다고 비판하지만, 피해자는 적어도 좁은 의미의 피해자다움을 보여야 진술의 신빙성을 인정받을 수 있다고 주장한다. 그는 좁은 의미의 피해자다움을 다음과 같이 제시한다.

> [정의 D] 시점 t 이후 A 의 행위 S 는 범죄 C 에 대하여 피해자답다 iff[4] 〈A 가 C 의 피해자이다〉는 가설 하에서 A 의 행위 S 는 〈A 가 C 의 피해자가 아니다〉는 가설 하에서보다 더 잘 설명되고 이해된다(최성호, 2019: 11).

이 [정의 D]에 대해, 최성호는 피해자다움의 개념이 어떤 의미에서 좁은 것인지를 다음과 같이 설명하고 있다.

> 피해자다움 개념에 관해서 필자가 명확히 밝히고 싶은 바는 '피해자답다'는 술어는 기본적으로 어떤 범죄가 발생하는 것으로 추정되는 시점 t 이후 그 범죄의 피해자로 추정되는 행위자 A 가 보이는 행위에 대하여 서술된다는 것이다. 다시 말해서 피해자다움이라는 속성의 추정적 담지자는 시점 t 이후 A의 행위라는 것이다. … 여기서 중요한 논점은 … 이상적인 피해자 내러티브는 필자가 이하에서 논의할 피해자다움과 명확히 구분되어야 한다는 것이다. 본 논문에서 논의할 피해자다움은 오직 시점 t 이후 범죄의 피해자로 추정되는 이가 수행하는 행위에 귀속되는 속성이다. 예를 들어 필자의 피해자다움은 강간죄의 고소인이 범죄가 발생했다고 추정되는 시점 이후에 어떤 행적을 보였는지에 관

4 iff는 'if and only if'의 약호로서 필요충분조건을 뜻하는 논리기호이다.

한 것이다. 그 고소인이 과거 어떤 성력을 가졌는지, 어떤 직업을 가졌는지, 사건 당시 어떤 옷을 입었는지, 어떤 성적 지향(sexual orientation)을 가졌는지 등은 필자의 피해자다움 개념에 포함되지 않는다. 본 논문은 그렇게 피해자다움 개념을 정교하게 이해할 때 그것은 성범죄 재판에서 합당한 판단 근거로 사용될 수 있음을 논증할 것이다(최성호, 2019: 3-4).

위의 인용을 보면, 피해자다움의 좁은 개념은 두 가지 조건으로 이루어진다. 하나는 성범죄 사건이 일어난 시점 이후의 행위만을 피해자다움의 평가 대상으로 하는 것이다. 다른 하나는 사건과 관련이 있는 행위만을 대상으로 하는 것이다. 즉 피해 사건과 무관한 요소들은 피해자다움 개념에 포함시키지 않는다는 것이다. 여기서 우리는 피해자다움의 평가 대상을 '해당 사건 이후의 관련 행위'에 한정한다는 점에서 '좁은 의미의 피해자다움'이라는 것을 알 수 있다. 반면에 피해자의 스테레오타입 내지 '이상적 피해자상'이라고 기술하고 있는 넓은 의미의 피해자다움은 피해자의 사건 이전의 행동과 피해 사건과 무관한 행위를 포함하여 모든 행적과 인성마저 평가대상으로 한다는 점에서(예컨대, 고소인이 과거 어떤 성력을 가졌는지, 어떤 직업을 가졌는지, 사건 당시 어떤 옷을 입었는지, 어떤 성적 지향[sexual orientation]을 가졌는지…… 등) 넓은 개념이다. 성범죄 피해자에게 넓은 의미의 이상적 피해자상을 요구하는 것의 피해와 폐단에 대해서는 문제가 많다는 인식과 더불어 많은 비판이 있어온 것이 사실이다.[5] 최성호도 피해 사건

5 허민숙(2017)의 논문("너 같은 피해자를 본 적이 없다")에서 다룬 사례는 피해 사건을 수사하는 과정에서 피해자다움의 전형에 대한 극심한 편견이 어떤 심각한 문제를 불러일으키는지 예시적으로 잘 보여주고 있다; 이미경(2018)은 성범죄 재판에

이전의 피해자의 행적이나 사건과 무관한 사항들을 평가대상으로 삼는 넓은 의미의 피해자상에 대해서는 비판을 제기하면서, 자신이 제시하는 좁은 의미의 피해자다움과 구분하고 있다.

그렇다면 피해자다움의 평가대상을 사건 이후의 관련 행위로 축소하는 좁은 의미의 피해자다움 개념은 문제가 없는가? 그것은 넓은 의미의 피해자다움 개념에 내재된 편견과 그것이 야기하는 문제들을 해소할 수 있는가?[6] 좁은 의미의 피해자다움 [정의 D]에 의하면, 한 사람의 행위 S가 피해자답다는 것은 그가 피해자가 아니라는 가설보다 피해자라는 가설에서 그의 행위 S가 더 잘 이해된다는 것이다. 여기서 더 잘 이해되는 것은 "상식적으로" 받아들여지거나 "자연스럽게" 여겨진다는 의미이다(최성호, 2019: 11).

그런데 '상식적으로' 수용되는 것은 사회의 대다수가 받아들이는 주류의 시각을 말하는 것이 아닌가? 그런 점에서 요구되는 피해자다움은 "상식적 이해"와 "자연스러움" 등으로 포장되었지만 그것은 주류 사회의 시각이나 편견이 반영된 피해자다움을 의미한다. 예컨대, [정의 D]에 의하면 '성범죄 사건 이후에 바로 경찰에 신고하는 행위'는 피해자다운 행위로 평가된다. 물론 경찰에 신고하지 못할 사정이나 상황에 대한 추가정보가 확인되면 예외가 성립한다는 점에서 좁은 의미의 피해자다움 정의는 '다른 모든 조건이 동일하다면'이라는 단서조

서 '피해자다움'을 요구하는 것을 비판하면서 그것은 가장 전형적인 성폭력 2차 피해라고 주장한다. "특히 성폭력 수사·재판 담당자들이 갖고 있는 잘못된 통념에 의해 '순수한 피해자상'에 부합한 피해자가 아니라고 판단되는 경우 의심하고 비난한다(25쪽)."; 정대현(2018)에 의하면, 피해자다움의 논리에 의한 2차 피해는 피해자의 관점이 소외되고 가해자의 관점이나 사회 주류 관점에서 기술될 때 발생한다(94쪽).

6 정대현은 '피해자다움'이라는 개념이 갖는 '다움'의 논리에 대하여 비판적인 분석을 제시하였다(정대현, 2018: 91-95).

항을 포함한다. 즉 피해자다움의 [정의 D]는 단서조항을 통해 예외적인 경우들을 허용하고 있다. 그것은 '다른 모든 조건이 동일하다면' 이라는 단서조항이 있는 추론이다. 그런데 전형적인 피해자다움을 고집하지 않는 한, 개인적이고 개별적으로 예외적인 상황에 따라 피해자다운 행위는 달라질 수밖에 없으며, 개별적으로 무수히 많은 예외들을 허용해야 할 것이다. 그럴 경우 사실상 피해자다움에 대한 규정은 거의 공허해질 수 있다.

다른 한편 좁은 의미의 피해자다움의 [정의 D]도 단서조항(개인적 사정에 따르는 예외나 추가정보 등)이 확인되기 이전에는 여전히 피해자다움의 전형(예컨대, 바로 경찰에 신고하는 행위)에 들어맞지 않는 행위는 피해자답지 않다는 편견에 노출된다. 즉 피해자마다 가질 수 있는 개별적 이유를 알지 못하는 동안, 상식적으로 피해자의 전형에 맞지 않는 경우 피해자답지 못하다는 비난을 받게 된다. 이는 피해자다움의 좁은 개념조차 (그것이 비록 사건 이후의 관련된 행위에 한정하더라도) 잠정적으로나마 피해자다움의 전형을 상정하고 출발한다는 것을 의미한다. 그리고 잠정적으로라도 피해자답지 못한 것으로 평가된다면, 이 잠정성은 편견 때문에 뒤집히기가 쉽지 않다. 그렇다면 피해자다움 개념의 문제는 단지 피해자다운지를 평가할 대상과 행위의 범위(그 범위가 얼마나 좁거나 넓은지)에 관한 것이 아니다. 피해자다움의 개념은 넓은 의미든 좁은 의미든 모종의 피해자다움의 전형이 있다는 전제에 근거한다는 점이 문제이다. 그런 의미의 피해자의 전형을 상정하는 것은 편견과 오류의 산물이다. 비록 좁은 의미의 피해자다움 [정의 D]가 피해자다운 행동의 예외 조건을 허용하고 있지만, 예외 상황을 충분히 개방하지 않을 경우 편견이 작용할 것이며, 개별적인 예외 상황을 무수히 허용한다면 피해자다움의 규정은 공허하고 불필요해진다. 그런 점에서 피해자다움의 개념은 공허하거나 편견의 산물에 불과하다.

그럼에도 최성호가 성범죄 재판에서 피해자다움의 요구가 필요하다고 보는 이유는 무엇인가? 그는 피해자다움이 주류 사회의 편견의 산물이라는 비판에 대하여 남성 중심적 시각이나 가부장 사회의 편견에 대한 비판은 '이상적 피해자상'을 거부하는 것으로 충분하고, 좁은 의미의 피해자다움은 그런 편견이 작용하지 않으며 합리적 근거를 갖는다고 주장한다. 그에 따르면, 자신이 구성하는 '좁은 의미의 피해자다움'은 법정에서 피해자 진술의 신빙성을 평가하기 위해 필요할 뿐 아니라 거의 유일하고 유력한 합리적 근거라고 주장한다(최성호, 2019: 60). 또한 그는 성범죄 재판에서 피해자다움 개념에 대한 여성주의자들의 비판에 대해, 피해자 고소인의 진술에 대한 신빙성을 평가하기 위해서는 피해자다움에 대한 증명이 필요하고, 나아가 피해자다움의 요구를 비판하는 것은 성범죄 고소인의 진술에 대한 신빙성 평가를 전면적으로 거부하는 비상식적인 태도라고 주장한다(최성호, 2019: 46).

하지만 과연 (좁은 의미의) 피해자다움 개념이 법정에서 피해자의 진술의 신빙성을 평가하기 위해 거의 유력하고 유일한 합리적 근거인가? 나아가 피해자다움의 요구를 비난하는 것은 성범죄 고소인의 진술에 대한 신빙성 평가를 전면적으로 거부하는 것인가? 성범죄 판결을 위해 피해자다움의 요구가 필수 불가결한 것인가? 나는 그렇지 않다고 본다. 오히려 그 개념의 폐해를 고려한다면 다른 대안을 찾는 것이 바람직하며 보다 합리적인 대안들이 존재하는 것 또한 사실이다.

최성호도 인정하듯이, 피해자의 진술의 신빙성은 일관성, 정직성, 믿음직함, 남김없이 진술하기 등에 의해 평가될 수 있다. 대법원판결에서도 피해자가 한 진술 자체의 합리성, 일관성, 객관적 상당성 및 경험적 적절성 등을 고려할 것을 요구하며, 최근에는 특별한 이유 없이 피해자의 진술의 신빙성을 함부로 배척해서는 안 된다고 기술하고 있다.[7] 이외에도 피해자의 진술이 구체적인지, 그 상황과 맥락에서 적절한지, (특별하지만) 다른 사람도 피해자의 행위를 이해할 수 있는지 등의 요소도 고려할 수 있을 것이다. 그렇다면 피해자의 진술 자체의 신빙성을 평가하고 검토할 기준들은 의외로 다양하다. 즉 피해자다움을 증명하는 것이 진술의 신빙성을 평가할 유일한 기준이 아니라는 것이다. 그렇다면 피해자다움의 요구를 비판하는 것이 피해자 진술의 신빙성 평가 자체를 거부하는 것이라고 할 수 없다. 진술의 신빙성 평가를 하지 말라는 것이 아니라, 피해자 진술의 신빙성을 평가하기 위해 그가 피해자다운지에 의존하는 것(그리하여 피해자다워야 한다고 요구하는 것)이 문제라는 것이다. 피해자 진술의 신빙성을 따지는 것과 피해자다움을 보이는 것은 별개의 문제이다. 그렇다면 피해자다움 개념의 편견과 부작용을 고려할 때, 피해자 진술의 신빙성을 평가하기 위해 피해자다움을 요구하기보다 피해자의 증언 자체의 신빙성을 따지도록 노력하는 것이 더 적절하며 마땅한 일이다.

최성호는 좁은 의미의 피해자다움이 고소인-피해자의 진술의 신빙성에 대해 신뢰할 수 있는 지표로 기능한다고 보고, 최종적으로 피해자다움이 피해자 진술의 신빙성을 직접 평가할 수 있는 기준이 되는 IBE 모델(Inference to the Best Explanation, 최선의 설명에로의 추론)을

---

7 2018년 4월과 10월, 대법원판결은 성인지 감수성에 대해 언급하고 있다. "법원이 성희롱 관련 소송의 심리를 할 때에는 그 사건이 발생한 맥락에서 성차별 문제를 이해하고 양성평등을 실현할 수 있도록 '성인지 감수성'을 잃지 말아야 한다"라고 명시한 대법원판결(대법원 2018.4.12.선고 2017두74702)을 참고하라.

제시한다. 즉 최선의 설명에로의 추론에 의하면, 고소인-피해자의 피해자답거나 피해자답지 않은 행위가 그의 진술의 신빙성을 높이거나 낮춘다는 것이다.

> [IBE 추론]
>
> 어떻게 고소인의 피해자다움(ex. 시점 t 이후에 곧장 경찰에 강간죄 신고를 하는 행위)이 자신이 강간죄의 피해자라는 고소인 진술의 신빙성을 높이며, 어떻게 고소인의 가짜피해자다움(ex. 시점 t 이후 피고인과 하루 종일 데이트를 즐기는 행위)이 고소인 진술의 신빙성을 낮추는 기능을 하는가?(최성호, 2019: 49-50).

그런데 이 규정을 보면 [정의 D]에서 단서조항에 의해 열려있는 듯이 보였던 피해자다움의 다양성은 사라지고 전형적인 피해자상을 구축한다는 것을 알 수 있다. 즉 IBE 추론은 사건 직후 피해자다운 전형적인 행위가 있다는 가정에서 출발한다. 여기서 전형적인 피해자다운 행위와 가짜피해자다운 행위가 없다면 이 모델의 추론은 작동하지 않기 때문이다. 그리하여 피해자다운 행위의 전형이 없다면 이 모델은 공허해지며, 결국 IBE 추론은 전형적인 피해자다움을 상정하는 것에서 출발할 수밖에 없다. 예컨대, 피해자다움의 전형은 '피해 사건 이후에 곧장 경찰에 강간죄 신고를 하는 행위'이며 그렇게 행위하는 것이 피해자 진술의 신빙성을 높인다고 보는 한편, 가짜피해자다움의 예시를 '피해 사건 이후 피고인과 하루 종일 데이트를 즐기는 행위'로 기술하고 이는 피해자 진술의 신빙성을 낮춘다고 주장한다.

비록 예시이긴 하지만 피해자다움의 전형적인 행위는 사건 이후에 바로 경찰에 신고하는 것이라는 생각 역시 편견에 불과하다. 이는 사람들이 처한 상황과 생활 세계를 너무 단순하게 보는 것이다. 실제로 친밀한 관계에서 일어난 성폭력의 경우에는 바로 신고를 하지 못하는 경우들이 많으며, 피해자가 그렇게 하기 어려운 상황에 처하는 사례들은 무수히 많다. 사건 이후의 행위로 범위를 좁혀도 피해자의 행동방식은 실제로 매우 다양하며, 이 추론이 적용될 만큼 전형적이지 않다.[8]

더구나 가짜피해자다움의 예시는 순환적으로 보이며 놀랍기조차 하다. 이 기술은 피해자답지 않다고 전제할 경우에만 가능한 방식의 기술이다. 피해자의 행위에 대해 '가해자와 데이트를 즐긴다'는 행위 기술은 대체 누구의 관점에서 기술한 것인가? 아마 가해자의 기술일 확률이 높다. 그러나 둘이 함께 있다고 '데이트를 즐기는 것'인가? 동일한 행동이 '협박을 당하는 것'으로 기술될 수도 있을 것이다. 성폭행을 당하고 나서, 허탈해서 웃었다는 여성도 있다. 그러면 이 피해자는 '웃음을 띠었고 즐긴 것'인가? 피해자의 행위를 어떻게 기술할 것인지는 피해자의 경험에 대한 일관적이고 구체적인 진술과 전체 맥락 안에서 정해지는 것이지, 그와 독립적으로 피해자다운 행위나 가짜피해자다운 행위가 결정되는 것이 아니라는 것이다. 이는 넓은 의미의 피해자다움만이 아니라 좁은 의미의 피해자다움에도 편견이 들어올 여지는 많으며, 피해자의 진술에 대한 이해와 경청 이전에 특정 행위

8 이재호 교수는 토론 중에 "성범죄 피해자는 사건직후 어떤 행위를 할지 (개별적으로 대단히 다양한 방식으로 반응하거나 다양한 예외 가능성이 열려있어서) 예측 불가능하므로 IBE 신뢰도가 급격히 떨어진다"라는 것으로 IBE 모델에 대한 비판을 제시했다. 즉 성범죄 피해자는 사건직후 예측 불가능할 정도로 개인마다 매우 다르게 행동하므로 IBE 추론은 신뢰할 수 없다는 것이다. 이 제안은 예측 가능할 정도의 일반적이고 전형적인 행위방식에 해당하는 피해자다움이란 없다는 필자의 입장을 대변해준다.

에 대해 피해자다움을 선불리 결정하려고 해선 안 된다는 것을 의미한다.

이상의 반론들을 종합하면 "피해자다움"의 논리가 가진 허구에 대한 근본적인 문제가 드러난다. 어떤 범죄에서도 피해자다움이나 가해자다움을 중요하게 논하지 않는다. 유독 성범죄 피해자에 대해서만 집요하게 피해자다울 것을 요구한다. 피해자의 진술의 신빙성이 중요하기 때문이라고 한다. 그러나 피해자다워야 피해자의 진술이 신빙성이 있다는 결론은 논리적 비약임이 분명하다.

피해자의 진술 자체가 구체적이고 일관적인지, 그 상황과 맥락에서 경험자만이 갖는 구체성을 띠는지, 다른 사람도 피해자의 행위를 시뮬레이션 가능한지(즉 피해자의 상황과 이유를 이해한다면 행위를 공감할 수 있는지) … 등 진술의 신빙성을 평가할 수 있는 요소들은 많다. 반면에 피해자다움의 논리에 의하면, 좁은 의미의 정의에서도 피해자의 전형을 요구하며 그에 적합하지 않으면 가짜피해자로 낙인찍힐 수 있다. 하지만 피해자의 전형에서 벗어나는 예외적인 상황들이 개인마다 무궁무진하게 다를 수 있다는 것을 인정한다면, 결국 우리는 피해자다움을 정의할 수 없다고, 그런 것은 애초에 존재하지 않는다고 고백해야 한다. 전형적인 피해자다움이 있다는 생각은 넓은 의미이든 좁은 의미이든 편견에 불과하다. 피해자다움의 요구는 법적 판결의 수월성을 위한 방편으로 사용되고 있다. 이는 진술 자체의 신빙성을 평가하기 위해 들여야 하는 노력을 피해자에게(스스로 피해자다움을 증명해 보라고) 전가하는 것일 따름이다.

피해자다움 논리의 더 큰 해악은, 피해자다움을 증명하기 이전에는 피해자의 진술을 진지하게 경청하는 것을 방해하며 피해자의 증언 자체를 편견을 가지고 대하도록 만든다.[9] 피해자답지 못하다는 의심이 들 경우, 증언 자체의 신빙성을 약화시키기 때문에 피해자의 증언 전체를 무력화시킬 수 있다. 하지만 증언 자체의 신빙성을 판단해야지, 피해자다운가 답지 못한가를 따지는 것은 인신공격의 빌미를 주게 된다. "피해자답지 못한 사람의 발언은 증언의 신빙성이 없다"는 것은 우리가 잘 아는 인신공격의 오류의 형태를 띠고 있다.

2. 피해자의 행위를 이해하는 시뮬레이션 모델

앞 장에서 나는 미투 혹은 성범죄 법정에서 요구하거나 상정하는 '피해자다움'의 전형이란 없다는 것, 오히려 현재 미투 법정이 상정하는 피해자다움의 개념은 법적 판결을 왜곡시킬 우려가 있다는 것, 그리하여 성범죄 재판에서 피해자다움을 요구하는 것은 심각한 문제가 있다는 것을 논의했다. 이 장에서는 성범죄 재판에서, 피해자다움의 전형을 찾으려고 하기보다, 오히려 피해 사건 이후에 (피해자의 다양한 행위나 반응을 이해하려는 시도가 부족했다는 점을 고려할 때) 피해자의 관점에서 그의 행동방식을 이해할 수 있는 시뮬레이션 모델이 필요하다는 것을 논의할 것이다.

최성호는 앞에서 피해자다움 개념을 정의하면서, "(다른 가설보다)

9 최성호는 피해자다움이 '행동'에 대한 것이지 '피해자'에 귀속되는 것이 아니라고 한다. 그러나 실제로 피해자답지 않은 행동을 했다고 평가되면, 그 행동에 대해서만 피해자답지 못하다고 평가하는 것을 넘어서서 그 행동을 한 피해자 자체가 피해자답지 못하다고 평가하기 마련이다. 즉 피해자다움의 논리는 그 사람의 모든 행동이 피해자답다는 것을 보이라고 요구하게 된다. 그리하여 피해자다움은 하나의 행동보다는 피해자의 행동 집합, 나아가 피해자 자신에게 귀속된다.

~라는 가설하에서 A의 행위가 더 잘 설명되고 이해된다"라는 표현을 도입했다. 즉 피해자다운 행위에 대한 그의 [정의 D]를 상기해보면, 성범죄 사건 이후에 A의 행위 S는 A가 (피해자가 아니라는 가설하에서 보다) **피해자라는 가설하에서 더 잘 설명되고 이해된다**는 것이다. 여기서 '어떤 행위를 설명하고 이해한다는 것이 무엇인가'라는 행위철학의 물음이 제기된다.

피해자의 행위를 이해하기 위하여 행위철학의 행위 설명모델 및 이해모델을 도입한 것은 최성호의 기여이다. 그는 헴펠(Hempel)의 인과적 설명모델로부터 데이빗슨(Davidson), 드레이(Dray), 김재권(Kim) 등의 행위이론을 통해 피해자다운 행위를 분석한 후, 데이빗슨 모델의 한 버전인 원치욱의 모델을 가장 적절한 모델로 수용한다. 즉 일종의 인과적 모델인 데이빗슨의 버전이 피해자다운 행위를 설명할 수 있는 가장 적절한 모델이라는 것이다.[10]

데이빗슨은 이유가 행위를 합리화한다는 주장과 동시에, 이유는 행위를 일으키는 인과적 효력을 갖는다는 "이유의 인과성" 논제를 주장했다. 데이빗슨이 이유의 인과성을 주장하는 핵심 근거는 다음이다: 이유는 행위의 원인이 됨으로써 행위를 설명한다. 즉 이유는 행위를 합리화하지만 행위를 합리화하는 이유들 중에는 진짜 이유와 가짜 이유가 있다. 그중에서 행위를 일으킨 진짜 이유는 인과적 효력을 갖는 이유이다(이를 "이유의 진실성 논제"라고 부르자). 즉 이유가 행위의 원

---

10 헴펠(1965), 데이빗슨(1963, 1970), 김재권(2010), 드레이(1957), 원치욱(2017), 김선희(1996, 2017)를 참고하라. 최성호(2019)는 피해자다운 행위를 설명하는 모델로 데이빗슨의 인과모델을 수용하지만, 필자는 김재권(2010)의 투사모델과 김선희(2017)의 시뮬레이션 모델이 피해자의 행위를 이해하는 데 더 나은 모델이라고 논의할 것이다.

인일 경우에만 진정으로 행위를 설명하는 이유가 된다(Davidson, 1963: 9; 1974: 232). 행위를 합리화할 수 있는 이유들은 여럿일 수 있으나, 그중에서 실제로 행위를 일으킨 이유만이 (다시 말하면, 행위를 야기한 원인이 되는 이유만이) 행위를 설명한다. 그리하여 행위를 야기하는 인과력을 갖지 못한 이유들은 그것이 아무리 행위의 합리적 근거가 될지라도 설명력을 갖지 못한다는 것이다.

여기서 이유는 행위를 합리적으로 이해하도록 해주며 동시에 이유는 행위를 일으키는 원인이어야 한다고 데이빗슨은 주장한다. 행위를 합리화하는 이유들 중에서 원인이 되는 이유만이 그 행위를 야기한 진짜 이유라고 보고, 행위를 일으킨 진짜 이유를 찾기 위한 방법으로 인과성을 도입한다(Davidson, 1963: 9-10). 하지만 나는 이상의 데이빗슨의 인과모델이 일관성을 유지하기 어렵다고 본다. 행위에 대한 인과적 설명모델과 이유에 의한 이해모델을 결합시킨 데이빗슨 양립모델은 비일관성의 문제를 극복하지 못한다.[11] 필자는 데이빗슨이 행위의 합리성과 인과성을 동시에 주장함에도 불구하고 이 두 요소가 어떻게 양립 가능한지 설득력 있는 설명을 제시하는 데 실패했다고 본다. 그 이유는 합리성과 인과성의 두 요소 간에 상충하는 긴장 관계를 해명하지 못했다는 데 있다. 이유의 인과성과 합리성이 상충하는 지점은 행위자의 관점을 고려하면 잘 드러난다. 욕구와 믿음으로 이루어지는 행위 이유와 의도적 행위 사이의 내용이 행위자 관점에서 의미연관성을 가질 때 행위는 합리화되고 합리적으로 이해될 수 있다. 이처럼 이유의 합리화하는 특성은 (이유와 행위 사이의 의미연관을

---

11 김선희(2017). 여기서 나는 데이빗슨의 〈이유의 진실성에 근거한 인과논제〉를 비판했다.

이해하는) 행위자의 관점을 전제하는 반면에 인과성은 그런 관점을 배제한다. 이유와 행위가 인과 관계에 놓인 경우 둘 사이에 의미의 논리적 관계는 배제된다. 여기에는 누구의 관점도 개입되지 않는다. 그리하여 진짜 이유를 찾기 위해 인과성을 도입하는 전략은 행위주체의 주관적 관점을 배제함으로써 이유가 행위를 정당화하거나 합리화하는 측면을 일관적으로 설명하지 못한다.

데이빗슨은 행위의 원인만이 행위의 진짜 이유라고 주장함으로써, 사실상 행위주체의 관점을 전제하는 행위의 합리화(혹은 정당화)하는 특성에 대한 자신의 논제를 훼손하는 결과에 이르게 된다. 행위자 관점을 배제하는 원인은 행위를 합리화하는 이유가 될 수 없기 때문이다. 행위주체가 의식하지도 이해하지도 못하는 원인은 사실상 이유가 될 수 없다. 그런 점에서 진짜 이유를 식별하기 위해 제시한 인과성 명제는 자가당착에 빠질 수 있다. 행위자가 인지하지 못하는 원인은 (자신의 행위를 합리화하는 역할을 하는) 이유가 될 수 없으며, 물론 진짜 이유도 될 수 없다. 이것이 이유의 합리성이 인과성과 양립하기 어려운 이유이다.[12]

그런데 한 행위가 피해자다운지를 이해하기 위해서는 피해자의 관점에서 그 행위의 이유를 이해하는 것이 필요하며, 그리하여 제3자 관점의 인과모델이 아니라 행위자 관점의 모델을 적용하는 것이 적합하다. 그 모델은 행위자의 이유를 이해하고 공감함으로써 상대방의 입장에서 추론해보는 일종의 시뮬레이션 모델이다. 상대의 관점에서

12 나는 진정한 이유를 찾기 위한 방법으로 인과적 테스트에 의존하기보다, 행위자 관점에서 그의 이유들을 공유하는 시뮬레이션 방법이 더 일관적이라고 본다.

행위를 이해하는 시뮬레이션 모델은 인과모델일 수 없으며, 인과모델은 행위자의 행위를 이해하는 모델과 상충한다. 나는 피해자의 행위를 이해하기 위해서는 시뮬레이션 모델이 적절하다는 것과, 오히려 이 모델을 통해 성인지 감수성을 해석할 수 있는 하나의 방식을 제시할 수 있다는 것을 보일 것이다.

한 사람의 행위를 이해하기 위해서는, 그 행위의 원인을 찾기보다 그 행위자가 어떤 이유로 그런 행위를 하는지 이유를 이해하고 공감하는 접근이 필요하다. 우리는 낯선 행동에 대해서도 그 이유를 듣고 이해하면 그 행위를 이해할 수 있게 된다. 그리고 나 자신도 그 사람의 상황에 있었다면 그리고 그런 이유를 가지고 있었다면 나도 그렇게 행위할 수 있었을 것이라고 공감할 수 있다. 이것이 그 사람의 행위를 이해하는 시뮬레이션 방법이다. 특히 피해자의 행위를 편견 없이 이해하기 위해서는 일반화(법칙)를 전제하는 인과적 설명모델을 추구하기보다, 그 사람의 이유를 공유하며 그 사람의 관점에서 시뮬레이션하는 접근방식이 필요하다. 그런 점에서 최성호와 달리, 나는 피해자의 행위를 이해하기 위해서는 데이빗슨-원치욱의 인과적 모델보다 김재권의 노선에서 발전시킨 시뮬레이션 모델이 더 적합하다고 본다.

김재권은 드레이의 행위이해모델에서 출발하여, 투사개념에 근거한 시뮬레이션 모델을 제시한다(W. Dray, 1957; J. Kim, 2000: 147; 2000: 167). 그는 투사가 다른 사람의 감정에 이입하거나 자신의 감정을 다른 사람에게 연장하는 것이 아니라는 것을 밝힌 후, 투사의 개념을 보다 명료하게 제시한다.

…… 투사라는 것으로 내가 생각하는 바는 매우 단순하다. 다른 사람

의 행위를 이해함에 있어서, 우리는 그들을 우리 자신들과 같은 행위자(즉 그들 자신의 일인칭 관점으로부터 숙고하고 결정을 내리고 행동계획을 세우고 그것들을 단계별로 실천하는 행위자)로 간주하는 것이다. … 그들의 자기이해는 우리와 마찬가지로 그들이 행위를 선택했던 일차적 이유를 아는 것으로 이루어진다. 그리고 우리가 그들이 했던 행위의 일차적 이유를 알 때, 우리도 또한 그들이 한 행위를 이해하는 것이다(Kim, 2010: 122-123).

투사논제에 의하면, 우리 자신의 행위를 이해하는 방식으로 투사에 의해 타인의 행위를 이해한다는 것은 그의 행위의 일차적 이유(즉 욕구와 믿음)를 안다는 것이다. 우리는 일인칭 관점으로부터 숙고하여 자신의 욕구와 믿음에 따라 행위를 선택하는 합리적 행위자들이다. 우리는 자신의 행위를 이해하는 것과 같은 방식으로, 다른 사람의 경우에도 그의 욕구와 믿음(일차적 이유)을 이해하게 되면 그의 행위를 합리적으로 이해하게 된다.[13] 투사개념에 의하면, 내가 타인의 행위를 이해하는 것은 그 사람의 행위의 일차적 이유를 아는 것이고, 그 사람의 행위에 대해 그 자신의 주관적 관점에서 실천추론을 재구성하는 것이다(Kim, 2010: 139, 2010: 122-140). 그런데 나는 삼인칭 관찰자로서 어떻게 (타인의 행위에 대해) 일인칭 주관적 관점의 실천추론을 재구성할 수 있는가? 김재권은 이 물음을 해명하는 과정에서 시뮬레

13 행위자 A가 p를 성취하기를 원하고(욕구) p를 성취하기 위해 S를 해야 한다고 믿는 경우(믿음), 합리적 행위자 A는 행위 S를 할 것이다. 여기서 A는 자신의 욕구와 믿음(행위의 일차적 이유)으로부터 행위 S를 도출하는 실천추론을 구성한다. 이는 이유(욕구와 믿음)가 행위를 합리화하는 방식이며, 또한 우리는 A의 욕구와 믿음(일차적 이유)을 알면 그의 행위를 이해하게 된다.

이션 개념을 도입한다.

> 한 행위자의 실천추론을 재구성하기 위해 내가 해야 하는 것은 나를 그 행위자의 입장에 놓고 그 사람의 실천추론을 스스로 해보는 일이다. 즉 나는 그 행위자의 상황에 있는 나를 상상하며 무엇을 하는 것이 *나에게* 적절한지 스스로 물음으로써 나는 그 행위자의 실천추론을 시뮬레이션 한다(Kim, 2010: 144).

김재권의 행위이해 모델은 투사개념을 통해 시뮬레이션 모델로 발전된다. 한 행위자의 일차적 이유를 아는 것이 그의 행위를 이해하는 것이라는 투사명제는 시뮬레이션 모델을 통해 타인의 행위에 대한 공감적 이해의 단계로 발전한다. 타인의 행위에 대한 진정한 이해에 도달하기 위해서는 그 사람의 입장이 되어서 그의 일차적 이유가 그 행위로 이끄는 상황을(즉 그 사람의 관점에서 실천추론을) 시뮬레이션하는 것이 필요하다.

김재권이 생각하는 시뮬레이션 개념은 투사개념에 기초해 있다. 투사로서의 시뮬레이션은 그의 관점이 되어보는 것이 무엇인지 명료하게 제시해 준다. 투사의 방식으로 다른 사람의 행위를 이해하는 것은, 그 사람의 입장이 되어 그의 관점에서 행위를 도출하는 실천추론을 구성하는 것이다. 즉 타인의 행위를 이해/공감하는 것은 그의 입장이 되어 시뮬레이션하는 것이며 그의 관점에서 실천추론을 구성하는 것이다.

이제 투사로서의 시뮬레이션 모델을 통해 피해자의 행위를 이해한다는 것이 무엇인지 살펴보자. 그것은 그 피해자의 행위의 이유들을 이해하고 공유하며 피해자의 관점에서 이유를 받아들여 그 행위에 이르는 실천추론의 과정을 구성해 보는 것이다. 시뮬레이션 모델에서, 이유를 공유한다는 것은, 이미 편견에 의해 평가된 이유들만을 선별적으로 공유하는 것이 아니라 행위자의 관점에서 그럴만한 이유가 있다는 것을 진지하게 수용하여 그 이유들의 공간으로 들어가본다는 것이다. 즉 마치 그것이 자신의 이유인 것처럼 시뮬레이션하는 것을 의미한다. 그리고 이유공간을 공유함으로써 시뮬레이션할 수 있다면 그 행위를 이해하게 되었다는 것을 의미한다.

시뮬레이션에 의해 피해자의 행위를 이해하는 것은 피해자다운 행동의 전형을 찾는 것과 무관하다. 오히려 피해자의 주관적 관점에서 그의 이유를 공유하며 행위에 이르는 과정을 추론해보는 것이다. 여기서 피해자가 처한 상황과 각자의 행위 이유(욕구와 믿음)들이 다양할 수 있는 만큼, 피해자의 행위방식도 그만큼 다양하고 예측할 수 없다. 그런 점에서 피해자의 전형적인 행위를 상정하거나 예측하는 것은 무리이고 또 가능하지도 않다. 우리는 그의 관점에서 이유를 경청하고 이해함으로써 그의 행위를 더 잘 이해할 수 있을 뿐이다. 물론 피해자가 제시하는 모든 이유들이 참이며, 그의 모든 행위를 시뮬레이션 해야 한다고 말하는 것은 아니다. 시뮬레이션할 수 없는 행위들이 있을 수 있다. 일관성이 없거나 경험적 구체성이 떨어진다면 공감할 수 없는 경우도 생길 것이다. 그런 경우 그만큼 이해되지 못할 수도 있다. 이는 시뮬레이션에도 평가 장치가 있다는 것을 의미한다. 하지만 그 이유가 진짜인지 거짓인지는 시뮬레이션하는 이유들의 평가에 의해(일관성, 경험적 적합성 등의 기준으로) 이루어지는 것이지, 원인을 확인하는 인과적 기준에 의해 판정되는 것은 아니다.[14]

---

14 이는 데이빗슨의 '이유의 진실성 논제'에 대한 하나의 답변이기도 하다. 행위의 진

나아가 시뮬레이션 모델은 성인지 감수성을 해석할 하나의 방식이 될 수 있다고 본다. 왜냐하면 투사개념에 근거한 시뮬레이션 모델은 피해자의 행위 이유를 무시하지 않고 편견 없이 피해자의 이유공간에 들어가 경청할 수 있는 장치가 있기 때문이다. 성인지 감수성을 가지고 피해자의 행위를 이해하는 방식은, 피해자가 피해 사건 이후 이런 저런 행동을 하는 이유들의 공간을 공유함으로써 피해자의 관점에서 그 행위를 시뮬레이션하는 것이다. 비록 피해자의 행동이라고 보기에는 기이하고 이해하기 어려운 행동을 보일지라도(예컨대, 피해자가 가해자와 계단에서 손을 잡고 내려온다, 문자메시지에 긍정적 이모티콘을 사용한다…… 등), 나도 그 상황에서 그런 이유를 가지고 있었더라면 그렇게 행동할 수 있었을 것이라는 점을 시뮬레이션하는 것이다. 이유를 공유하고 나도 그렇게 행위 할 수 있었을 것이라고 시뮬레이션할 수 있다면 우리는 피해자의 행위를 충분히 이해하고 공감할 수 있게 된다.

이제 피해자다운 행위를 이해하는 시뮬레이션 모델과 이 모델에 따른 성인지 감수성 평가를 고려하면서, 최성호가 피해자 진술의 신빙성을 평가하는 IBE 모델에 근거하여 안희정 사건의 고소인이 피해자답지 않다고 한 그의 주장을 다시 검토해보자. 이는 '안희정 2심 재판의 결과를 어떻게 이해할 것인가?'의 문제이기도 하다.

최성호는 [IBE 추론모델]에 의거하여, 안희정 사건의 고소인 ○○

짜 이유는 원인을 발견하는 것(이는 과학자나 전문가의 영역)으로만 확인되는 것이 아니다. 왜냐하면 행위의 이유는 구체적인 경험의 맥락 안에서 실천추론을 구성하는 과정과 함께 제시되며 행위의 이유로서 적절한지 구체적인 맥락과 함께 검토되기 때문에 참된 이유인지 거짓 이유인지 확인이 가능하다(김선희, 2017).

○은 (카톡으로 지인에게 안희정에 대한 찬사와 호의적인 메시지를 보낸 것을 근거로) 피해자답지 못하다(심지어 가짜 피해자답다)고, 그리하여 고소인의 진술의 신빙성은 낮다고 결론 내린다.[15]

전체 판결문을 확인하지 못한 상태라는 것을 염두에 두더라도, 그가 고소인의 일부 진술(문자메시지)만을 떼어내어 피해자다움이나 가짜피해자다움을 평가하는 것은 [정의 D]에서 수용했던 (피해자의 전형에서 벗어나는 예외적인 상황에 대한) 단서조항을 스스로 폐기하는 것인 동시에, 상대의 행위를 이해하기 위해서는 그 행위자의 상황 전체를 고려하여 시뮬레이션하라는 행위이해의 기본 원리(혹은 해석의 자비의 원리)를 간과하는 것이다.

오히려 성인지 감수성을 잃지 않은 시뮬레이션 모델에 따르면 다음과 같이 결론 내릴 수 있지 않을까! "만일 2심 재판부가 올바로 판결했다면, 2심은 (1심과 달리) 고소인 ○○○의 행위를 전체 맥락에서 충분히 시뮬레이션할 수 있었고 증언의 신빙성을 확인할 수 있었다는 것을 의미한다."

3. 피해자의 행위 주체성을 위한 법적 수행

이상에서 나는 피해자다움의 논리는 성범죄 피해자에 대한 편견의 산

---

15 고소인의 실명이 미투운동으로 잘 알려져 있을지라도 비실명을 사용하는 것이 적절하다는 제안을 받아들여 '고소인 ○○○'이라고 사용하기로 한다. 성폭력 피해를 주장하는 고소인을 어떻게 부를지에 대해서는 논란이 많다. 실명이나 비실명을 사용하는 문제 이외에도, 피해가 아직 증명되지 않았거나 수동적인 희생자 패러다임에 갇힌다는 이유 등으로 '피해자'라고 부르는 것에 이의를 제기하는 입장들이 있다. 여기서는 '고소인'이라는 명칭을 주로 사용했다.

물이라는 것, 그리고 피해자다움의 개념은 신화라는 것을 논의했다. 그 개념은 성범죄 피해자를 성에 대한 주류사회의 사고방식에 끼워 맞춘 후 피해자를 단지 피해자다움의 논리에 따라 행동하는 대상으로 간주하는 것이다. 하지만 성범죄 피해자도 범죄 사건으로 인해 단지 대상으로 전락하는 것이 아니라, 동시에 자신의 목적과 가치관에 따라 행위를 결정하는 주체라는 사실을 간과해선 안 될 것이다. 피해자다움 논리는 바로 이 사실을 간과한다.

피해자의 행위를 편견 없이 이해하기 위해서는 '피해자의 행위 주체성'을 인정하는 논리가 필요하며, 시뮬레이션 모델은 바로 그 역할에 기여할 수 있다고 본다. 이 모델은 피해자도 우리와 마찬가지로 행위주체라는 것을 전제하며 피해자의 주관적 관점에서 그의 행위를 이해하고자 하기 때문이다. 즉 시뮬레이션 모델은 피해자 관점의, 피해자 중심 모델로서 피해자의 행위주체성을 존중하는 접근방식을 취한다. 시뮬레이션 행위이해 모델은 피해자 역시 자신의 삶의 목표를 가지고 있으며 욕구와 신념과 가치에 따라 행위하고 선택하는 주체라고 본다. 피해자는 단지 심리적 법칙이나 인과 관계의 지배를 받는 피해의 대상에 머무는 것이 아니라 자신의 목표와 가치에 따라 숙고하며 살아가는 주체이기도 하다는 것을 전제한다.

실제로 대다수가 여성인 성범죄 피해자는 단지 피해 대상이거나 피해자다움의 틀에 갇힌 존재가 아니라 행위주체이기도 하다. 자신의 삶의 목적과 가치에 따라 행위 하는 행위주체의 관점에서 보면, 이들은 주류사회가 생각하는 피해자의 전형을 따르기보다, 사건 이후에도 자신이 처한 상황과 자신의 욕구와 가치에 따라 다양한 행위를 할 수 있다. 다시 말하면 피해자의 전형에서 예상하기 어렵거나 예측되지 않은 행위를 수행하는 것이 얼마든지 가능하다.

그리하여 피해 사건 직후에도 피해자의 행위는 주체마다 양상이 다르고, 전형적인 피해자다움에 머무르지도 않고, 때로는 피해자다움의 논리에서 벗어나 주도적으로 대응하고 저항하며 피해자 간의 연대를 이끄는 리더십을 발휘하기도 한다. 하지만 피해자다움의 개념과 논리에 따르면 이러한 주체성을 보이는 행위는 '피해자답지 않은 행동'으로 평가되고 그 결과 그런 피해자의 진술은 신빙성이 없다고 판결되곤 한다. 이처럼 '피해자다움'의 신화와 논리는 피해자의 주체성을 제약하고 왜곡할 수밖에 없다는 점에서 궁극적으로 폐기되어야 한다.

여성들의 저항의식과 실천에 따라 여성 정체성에 대한 인식은 법적 영역에서도 차츰 변화가 이루어지고 있다.[16] 미투 법정에서도 정조의 논리가 차츰 사라지고 권리의 논리(성적 자기결정권 등)로의 전환이 일어나고 있다. 이와 더불어 피해자다움의 논리도 피해자 관점의 행위 주체성 논리로 전환될 필요가 있다. 미투 법정에서 많은 여성들이 수동적인 피해자상에서 탈피하여 주체적으로 대응하고 행동하는 것도 피해자의 주체성을 위한 법적 수행의 한 방식이다.[17] 또한 시뮬레이션 모델에 의해 피해자의 이유를 공유하고 그의 주체적 관점에서 다양한 행위를 이해하고 공감할 수 있을 때, 사회적으로 피해자다움에 대한 견고한 편견에 균열을 일으킬 수 있을 것이다. 이런 실천을 통해 피해자다움 개념의 허구가 드러나거나 피해자다움의 논리가 갖는 심각한 오류를 보여줄 수 있을 것이다.

---

16 나는 이를 '젠더정체성의 법적 수행'이라고 부르고, 법적 영역에서도 젠더정체성의 수행이 필요하다는 것을 논의했다(김선희, 2012).

17 이미경(2018)의 "무엇보다 피해자들의 권리의식이 높아지고 있고, 많은 피해자들이 과거의 수동인 피해자상을 거부하며 적극적인 대응을 하고 있다"는 언급은 피해자의 주체성을 위한 법적 수행의 일면을 보여준다.

참고문헌

김선희(1996),『자아와 행위』, 서울: 철학과현실사.

_____(1996), "행위철학과 사회과학 방법론",『자아와 행위』, 269-299쪽.

_____(2012), "여성의 범주와 젠더정체성의 법적 수행", 이화여자대학교 젠더법학연구소,『이화젠더법학』, 제4권 제2호, 1-21쪽.

_____(2017), "행위자의 주관과 객관의 이중성은 어떻게 양립가능한가?: 시뮬레이션 집단사고실험 모델을 중심으로", 한국철학회,『철학』, 제133집, 79-102쪽.

_____(2019), "성범죄 재판에서 피해자다움이란 무엇인가?"에 대한 논평, 한국분석철학회, 2019년 겨울 학술발표회, 발표문(2019.02.22).

김수아(2018), "남성중심 온라인 공간의 미투운동에 관한 담론 분석", 이화여자대학교 한국여성연구원,『여성학논집』, 제35집 2호, 3-35쪽.

원치욱(2017), "행위 설명의 논리: 김재권에 대한 비판과 대안적 시뮬레이션 접근", 한국철학회,『철학』, 제130집, 207-238쪽.

이미경(2013), "형사사법절차상 성폭력 2차 피해의 심층구조", 부산대학교여성연구소,『여성학연구』, 제23권 2호, 43-75쪽.

_____(2018), "#미투(MeToo)운동을 통해 본 법과 현실의 괴리", 비판사회학회,『경제와사회』, 제120호, 12-35쪽.

장다혜(2018), "형법상 성폭력법체계의 개선방향: 성적 자기결정권 의미구성을 중심으로", 이화여자대학교 한국여성연구원,『여성학논집』, 제35집 2호, 37-86쪽.

정대현(2018), "피해자다움을 왜곡한 안희정 1심 무죄 판결의 부당성", 이화여자대학교 한국여성연구원,『여성학논집』, 제35집, 2호, 87-112쪽.

최성호(2019), "성범죄 재판에서 피해자다움이란 무엇인가?", 한국분석철학회, 2019년 겨울 학술발표회, 발표문(2019.02.22).

허민숙(2017), "'너 같은 피해자를 본 적이 없다': 성폭력 피해자 무고죄 기소를 통해 본 수사과정의 비합리성과 피해자다움의 신화", 한국여성학회,『한국여성학』, 제33권 3호, 1-31쪽.

_____(2018), "성폭력 피해자를 처벌하다: 피해자 전형성 위반 범죄로서의 성폭력 무고", 한국여성학회,『한국여성학』, 제34권 4호, 69-97쪽.

Davidson, D.(1963), "Actions, Reasons, and Causes", *Essays on Actions and*

Events, Oxford: Clarendon Press, pp.3-20.

_____(1970), "Mental Events", in Davidson(1980), pp.207-225.

_____(1974), "Psychology as Philosophy", in Davidson(1980), pp.229-244.

_____(1980), rp. *Essays on Actions and Events*, Oxford: Clarendon Press.

Dray, William(1957), *Laws and Explanation in History*, Oxford: Oxford University Press.

_____(1966), *Philosophical Analysis and History,* NewYork: Harper & Row.

Hempel, C. G.(1962), "Explanation in Science and in History," in Dray(1966)

_____(1965), *Aspects of Scientific Explanation*, New York: Free Press.

Kim, Jaegwon(1998), "Reasons and the First Person", *Essays in the Metaphysics of Mind*, Oxford: Oxford University, pp.105-124.

_____(2000), "Physicalism and the Subjective Perspective", Taking Physicalism to the Limit, (「물리주의와 주관적 관점」, 『극단에 선 물리주의』 한국학술협의회 석학강좌), pp.131-169.

_____(2010), "Taking the Agent's Point of View Seriously in Action Explanation," *Essays in the Metaphysics of Mind*, Oxford: Oxford University Press.

_____(2010), ed. *Essays in the Metaphysics of Mind*, Oxford: Oxford University Press.

부추겨지는 성폭력 역고소와 가해자 연대[1]

| 김보화 |

이 연구는 성폭력 피해자가 형사고소하거나 피해 사실을 SNS 등을 통해 폭로한 이후, 가해자에게 무고, 명예훼손, 모욕, 민사상 손해배상 청구 등의 '보복성 역고소'[2] 피해를 입고, 심지어 피해자와 연대하거나, 지지했던 제3자들에게 '기획적으로' 고소를 시도하는 이른바 가

1 이 글은 2018년 4월 19일, 한국성폭력상담소 부설연구소 울림에서 진행한 열린 포럼, 「의심에서 지지로: 성폭력 역고소를 해체하다」, "시장으로 간 성폭력" 발제문과 『여성학논집』, 제35집 2호(2018년)에 게재된 논문, "부추겨지는 성폭력 역고소와 가해자 연대"를 수정·보완한 것이다.

2 이 글에서 성폭력 역고소는 성폭력 피해자가 성폭력을 고소한 후 가해자 및 검사가 피해자를 무고·위증 등으로 고소·기소하거나 성폭력 피해 사실을 알린 것에 대하여 가해자 및 가해자 주변인이 피해자 및 피해자 주변인 등을 명예훼손·모욕 등으로 고소하거나 민사상 손해배상 청구소송을 제기하는 것으로 정의하고자 한다. 이는 보복성 역고소로 표현되기도 할 것이며 특히 피해자에 대한 여러 건의 역고소와 주변인, 연대자, 제3자에 대한 고소가 진행되었을 경우에는 '보복성 기획고소'라 명명하였다.

해자의 '보복성 기획고소'에 주목한다. 이에 성폭력 피해자가 오히려 가해자, 피의자, 피고인이 되는 과정과 맥락에서 가해자와 그를 부추기고 활용하는 상업화된 법률 시장, 미디어에서의 왜곡된 보도와 학습, 그것을 지지하는 수사·재판 과정에서의 가해자 중심적 통념과 담론을 분석함으로써 그동안 한국사회에서 누가, 어떻게 피해자들의 말하기를 '효과적'으로 막아왔는가를 드러내고자 한다.

지난 2015년 소위 '진보진영 내 데이트폭력 사건'들이 폭로되었고, 2016년 문학계, 영화계를 비롯하여 유명 연예인에 의한 '성폭력 무고' 사건들이 대서특필되면서, "무고는 큰 죄"[3]라는 시대의 '명언'이 탄생하기도 했다. 2018년에는 검찰 내 성폭력 폭로를 시작으로 방송계, 연극계, 정치계, 종교계 할 것 없이 사회 각계 각층에서의 피해 경험 말하기, 일명 '미투운동'이 계속되고 있다. 이 중에서는 극히 일부 사과를 받은 사건도 있지만, 사건을 폭로한 피해자들은 이후 여러 종류의 역고소에 시달리고 있다.[4]

한국에서 가해자들의 역고소는 결코 새로운 현상이 아니다. 대표적으로 1986년 부천서 성고문 가해자인 문○○과 1993년 서울대 신○○ 교수는 피해자를 상대로 명예훼손 고소를 했다(조순경, 2002). 2002년 제주도지사의 성추행 사실을 공개한 제주여민회와 KBS 노동조합 간부에 의한 성폭력 사실을 공개한 100인위원회가 명예훼손으로 고소당했고, 죽암휴게소 여성노동자가 직장상사에 의한 성희롱을 동사무소에 고발했으나 명예훼손죄와 협박죄로 오히려 구속되었다. 또한 경산지역 K대학 K교수, 대구지역 K대학 L교수는 성폭력에 대

---

3 『한겨레신문』, 2016.7.17.

4 『한겨레신문』, 2018.6.3.

한 유죄 판결을 받았음에도 불구하고 대구여성의전화 전 공동대표를 사이버명예훼손죄로 고소했고, D대학 성추행 교수가 피해자를 지지한 여교수와 피해자를 명예훼손으로 고소하는 사건들이 있었다(성폭력추방운동에 대한 명예훼손 역고소 공동대책위원회, 2002). 그 이후로도 역고소들은 이루 셀 수 없이 많았지만, 최근 유명 연예인들의 역고소들은 가해자로 지목되어도 당당하게 고소할 수 있다는 것을 '학습'시키고 있다. 성폭력 피해자들은 가해자에게 금전적 보상을 요구하거나 합의 요구에 응하면 '꽃뱀'이 되지만, 성폭력 역고소 피해자들은 피의자가 되어 합의하지 않으면 때때로 전과자가 되는 처지에 놓여 있다. 더군다나 만약 역고소 협박으로 합의하게 되면 가해자에게 성폭력 피해도 입고, 금전적으로 '역보상'까지 해야 되는 곤란한 위치에 서게 된 것이다.

그리고 가해자들의 '연대'는 담론상의 연대에 그치지 않고, 대응 방법, 조력해 줄 변호사 정보 등을 공유하며, 단순한 억울함이나 저항을 넘어 점차 '기획적인' 형태를 띠고 있다. 또한 법인들은 '성범죄 전담 변호사', '무혐의, 무죄 받아드립니다', '무고 전문' 등의 홍보를 통해 피해자에 대한 협박과 역고소 건수를 늘려 수임료를 올리는 방식으로 상업화되고 있다.[5] 이제 성폭력은 '시장화' 되었고, 그 어느 범죄 분야보다 '돈이 되는' 분야로 선호되고 있다. 그것이 가능할 수 있는 것은 느슨한 변호사업계의 윤리 규제, 가해자 중심적 사법부의 통념과 '남성연대'의 백래시에서 기인한다. 2018년 5월 28일, 법무부 성희롱·성범죄 대책위원회의 권고를 받아 대검찰청은 성폭력 수사가 끝날 때까지 무고죄 수사를 하지 못하도록 수사매뉴얼을 개정했다. 이에 대해

5 『한겨레신문』, 2018.9.15.

"대검찰청의 불법적인 성폭력 수사매뉴얼 중단을 요청합니다"라는 제목의 국민청원이 올라왔고 2018년 5월 28일부터 한 달 동안 총 217,143명이 동의했다.[6] 이는 성폭력 피해자에 대한 '꽃뱀' 신화와 '무고하게 고소당한 억울한 남성'에 대한 두려움이 광범위한 연대를 가능하게 하고 있음을 알게 한다.

성폭력 역고소는 넓은 범위에서 피해자에 대한 2차 피해에 포함되며, 한국의 학계에서는 성폭력 고소 이후 광범위하게 발생하는 2차 피해를 고발하고, 법·제도적·문화적 개선을 위한 연구들을 진행해왔다. 이미경(2012)은 성폭력 2차 피해를 "사건이 일어난 이후에 사건과 관계된 사법기관, 가족, 친구, 언론, 여론 등의 소문이나 피해자에 대한 부정적인 반응에 의해서 피해자가 정신적, 사회적 피해를 받은 것"으로 정의하면서 성폭력 통념이 어떻게 추가적인 피해를 유발하는지를 분석했다. 수사관의 평소 편견이 피조사자에 대한 신뢰성과 깊은 연관이 있음을 주장한 연구(이주락, 2008)와 수사관의 성폭력에 대한 편견이 크고, 증거 부족으로 인한 수사의 어려움이 클수록 피해자에 대한 비난과 의심, 저항과 동의를 중시하는 수사행동이 증가하게 된다는 연구도 진행되었다(이명신·양난미, 2012). 수사 과정뿐만 아니라 피해 이후 의료 서비스를 제공받는 과정에서도 담당자들의 성폭력 통념이 피해자의 2차 피해자화를 강화시키고 있다는 점이 지적되기도 했다(Campbell and Raja 2005; Maier, 2008). 그리고 이와 같은 논의들을 통해 수사·재판 과정에서 작동하는 성폭력 통념의 문제, 피해자 보호와 권리 증진을 위한 개선방안에 대한 문제의식이 공유되어왔다

6 청와대 국민청원 및 제안, "대검찰청의 불법적인 성폭력 수사매뉴얼 중단을 요청합니다", https://www1.president.go.kr/petitions/246489(검색일: 2018.12.1)

(신주호, 2010; 대법원 법원행정처, 2012; 오경식, 2014; 장다혜 외, 2015; 이재석, 2016 등).

최근 성폭력 무고에 대한 연구들도 드물게 진행되어 왔다. 강경화(2012)는 성폭력 무고죄를 2차 피해의 일환으로 분류하면서 사례연구를 통해 수사과정에서 성폭력 통념이 미치는 영향과 무고죄 적용과정에서 통제 수단의 부재를 분석했다. 허민숙은 성폭력 피해가 무고 의심으로 전개되는 수사·재판 과정에서의 젠더규범과 논리적 부적합성, 증언부정의와 해석학적 부정의의 문제를 분석했다(허민숙, 2016; 2017; 2018). 정은경(2017)은 무고로 피소된 피해자의 수사·재판 과정이 피해자에게 미치는 영향을 분석하면서 무고죄 예외조항의 신설과 인권침해의 문제를 주장했다. 소병도(2017) 역시 성폭력의 경우 피해자가 가해자 신분이 되면서 방어권이 침해되기 때문에 선성범죄, 후무고죄 판단의 절차를 제안하기도 했다.

반면 사실적시 명예훼손의 법적 타당성을 검토하는 연구들은 많이 이루어졌지만, 성폭력 명예훼손에 대한 연구는 최근에 들어서야 비교적 활발하게 진행 중이다. 조순경(2002)은 "성폭력 가해자의 명예훼손, 무엇이 문제인가?" 토론회에서 성폭력 공론화의 공익성을 분석하면서, 성폭력 가해자에 의한 명예훼손 소송 금지, 합리적 피해자 또는 합리적 여성의 기준 적용, 증거 원칙 및 입증 책임에 있어서의 적극적 조치 등을 주장했다. 박선영(2003; 2007)은 성폭력을 공론화한 여성들에 대한 명예훼손은 고소권의 남용이며, 공공의 이익에 해당하므로 위법성 조각사유로 봐야 함을 주장했고, 전희경(2003)은 KBS노동조합 간부 성폭력 사건에서 역고소의 정치적 의미와 '명예'의 성별성, 가해자 인권 논리의 급성장과 법의 '객관성'에 대해 다시 질문하면서 성폭력 사건의 '특수성'을 법의 '보편성'에 호소할 때의 딜레마를 짚어낸

바 있다. 그리고 최근 미투운동을 전후하여 성폭력 피해에 대한 공론화와 이에 대한 명예훼손 역고소가 증가하면서 사실적시 명예훼손죄의 폐지, 사생활 보호 영역에 대한 새로운 범죄화 규정, 위법성 조각사유의 확대 및 개정안 등을 제안한 연구(이원상, 2018; 배상균, 2018; 김선화, 2019; 김재현, 2019 등)들이 진행되었다. 한편 법률 시장과 성폭력의 관계나 법인과 성폭력 가해자가 공격의 수단으로 삼고 있는 '기획적인' 역고소와 관련된 연구는 찾기 어려웠다.

그간 성폭력 역고소에 대한 여성단체들의 대응도 진행되어왔는데, 2000년 동국대 K교수의 성추행 사건 이후 같은 대학 여교수에 대한 명예훼손 고발에 맞서 여성학자들과 단체들은 '성폭력추방운동에 대한 명예훼손 역고소 공동대책위원회'를 발족했다. 2001년에는 KBS 노조 간부에 의한 성폭력 공론화로 피해자, 지원자가 당한 역고소에 대한 대응과 후속 토론회가 열리기도 했다. 또한 여성단체들은 2005년 제자를 성폭력하고도 반성하지 않는 대학 교수인 가해자를 실명공개한 대구여성의전화에 대한 명예훼손 고소에 대해서 '성폭력 역고소 공동대책위원회'를 꾸려 대응하면서 토론회를 개최하기도 했다(대구여성의전화, 2003). 그리고 한국성폭력위기센터(2016)는 『성폭력피해자가 피소된 사건에서의 법적 지원』이라는 연구보고서를 통해 2013년 6월 친고죄 폐지 이후 검사의 무고 인지가 늘고, 검사의 승소 건수도 늘고 있음을 지적했고, 셰도우핀즈(2016)는 『SP-01: 비평적 개인으로서의 피해자를 위한 젠더 폭력 법적 대응 안내서』에서 성폭력 역고소를 '보복성 고소'로 명시하면서 이에 대한 법적 대응 방안을 제시했다. 한국성폭력상담소 부설연구소 울림과 한국여성의전화(2017)는 『성폭력 역고소 피해자 지원을 위한 안내서』를 통해 무고, 명예훼손의 피해사례, 판례, 수사·재판 시 대응에 관한 안내서를 제작하기도 했다. 또한 자신을 커뮤니케이션 디자이너 겸 기자 지망생으로 밝힌 홍태화(2018)는 『알리기 전에 알면 좋은 사실들』이라는 소책자를 펴내면서 인권, 차별, 성폭력에 대한 폭로 등을 "알리는 일"로 정의하고 명예훼손 등에 휘말리지 않기 위하여 필요한 정보들을 제시하기도 했다. 이처럼 성폭력 역고소 문제는 학계와 운동 단체를 통해 꾸준히 제기되어왔으나, 최근 가해자와 법인들의 역고소 경향성과 전략이 분석된 연구는 거의 없는 편으로 향후 후속 연구가 기대되는 부분이다.

2000년 초, 가해자들의 역고소와 단체들의 대응운동이 활발하게 이루어졌던 시기는 90년대 중·후반부터 진행되던 대학 내 자치규약 운동, 운동사회 내 성폭력적 문화에 대한 문제제기 등 소위 '영페미니스트' 운동에 대한 백래시의 일부였다. 그리고 제도화, 성숙기의 시기를 거쳐 지금의 역고소 행렬들은 '메르스 갤러리', '메갈리아', 강남역 여성살인사건, 디지털 성폭력 등을 위시로 재점화된 여성주의 운동에 대한 백래시로 볼 수 있다. 과거 전희경(2003)의 말대로, "성폭력 가해자의 역고소는 반성폭력운동의 역사와 성과에 대한 집단적 반격이다. 그것은 반성폭력운동이 성폭력을 저지르고도 별다른 처벌을 받지 않는 남성 특권에 도전하기 시작했음을 뜻한다. 사실 반성폭력운동이 급진화, 세력화되기 이전까지 남성들은 굳이 '명예훼손 역고소'라는 법의 도움 없이도 피해여성을 '말하지 못하게' 할 수 있었기 때문"이다. 더군다나 2000년 초에 자신의 명예가 훼손되었다던 수많은 가해자들은 명예훼손 역고소 이후 더 승승장구하며 자신의 분야에서 승진, 복직, 재임용되었으며, 그들의 '외적 명예'는 훼손당한 것이 없음이 증명되었다(조순경, 2002). 아직 법적 다툼이 끝나지 않은 유명 연예인 박○○의 방송조기복귀계획이 가능한 것 역시 이러한 맥락에서 이해할 수 있다.[7] 더불어 십수 년이 지나는 동안 변호사 시장은 더욱 확대되었고, 엄벌주의의 역효과로 성폭력 판단은 때때로 보수화되었으며, 온/오프라인을 넘나드는 '남성동성사회성(Homosocialty)'이 강고해지면서 '성폭력 보복성 역고소'는 더욱 확장되고 있다.

1. 연구방법과 과정

이 글에서는 성폭력 '보복성 기획고소'의 현황과 실태를 알기 위하여 문헌연구, 관련 판례 검토와 함께 '보복성 기획고소'의 피해자와 성폭력 피해자를 지원해온 변호사들을 심층 면접했다. 연구자는 2017년 여성가족부 기금사업으로 『성폭력 역고소 피해자 지원을 위한 안내서』[8]를 제작하는 과정에서 역고소 피해자들을 인터뷰했고, 그 과정에서 '보복성 기획고소'의 심각성을 절감했다. 이에 당시 면접을 진행한 사례들 중 3명의 사례를 선정했다. 또한 2018년 3월, 역고소 피해자 2인과 변호사 2인을 추가로 인터뷰했다. 인터뷰는 1회~2회, 1회당 짧게는 한 시간에서 세 시간 정도 소요되었고, 연구참여자의 일반적 특성은 다음과 같다.

성폭력 역고소 피해 경험은 성폭력 피해 경험보다 상대적으로 더 길고 복잡한 내러티브가 존재한다. 본래의 피해, 피해 이후 폭로(혹은 신고·고소)까지의 과정, 그 이후 역고소에 대응하는 과정은 한 개의

---

7 박○○의 조기복귀 소식을 듣고 지난 6월 4일, 유명연예인 박○○ 성폭력사건 공동대책위원회는 "성폭력 고발된 연예인 조기복귀를 규탄한다"는 내용의 성명서를 발표하였다(한국성폭력상담소, 2018).

8 이 안내서는 한국성폭력부설연구소 울림과 한국여성의전화가 공동제작했고, 인터뷰는 연구목적으로 활용될 것에 대하여 공동연구자들과 피면접자의 동의를 구했다.

〈표 1〉 주사례—역고소 피해경험자

사례	이름(가명)	현재 연령	성폭력 피해 특성		역고소 피해 특성	
			피해시기	피해유형	피해년도	피해유형
1	김승연	30대	20대	데이트폭력	2015-2017년	폭로글 삭제 가처분신청, 민·형사 명예훼손, 모욕, 민사소송
2	이현희	20대	20대	데이트폭력	2015-2016년	형사 명예훼손, 모욕, (다른 사건) 모욕
3	최지원	30대	20대	강간, 스토킹 등	2010-2011년	형사 명예훼손, 모욕, 강요, 협박, 위증, 무고
4	정은수	20대	20대	성폭력	2016년	명예훼손 2회
5	박수희	40대	40대	-	2015년	모욕

〈표 2〉 보조사례—피해자 지원 변호사

사례	이름(가명)	연령	성별	변호사 활동경력
1	김효진	30대 후반	여성	8년
2	양은지	40대 초반	여성	10년

피해 경험, 한 사람과의 관계가 아닌 복수적이고, 다중의 관계와 변수들을 내재하게 된다. 그러나 피해자들은 수 건에 이르는 역고소에 대응하면서 법의 언어를 훈련하고, 공유하고, 연대하는 과정을 거친다. 〈사례 1, 김승연〉은 "제가 이 사건을 포기하면 나로 인해 (역고소) 피해를 입은 사람들에 대한 책임도 다 포기하는 거라는 생각을 하게" 되어서 "끝까지 간 거"라고 말한다. 〈사례 1, 김승연〉은 결국 "좋은 결과"가 나왔고, 비슷한 처지에 있는 다른 피해자들과 연대하고, 아낌없이 정보들을 나누었다. 이처럼 이 연구의 연구참여자들은 피해자였지만 연대자였고, 지원자였다. 그 역할과 범위는 서로 넘나들고, 경계

는 느슨했다. 연구자는 성폭력 역고소의 심각성과 처절함을 직시함과 동시에 그 어느 때보다도 비공식적인 피해자들의 연대와 네트워크, 서로가 서로에게 기꺼이 떠맡아준 '책임'을 마주하면서 현재 성폭력 관련 사법절차의 모순과 반성폭력운동의 방향에 대해서 되돌아보고 배우는 계기가 되었다.

2018년을 경유하면서 한국의 근현대 역사상 가히 혁명적인 성폭력 피해자들의 피해경험 말하기 운동, Speak Out, 일명 '미투운동'이 계속되고 있다. 이 글은 한국사회의 폭력적인 제도와 문화가 어떻게 수많은 여성, 혹은 피해자들의 말문을 막고, 그 경험을 효과적으로 배제함으로써 차별적 담론을 형성해갔는가를 분석하고자 한다. 이를 통해 한국의 '미투운동'이 좀 더 세밀하고 단단하게 지속되며, 피해자들의 연대를 구축할 수 있는 대항담론을 만드는데 기여하기를 바라본다.

2. 부추겨지는 성폭력 역고소들

1) "새로운 돈벌이 수단"이 된 성폭력

"부당한 처벌을 무죄, 불기소, 집행유예로 이끕니다"

최근 몇 년 사이 인터넷에 '성범죄 전담 변호사', '성범죄 전문변호사', '성범죄 전담센터'를 키워드로 검색하면, 셀 수도 없을 정도의 광고가 나온다. 한 법무법인은 홈페이지를 통해 어떻게 '곤란에 처한' 의뢰인이 무혐의, 기소유예가 될 수 있었는지 1,867건(2018.10.12.기준)의 '성공사례'에 대하여 판결문을 실명만 지운 채로 공개하면서 많은 가해자들에게 '길잡이'가 되어주고 있다.[9] 2017년, 한 법무법인에서는 서울시내 한 지하철 역사에 아동 성추행, 강간 범죄, 기타 성범죄 등을 예시로 들면서 "부당한 처벌을 무죄, 불기소, 집행유예로 이끕니다"라고 광고해 시민의 문제제기로 광고판을 철거한 경우도 있었다.[10] 이제 성폭력의 사법적 해결은 수사·재판 담당자들의 통념이나 감수성의 문제를 넘어 변호사를 잘 만나면 해결되는 문제로 전락하고 있다.

> 최근 한 3-4년 전만 해도 변호사 광고가 그렇게 적나라하지 않았어요. (중략) 그런데 지금은 정말 블로깅 보고 찾아오는 세상이 돼버렸어요. (중략) 뭐 어떻게 뭐 합의를 해도 되는 거구, 아니면 뭐 또 자기가 책임지겠어요 사실은. 그냥 고소할 수도 있는 거고. 돈을 벌기 위해서는 정말 좋은 수단이 된 거예요. (중략) 정보 제공도 진짜 희한하게 지금 되고 있는 것 같구 오히려 아 이렇게해서 빨리 빨리 나도 변호사를 선임해서 이런 식으로 대응을 해야 되겠구나라는 것이 진짜 학습되는 거 같아요. 그리고 남초 카페 이런 데 가보면, 카페가 되게 많아요. 뭐, 어떻게 대응하는 법 이런 건데. (중략) 거기도 솔직히 말씀드리면 변호사 사무실에 직원이나 사무장이 다 상주를 하고 있어요. 걔들이 아닌 척하면서 답변을 다 해주고, 결국에 자기한테 끌어들이는 거거든요. 그런 식으로 일종의 영업 행위를 카페를 통해서 하는 경우가 되게 많아요. 변호사들도 카페 뭐 200만 원 주고 샀다, 잘 나가는 거. 그거 정말 인수해요, 서로서로. 〈보조사례 1, 김효진〉

---

9 Y○ 법률사무소, http: //www.성범죄전문센터.com/sexu/(검색일: 2018.10.12)

10 『YTN 뉴스』, 2017.4.3.

성폭력 피해자들을 주로 변호해 온 〈보조사례 1, 김효진〉의 말을 참고하면, 점점 상업화되고 있는 법률 시장 속에서 '성폭력 가해자'라는 존재는 불법과 합법 사이의 경계에서 '영업수단'이 되고, 이러한 대응책들은 일반인들에게 "학습"되고 있다. 더 나아가 보조사례 변호사들은 최근의 과열된 변호사 시장이 대응을 넘어 역고소가 부추겨지고 있다고 지적한다. 방어를 넘어 "공격"이 진행되는 것이다.

> 변호사들이 역으로 우리가 피해자를 무고나 명예훼손으로 맞고소를 하자 그러니까 방어 수준이 아니라 적극적 공격으로 나아가는 거예요. (중략) 사건을 여러 개로 벌려놓으면 수임 요구가 많아지잖아요. 사건별로 수임료 책정을 하니까 사건 불리기를 하는 게 아닌가 이런 생각이 많이 들고 심지어는 피해자가 지금 신고를 할까 말까 고소를 할까 말까 망설이고 있는 과정에서 (중략) 명예훼손 혹은 동의했다라는 이유로 공갈, 이런 식으로 선제적 공격을 들어가는 케이스가 많은 것 같고 (중략) 피해자가 소총을 쏜 거예요. 나 피해받았으니까 너도 한번 당해봐, 너도 처벌 받아봐, 총알 하나 날아오면 여기선 원자폭탄 두 알인 거예요. 근데 이게 가해자 머리에서 안 나오잖아요. 가해자 머리와 가해자 지적능력에서 불가능해요. 그니까 결국 그 지원사격하는 지도를 그려주고 실제 작업을 실행하는 변호사가 있는데 그 변호사는 그게 돈이 목적인 거예요. 그렇게까지 고소를 할 필요가 없잖아요. 소총 쏘는 사람한테 뭐 그렇게 원자폭탄을 투하해요. 피해가 어마어마한데 그리고 원자 폭탄 값은 가해자에게 받을 거 아니에요. 재료비는. 〈보조사례 2, 양은지〉

〈보조사례 2, 양은지〉에 따르면, 가해자 변호인들의 착수금은 사례에 따라 다르지만, 1500만 원~3000만 원 정도부터 시작하기도 하고, 피의자가 미성년자일 경우 소년부 송치로 끝날 일도 "형사 재판에 회부 되지 않게 해주겠다"며 의뢰비를 요구하거나, 턱없이 높은 상담비용을 요구하고 있다고 한다. 또한 일부 변호사들은 "한 건으로 가능할 사건을 몇 건으로 쪼개서 분쟁을 양산하고, 결과적으로 더 많은 수임료를 챙기는", 이른바 "성폭력이 새로운 돈벌이 수단"이 되었다는 것이다. "돈이 목적인" 변호사에게 역고소의 "재료비"는 가해자에게 받을 것이기 때문에 밑져도 본전 이상의 결과가 나올 수 있게 되는 상황이다. 또한 아래 〈보조사례 1, 김효진〉이 지원한 한 사례에서 피해자가 대학 교수에게 사실을 말하자 가해자 측은 공갈·협박 등의 역고소를 빌미로 합의금을 요구했다. 이처럼 피해자의 성폭력 공론화·신고·고소가 오히려 피해자에 대한 역고소 협박의 빌미로 작동하고, 이때 피해자들은 합의를 요구하는 가해자나 변호인들의 말을 믿고 속수무책으로 피해를 입는 경우가 계속되고 있다.

> 보통 변호사를 만나고 오면 많이 그렇게 하는 거 같아요. 상담을 받고 오면, 그게 일종의 세트로 이렇게 진짜 패키지처럼 수임을 하는 것 같아요, 요즘은. 성범죄의 피의자가 변호사 사무실을 찾아가잖아요. 그러면 거기서 어 피의자 뭐 이렇게 이렇게 해서 대응하고 너도 얘를 공격해야 된다, 무고랑 뭐 이렇게 이렇게 하자. 그래서 보통은 얘들도 이렇게 구체적으로 처음부터 너 무고죄로 고소할 거야 하는 애들보다는 구체적으로 자기들 누구를 만나고 좀 상담을 하고 나서, 한 번 해볼까? 라는 생각이 드는 것 같아요. 그리고 의외로 제가 느낀 게, 무고죄가 뭔지 특별히 알지 못하는 가해자들이 많아요. 〈보조사례 1, 김효진〉

실제로 성폭력 사건 상담·지원 과정에서 변호사를 만나고 온 후 가해자의 태도가 돌변하는 경우를 어렵지 않게 만날 수 있다. 피해 사실 문제제기 후 사과를 하고 용서를 구했던 가해자들이, 피해자의 신고·고소 후 돌연 자신이 과거에 했던 사과와 용서는 공갈과 협박에 의한 것이었다며 '위장'하는 방식이 대표적이다.[11] 그렇기에 "사과하면 범죄를 인정하는 꼴이니 피해자에게 일단 사과하지 말라"[12]는 소위 '성범죄 전담 변호사'의 조언은 매우 '현실적인' 조언이 되어버리는 것이다.

감형을 위한 법인의 '성공사례' 홍보 전략

지난 2017년 9월 14일, 전국성폭력상담소 협의회 소속의 단체들은 "성폭력 가해자의 일방적인 후원·기부는 감경요인에서 배제되어야 한다. 그것은 '반성'이 아니다"를 주장하는 기자회견을 열었다. 그간 가해자, 가해자 가족, 심지어 가해자 변호인들이 피해자의 의사와 무관하게 성폭력상담소에 후원금을 입금하고, 입금 증명서 등을 재판부에 제출하여, 형을 감경해온 사례들이 있었다. 여성단체들은 형사재판 과정 중 가해자의 기부행위에 대한 형량감경은 ①성폭력 피해자가 원치 않는, 가해자의 일방적 행위에 대한 대가라는 점, ②상담소 및 여성단체의 활동을 가해자가 악용하고 있다는 점에서 문제가 있음을 제기해왔다. 이에 성폭력상담소들을 중심으로 현황조사를 한 결과 총

---

11 [서울고등법원 2018.1.31. 선고 2017노2773 판결], [서울중앙지방법원 2017.1.17. 선고 2016고단5886 판결]에서 가해자는 피해자가 고소하기 이전에는 사과하면서 용서를 구했지만, 고소된 후 그것이 공갈, 협박에 의한 무고라고 읍소했고 두 사건 모두 피해자는 1심과 2심에서 무고 유죄 판결을 받았다.

12 『한겨레신문』, 2018.3.4.

7기관에서 101건이 기부금을 내겠다고 제안을 받았거나(87건), 납부가 확인되었다(14건). 납부가 확인된 기부금 중에는 법무법인에서 가해자 명의로 기부한 것을 역추적하여 반환한 사례로, 변호인이나 사무장이 후원하면 감형 받을 수 있다는 정보를 주어 기부했고, 변호인이 기부문의 및 기부금영수증 즉시 발급 여부 문의한 사례도 4건 있었다. 이것이 가능한 이유는 가해자의 후원과 기부가 양형을 낮추는 관행으로 여겨져왔기 때문이다. 2014년 카메라 등 이용 촬영으로 기소된 사건의 재판에서 1심은 300만 원의 벌금형을 선고했지만, 2심에서는 선고유예를 판결하면서 아래와 같이 적시한다.

> 피고인이 이 사건 범행을 자백하면서 잘못을 깊이 반성하고 있는 점, 범죄전력이 전혀 없는 초범인 점, 성폭력예방프로그램을 자발적으로 수강하고 한국성폭력상담소에 정기후원금을 납부하면서 다시는 이와 같은 잘못을 반복하지 않겠다고 다짐하고 있는 점, 피해자들과 합의하기 위해 진지한 노력을 기울인 점, 그 밖에 피고인의 연령, 성행, 환경, 직업, 범행의 동기, 수단과 결과, 범행 후의 정황 등을 비롯하여 형법 제 51조에 정해진 사항을 참작하여 개전의 정상이 현저하다고 인정되므로, 300만 원 벌금형의 선고를 유예하기로 한다. [서울동부지방법원 2015.6.18. 선고 2015노95 판결]

위의 판결문은 한 법무법인이 인터넷에 '성공사례'로 광고하고 있는 내용이었는데, 그 외에도 많은 '성공사례'들이 가해자가 '반성하고 있고', '합의 의사가 있고', '잘못을 뉘우치는 점'을 강조했고, 이로 인해 실형을 면하고 선고유예, 기소유예 등을 받았다고 홍보되고 있다. 2013년 6월, 친고죄가 폐지되고 피해자와 가해자의 합의로 고소가 취하되지 않음에도, 피해자의 의사와 관계없는 가해자의 합의 의사, 반성, 단체 후원으로 인한 감경 등의 관행이 이어지고 있는 중이다(이미경, 2017).[13]

이처럼 가해자 변호인들은 때로는 '반성'과 '합의 의사', '억지 후원' 등으로 형량을 낮추기도 하고, '억지 고소'들을 기획하여, 적극적으로 사건의 건수를 늘리고, 역고소 피해자들에게 합의를 요구하거나 협박하면서, 그것들을 '성공사례'라 칭하고, 홍보하고 있다. 한국은 피해자 유발론, 가해자 동정론, 최협의설 등의 강간문화가 강고하기 때문에 가해자가 구속을 면하여 집행유예로, 선고유예로, 기소유예로 감형되는 경우는 비일비재하다.[14] 따라서 이들의 '성공'은 이미 '성공적'일 가능성이 큼에도, 그 확률을 높이기 위한 변호전략은 점차 더 구체성을 띈다. 지난 10년간 성폭력 고소는 꾸준히 증가해왔으나, 기소율과 구속률은 꾸준히 낮아지고 있다.[15] 성폭력 고소인이 많아졌다는 것은 피고소인이 많아진다는 것을 의미하고, 성폭력처럼 보수적인 해석과 판

---

13 그 외 전국성폭력상담소 협의회 기자회견문 중 일부 참고(박정훈, 『오마이뉴스』, 2017.9.14.).

14 지난 2018년 4월 6일 진행된 「권력형 성폭력 피해자 지원 및 보호를 위한 심포지엄」에서 조현주(2018)는 업무상 위력 등에 의한 추행 범죄에서 징역 2년 6월을 선고받은 가해자의 유리한 양형사유로 추행의 정도와, 피고인의 잘못된 성인식이 적시되었음을 보고했다. '잘못된 성인식'을 가해자의 감형사유로 고려하는 재판부의 '성인식'에 대한 후속 보고와 연구가 필요해 보인다.

15 대검찰청의 2017년 『범죄분석』에 따르면, 성폭력범죄의 발생비는 2007년에 인구 10만 명 당 29.1건이었는데 2016년 56.8건으로 늘어나, 10년 동안 2배 가까이 급증하였다(대검찰청, 2018). 이는 성폭력 사건 발생의 증가만이 아니라 사회적으로 성폭력에 대한 감수성이 높아지고 있는 현상을 반영한다. 반면 2016년 『경찰범죄통계』에서 드러나듯이 강간의 불구속율은 91.2%에 이르고, 불기소율은 47.4%로 절반에 가까워(경찰청, 2017), 대중의 높아지는 감수성에 비해 성폭력의 판단 기준은 여전히 보수적인 측면이 있는 것으로 보인다.

단기준이 적용될 가능성이 큰 분야에서 그야말로 '틈새시장'이 성공적으로 확장해가고 있는 것으로 보인다.

2) 성폭력 역고소의 '기획' 패턴과 '가해자 연대'

앞 장에서 살펴본 것과 같이 확장되어가고 있는 성폭력 가해자 법률시장은 피해자에 대한 역고소를 부추기고 있으며, 이것은 피해자와 주변인에 대한 각종 고소의 남용으로 '실천'됨으로써 피해자와 주변인의 지지와 대응의지를 무력화시키고 있다. 그리고 이러한 '실천'들은 공·사를 넘나드는 '가해자 연대'를 통해 그 기반을 강고히 하고 있다.

고소남용과 "합의금 장사"

성폭력 가해자들이 피해자들을 '공격'하는 대표적인 방식은 각종 고소의 남용이다. 〈사례 1, 김승연〉은 몇 년 전, 데이트폭력 피해 경험을 SNS로 공론화했다. 공론화 직후에는 가해자에게 사과를 받기도 했지만, 가해자는 SNS에 올린 글 삭제 가처분신청, 형사 명예훼손, 모욕, 민사상 손해배상청구소송 등 2년에 걸쳐 총 5가지의 '보복성 역고소'를 진행했다. 가해자는 〈사례 1, 김승연〉이 쏟아지는 역고소에 대응하는 혼란스러운 틈을 타, 〈사례 1, 김승연〉의 공론화 글을 리트윗, 공유하거나, 본인을 비난하는 류의 글이나 피해자를 지지하는 댓글을 쓰거나, 오프라인 상의 대책위원회 등에서 〈사례 1, 김승연〉을 연대한 제3자들을 고소하겠다고 협박했다. 그리고 실제 모욕, 명예훼손 등으로 고소하기 시작했다.

2000년 초, 100인위원회에서 KBS 노동조합 간부에 의한 성폭력 사건을 공론화한 후, 가해자는 피해자들에게 명예훼손 및 협박, 100

인위 활동가에 대한 형사상 명예훼손, 이 사건을 보도한 언론사에 대한 신문인쇄발매금지가처분신청, 3개 언론사, 기자 등에 대하여 명예훼손과 민사상 손해배상청구 소송 등을 제기했다. 이 중 피해자와 연대자에 대한 명예훼손 고소는 공판 1주일을 채 남겨두지 않고 취하하는 행태를 보이기도 했으며 민사소송은 그 후 반년이 더 지난 후에 취하했다(전희경, 2003). 이처럼 당시 '진보진영' 내 성폭력 공론화에 대한 가해자들의 '보복성 역고소'는 응분과 비아냥의 형태를 보여왔다. 반면 〈사례 1, 김승연〉의 가해자는 지역과 성별을 불문하고, 수백 명을 대상으로 "모욕, 명예훼손(등)으로 고소하겠다"며 먼저 합의금을 요구하거나, 형사조정을 통해 합의금을 받아내거나, 때로는 무혐의 처분이 날 때까지 고소를 취하하지 않았다. 어떻게 자신을 '음해'하는 사람들을 찾아냈는지에 대한 기술을 SNS 상에서 공유하기까지 했는데, 이러한 '기획'의 방식은 가해자 혼자 진행하기에 불가능한 일이었음은 물론이다.

> ○○경찰서에서 출두 명령을 받은 분이 저한테 연락이 왔어요. 혹시 최초 폭로문이나, 자료 같은 게 있냐고. 본인이 조사를 받으러 가야 되는데, 그래서 이 분이랑 소통을 하면서 그 자료들을 서로 주고받고 하는 과정에서 이 분이 인제 조사를 받으러 갔더니, ○○○(가해자)가 명예훼손 모욕으로 고소한 사람이 (우리) 경찰서에만 120명인데 당신이 마지막이다. 〈사례 1, 김승연〉

〈사례 1, 김승연〉에게 제보된 사례들 외에도 다른 시·도의 경찰서에서도 조사를 받았다는 제보를 추산하면 제3자에 대한 '보복성 기획 고소'는 300건은 족히 넘을 것으로 예상된다. 〈사례 5, 박수희〉는 성폭력 피해자의 피해 공론화 글을 트위터에 리트윗하면서 가해자를 비난하는 류의 말을 올렸다가 모욕죄로 고소된 사례이다. 리트윗 1~2개월 후, 지인이 가해자에게 자신의 연락처를 넘겨줬고, 가해자로부터 "사과하고 절차를 밟으시라"는 통보를 받은 후, 또 1~2개월이 지나 경찰서로부터 조사를 받으라는 연락을 받았다. 그리고 본인이 가해자의 변호사라고 주장하는 남성에게 "200만 원에 합의를 보자"는 연락을 받았다고 한다.

> 이제 나오는데 그런 질문을 하시더라구요. 000씨 아세요? 개인적으로는 모릅니다. 그냥 고소했다고 해서 문자만 주고받았습니다. 그랬더니 그분이 **으로 유명한 분이래요. (중략) 경찰분이 그분이 매일매일 검색하면서 고소하고 있으니까 조심하시는 게 좋아요. 관련해서 많이 이야기하지 마세요. 하시더라구요. 내가 혼자 고소당한 게 아니겠구나. (중략) 왜냐하면, 그 사건으로 분노하는 사람들이 많았는데, 저 정도 발언을 한 사람도 많았고, 그랬는데 제가 타겟이 되었다면 다른 사람들도 분명히 비슷한 케이스가 있을 것 같은데 어쨌거나 다들 각개전투를 벌이겠구나 싶었어요. (중략) (미안하다고 할 마음도 있어서) 합의 장소에서 저를 만났을 때도 그래서 저한테 어쨌거나 한 번 정도는 조심하십시오. 라던가 저한테 멘트가 있지 않을까 싶었는데 그냥 기계적으로 갈 길 가시길래. 예상 밖이었죠. 〈사례 5, 박수희〉

〈사례 5, 박수희〉는 어렴풋이 자신과 같은 고소를 당한 사람들이 "각개전투"를 벌이고 있을 것을 짐작하게 되지만, 사건을 길게 가고 싶지 않아, 형사조정실에서 100만 원에 합의했다. 그러나 변호사가 대뜸 합의금을 요구하는 것이 "정상적인 케이스"는 아니었다는 것, 가해자들이 피해자를 "입막음"하는 용도로 고소가 진행되고 있다는 사실을 깨닫는다. 이러한 방식으로 〈사례 1, 김승연〉과 〈사례 5, 박수희〉를 역고소한 가해자와 법인이 얻은 수익은 상상 이상일 것으로 예상된다.[16]

가해자 연대

피해자들이 개별적으로 게토화되는 상황을 만드는 역고소들이 가능하기 위해서는 법인과의 협업 뿐 아니라 강력한 '남성연대', 즉 '가해자 연대'가 뒷받침되었기에 가능했다.

> 가해자들은 고소를 통해서 뭉치더라구요. (중략) 가해자가 제가 자발적으로 글을 내렸다는 식으로 외부에 허위 사실을 유포하면서 사건을 다른 방향으로 가져가게 만드는 거예요. 그래서 그 얘기들을 실시간으로 중계를 했어요. ○○에 자기의 고소 진행 과정을. 그래서 그걸 보고 가해자들에게 연락이 왔고 만났대요. (중략) 제가 제일 먼저 고소를 당했구요, 그리고 A 피해자 분이 고소를 당했고, 그 다음에 B 피해자 분이었거든요. 그 여러 명이 순차적으로 고소를 당했어요. 그리구 C가 연대자들이나 제3자들을 고소하고 난 직후에 A가 똑같은 형태로 제3

16 변호사인 보조사례들의 말에 따르면, 이전부터 법인이 컴퓨터 프로그램 저작권 업체에 연락하여 '대리 고소'를 자처한 후, 불법프로그램 사용자에 대하여 무작위 내용증명 발송하여 걸리는 사람들을 대상으로 "합의금 장사"를 하는 형태의 "기획 소송"이 있어 왔다고 한다. 그리고 그 아이디어가 친고죄나 반의사불벌죄에 해당하는 모욕죄 등 각종 '보복성 기획고소'에 활용된 것으로 추정하고 있다. 이동형(2017)은 저작권자가 저작권법을 위반한 자에 대하여 합의금을 요구하고, 고소인이 합의금을 받는 대가로 고소를 취소해 주는 것을 이른바 "합의금 장사"라고 칭하면서 저작권법의 문제를 제기한 바 있다.

자들에 대한 고소 이야기를 계속해서 SNS에 올리기 시작, 걔도 중계를 하기 시작했어요. 내가 누구를 고소했고, 누가 $$만원 받았다 벌금을. 그럼 그거를 그 결과 처분서를 스캔해서 올리고. 뭐 이런 식의 C와 A가 자기의 각각의 계정에서 하고 있었던 거죠. 그니까 이 폭로 건과 전혀 상관 없는, 그 이전에 있었던 어떤 그 성폭력 사건의 가해자도 이 가해자 연대에 연락이 닿아가지고 이 방법을 또 전수를 받은 거예요. 그래서 그 사람도 뒤늦게 그 피해자와 그 피해자의 연대자들에게 역고소를 시작했다는 이야기를 들었어요. 〈사례 1, 김승연〉

가해자연대가 어떤 식으로 이루어지냐면, 법인이나 변호사를 공유하고 고소대상을 비슷하게 공유해요. 이것도 되게 특이한 케이스라고 볼 수 있는데, 왜냐하면 특히 폭로를 하게 되면, 그 피해자나 연대자나 제3자들을 특정을 해가지고 그 사람들이 정보를 하게 되잖아요. 그러면 다 같이 공유를 해서 그 사람이 또 자기 리스트를 고소를 해서 똑같이 공유하는 케이스들이 있었어요. 그런 식으로. 그러니까 분명히 나는 이 건에서 끝났는데, 이분하고 연대한 게 끝나서 무혐의로 됐어. 또 연락이 온 거예요. (다른 사람한테요?) 네. 봤더니 또 둘은 가해자연대가 되어있고. 이런 식으로 알음알음알음. 그래서 예를 들어 피해자가 또 연대자의 위치에 있을 수 있잖아요, 그러면 가해자들끼리 컨택이 되면 서로 이걸 정보를 교환해서 또 고소를 해버리게 되는. (중략) 거의 동일하게, 외부 압력에 의해서 어쩔 수 없이 한 사과라고 이야기를 하는데, 이게 공통적으로 특정 단체들을 지적하기 시작을 해요. 여성단체 얘기 나오고, 페미들 얘기 나오고. (중략) 이제 특정 언론을 중심으로 해서 자기네들의 입장을 조금 더 부각해서 전달하려고 하는 그런 움직임도 지금 보이고 있고요. 〈사례 3, 최지원〉

위의 사례들을 통해 유추할 수 있는 이들의 공통된 방법은 피해자 연대자들의 리스트, 역고소의 과정과 방법을 공유하고, "언론"을 통해 자신들이 하고 싶은 말을 공유한다는 것이다. 또한 특정 조직이 "배후"에 있다거나 자신을 "음해"하려 한다는 것, 만약에 공론화 후 사과를 한 후라면 "특정단체의 협박과 위협"에 의해서 어쩔 수 없이 사과할 수밖에 없었다는 방식들이다.

가해자 연대는 이처럼 무수히 촘촘하게 짜여진 '남성연대'의 구조 속에서 실천되며, 이제 개별 가해자는 가해자'들'이 된다. 김보화(2011)는 성폭력 가해자를 심층면접한 연구에서 가해자들은 가해행위를 인정할 때에도, 부정할 때에도 '억울'해 한다고 강조했다. 가해자들은 징계를 받아서 억울하고, 징계가 높아서 억울하고, 경찰에 고소되어서 억울하고, 술에 취하면 취한대로, 술을 안 먹으면 안 먹은 대로, 그들에게 가해자라는 위치는 '억울'해서 '반페미니스트 연대'를 만드는 것으로 구상되고 있었다. 본 연구에서의 가해자들 역시 자신의 억울함을 강조하면서 피해자의 위치를 '전유'하여 '피해자화'하는 전략으로 역고소를 활용하고 있다. 또한 이것은 수사·재판 과정에서 가해자에게 공감하고 피해자를 의심하는 상황들 속에서 강화되고, 부추겨진다.

> 그리고 가해자에 대한 연민이죠 뭐. 어휴 나이도 많은 남자가 뭐 얼마나 뭐 애도 키워야 되는데 얼마나 힘들었겠니, 이런 식의 이야기를 하는 수사관이 있었어요 저한테. 그리구 이게 뭐 헤어지자고 하는 사건이었어요? 뭐 이런식으로 이야기를 하면서 그러면은 뭐 누가 헤어지자고 했는데 헤어진 거예요? 이런 식으로 아무렇지도 않게 물어보고. 그래서 제가 사건을 설명했더니 그러면 헤어지면 되는 거 아니에요?

> 이런 식으로 이야기를 하는 서기관도 있었고, 네. 굉장히 어찌 됐건 전반적으로 사법 시스템이 피해자의 편이 아니고. 〈사례 1, 김승연〉

> 경찰이 그렇게 물어봤었어요. (공론화) 글을 올린 이유가, 페미니스트로 활동하고 있다고 들었는데, 페미니스트로서 이름을 얻기 위해서 올린 거 아니냐고 물어봤어요. 진짜 충격적이죠. 어떤 상상을 하는 건지는 모르겠는데, 그런 목적 아니냐고 물어봤는데 듣고 기분이 나쁜 게 아니라 어이가 없어서, 상상 범위 밖의 그런 거라서 듣고 진짜 어이가 없었어요. 〈사례 2, 이현희〉

> 경찰이 나중에 보니까 가해자랑 막 뭐, 형님 아우 이런 식으로 지내게 되면서 결국 정보도 제대로 전달을 안 해주고 모든 게 제가 배제가 됐던 상황이었어요. 그래서 그러다가 불기소 의견으로 송치가 된 것도 모르고 있었거든요. 송치됐는데도 저한테 연락이 안 오고. 나중에 가해자가 올린 글을 보고 확인을 하고 연락을 했더니 전화를 피해요. 그리고 그제야 문자가 왔어요. 〈사례 3, 최지원〉

〈사례 1, 김승연〉의 수사관은 가해자가 "얼마나 힘들었겠니"라며, 가해자에게 공감하면서 "헤어지면 되는 거 아니냐"는 식의 반응을 보이고, 〈사례 2, 이현희〉는 "페미니스트로서 이름을 얻기 위해 (공론화 글을) 올린 거 아니냐"는 대답을 듣는다. 〈사례 3, 최지원〉 역시 가해자와 경찰이 "형님, 아우"로 지내면서 수사과정에서 "배제되었던" 경험을 말한다. 여전히 데이트폭력을 '연인 간의 사소함 다툼'으로 보는 시각, 피해자들에게 피해 이외에 다른 '목적'이 있을 것이라고 추측하는 수사관들의 오해, 남성 가해자에게 공감하는 담당자들의 언행은 용기를 내어 대응을 결심한 피해자들을 좌절시킨다.

> 사실 성폭력범죄자를 잡아야 한다. 꽃뱀을 잡아야 한다. 둘 중 하나를 잡아야 한다면 성폭력범죄자를 잡아야 되는 게, 좀 더 죄질이 무거운 거라고 생각을 하는데. 그렇다면 피해자라고 주장하는 사람을 약자라고 생각을 하고 꾸준히 좀 들어줄 수 있는 그런 게 필요한 것 같아요. (중략) 그리고 제가 진짜 이번에 명예훼손 진술하면서 느낀 건데 성폭력 피해를 말하는 것과 동시에 내가 꽃뱀이 아니라는 걸 증명해야 된다는 걸 같이 섞어서 말을 해야 하고, 법적으로 명예훼손이 아니다. 성폭력이다는 걸 증명해야 한다는 느낌을 받았거든요. 그냥 피해만 서술해서 되는 게 아니라. 그냥 명예훼손을 하려고 했던 게 아니다. 이렇게 이야기하는 게 아니라 나는 꽃뱀이 아니다라는 것부터 먼저 이야기를 해야 해서 좀 이중적으로 다가오는 것 같아요. 〈사례 4, 정은수〉

〈사례 4, 정은수〉는 성폭력을 공론화한 후, 명예훼손 피의자가 되어 조사를 받게 되었는데, 성폭력이 사실이고, 명예훼손에 해당되지 않는다는 것을 진술하는 것이 아니라 "꽃뱀이 아니다"는 이야기를 하는 것이 힘들었다고 말한다. 물론 명예훼손 성립에 있어 진실성을 고려해야 하지만, 성폭력 피해임을 진술하는 것이 아니라 "꽃뱀이 아님"을 증명해야 하는 것은 피해자에게 "이중적"으로 다가온다. 〈사례 4, 정은수〉의 말처럼 성범죄자와 꽃뱀, 둘 중 하나만 잡아야 한다면 더 죄질이 무거운 성폭력범죄자를 잡아야 하는 것이 맞을 수 있다. 공론화하는 성폭력 피해의 특징은 가해자와 권력차이가 커서 개인적, 제도적, 법적으로 이길 가능성이 적다고 판단될 때가 대부분이다. '진짜 꽃뱀'의 목적은 '금전적 거래'이기 때문에 굳이 공론화를 할 필요가 없다. 그러나 특히 한국에서는 '금전적 요구'를 전혀 하지 않아도 '피해자답지 않은 피해자'라고 판단되면 쉽게 '꽃뱀'으로 인식되고 있다. 즉 위 연구참여자들의 경험처럼 '꽃뱀'을 잡아야 한다는 수사기관의 강박은 '성폭력범죄자'들의 처벌을 묵인하는 방식으로 이어지고 있다. 이처럼 남성·가해자 연대는 단지 개별적 연대를 넘어 사회문화적으로 강고하게 연결되어 있고 이는 수사과정에서도 여실히 드러나고 있다.

성폭력 가해자들은 성폭력에 대한 통념과 신화들로 인해 대부분 자신이 가해했다고 믿지 않거나 인정하지 않거나, 기억하지 '않'는다. 그렇기에 성폭력 피해자와 가해자에게 거짓말 탐지 조사를 해보면, 둘 다 '진실' 반응이 나올 때가 많다고 한다(박은정, 2018). 미국의 falserapesociety.com이라는 웹사이트에는 철회되거나 수사가 중단된 강간 신고 사례들과 억울하게 기소당한 사람들의 관점에서 허위강간 신고 문제를 다룬 기사도 링크가 소개되어 있다(Raphael, 2013[2016]). 한국에서 역시 가해자들은 자신의 경험을 공유하는 카페[17]를 만드는 등 적극적인 대응을 펼쳐나간다. 이러한 언어들을 지지하고 구체적인 전략과 대응법을 알려주는 서적들도 출판되고 있는 형국이다.[18] 이처럼 적극적인 역고소로 공격해오는 가해자들은 어떤 면에서는 앞으로도 계속 그런 짓을 저지르겠다고 암시하는 행동이나 다름없다. 이들이 방어를 넘어 역고소로 승소했을 때, 그들의 재범은 방치될 것이다. 이때 성폭력 역고소는 '이렇게 하면 자신을 곤란에 빠뜨린 여성을 이

17 "억울하게 성범죄 누명쓴 난처한 남자(성난남자)", https://cafe.naver.com/narutoninetail(검색일: 2018.12.1.)

18 배승희(2017)는 '무고하게' 성범죄자로 고소된 실제 사례들을 중심으로 '예비 가해자'들이 참고할만한 법적 정보들을 제시하고 있다. 박원경(2015)은 수사 전 단계부터 수사, 재판 단계에서 가해자가 취할 수 있는 전략들과 하지 말아야 할 대응들, 더불어 유형별 액션플랜까지 자세하게 제시한다.

길 수 있다'는 남성연대의 인증과 확인, 더 나아가 재범에 대한 가해자 연대의 결의의식처럼 보인다.

피해자에 대한 지지와 연대를 무력화하기

성폭력 가해자들이 각종 고소를 남용하면서 추구하는 바는 우선적으로 피해자의 대응과 주변인들의 지지를 막는 것이다. 또한 가해자가 처벌받기 원하는 피해자의 기대를 무력화시키며, 문제제기한 것에 대한 보복 수단으로 활용한다.

> 지금 생각해보면. 저는 사실 정신이 나가가지고 뭐, 계속 고소를 2개월 단위로 당하니 정신이 없고 일상을 유지하기도 힘들었는데 가해자는 굉장히 전략적으로 하루하루 그 사람들을 찾아내서 고소를 하는 것을 차근차근 진행을 하고 있었고 그리고 제 주변에 연대자들을 알아내서, 신상을 알아내서 그 사람들에게 직접 개인 연락을 하면서, 그 사실이 허위 사실이다, 라는 이야기들을 계속해서 하고 있었던 거예요. 그니까는 정신을 제가 못 차리고 있는 사이에 가해자는 이만큼 진행을 해버린거죠. 그니까는 나중에 이걸 제가 다 수습하려니까는 제가 너무 많이 힘들어서 그래서 일부는 포기한 부분이 있어요. (중략) 고소장을 받을 때마다 긴장감이 없어지지 않아요. 어, 여러차례 고소를 당한다고 해도 익숙해지지 않아. 그래서 어, 근데 어찌됐건 가해자는 할 수 있는 고소는 저한테 다 한 거예요. 〈사례 1, 김승연〉

> 저는 시간을 끌려는 것 같다고 생각해요. 자문을 받게 되잖아요. 주변에서 조언을 해 주거나 상담을 받거나 하면 그렇게 조언을 하는 게 아닐까요? 일단 고소를 해라? 걔들이 고소를 하게 되는 거는, 일단 공론

화가 되고 나서 이야기가 돌기 시작하면, 당기위원회 이런 데는 끝이 나지만 고소는 엄청 길잖아요. 그 긴 기간 동안 사람들에게는 미제 사건인 거잖아요. 결론을 모르는 사건인 거잖아요. 그 시간을 벌려고 하는 것 같아요. 제가 느끼기에는. 그리고 그 시간이라는 게 고소를 당하는 입장에서는 입이 막히는 거니까 걔는 자기 하고 싶은 말을 마음껏 할 수 있고, 자기에게 유리한 방향으로 끌고 가려고 하는 게 아닐까요. 〈사례 2, 이현희〉

〈사례 1, 김승연〉이 덧붙인 말처럼 '보복성 기획고소'는 "여러 차례 고소를 당해"도 "익숙해지지 않고", "긴장"되는 일이기 때문에 공포감과 지침으로 피해자들의 지속적인 대응과 연대는 어렵고 피해자는 게토화된다. 또한 〈사례 2, 이현희〉의 말처럼 가해자들에게 '보복성 기획고소'는 "시간을 벌"어서 "자기에게 유리한 방향으로 끌고 가려"는 의도를 담고 있다. '보복성 고소'의 피해자이자 연대자인 〈사례 3, 최지원〉은 최근의 이러한 '보복성 기획고소'들이 과거와는 다른 차이점을 말한다.

일반에 알려진 기획고소는 악플을 유도를 해서, 그 다음에 이제 한 법인이 수 백 명, 수 십 명의 사람들을 대상으로 무조건 어떻게 소장을 날린 다음에 합의로 마무리하게 되는. 그런데 최근에 그런 대량고소들을 기획고소로 수사기관에서 판단을 해서, 거기에 대해 공갈이라던가 이런 식의 적용이 있잖아요. 지금 현재 2015년부터의 가해자의 기획고소는 약간 좀 다른 것 같아요. 금전적인 부분도 부분이 있는데, 입을 틀어막는데 효과적이거든요. 그러니까 어쨌든, 표현의 자유를 제한하고 연대의 틀을 막아버리고 피해자가 다시 말을 못하게 만들어버리는 그런 상황 쪽으로 가고 있어서, 그 둘의 기획고소는 약간 성격이 다른 것 같아요. 의도가. 〈사례 3, 최지원〉

위 사례의 말대로 성폭력 사건에서의 '기획고소'는 피해자의 "입을 틀어막"고 "연대의 틀을 막아버리는" 방식으로 활용되고 있기 때문에, 연대를 하기 위해 모였던 사람들은 이미 고소당한 사례들을 접하면서 활동에 제약이 생겨났고, 지지를 위한 적극적인 활동은 어려워져갔다. 그 과정에서 애초의 성폭력 사건 자체는 소실되고, 법적 분쟁을 통한 피해자의 소진이 강화되고 있다. 〈사례 3, 최지원〉은 강간과 스토킹으로 가해자를 고소한 이후 6건에 달하는 '보복성 역고소'를 경험하는데, 〈사례 1, 김승연〉, 〈사례 3, 최지원〉이 겪은 방식의 역고소들은 그간 범죄피해자들이 겪어야 했던 보복범죄의 '공적 버전'으로 보여진다[19]. 가해자와 피해자의 권력관계가 강할 때 주로 발생하는 보복범죄는 피해자가 가해자를 고소·신고한 이후 피해자나 주변인에게 이루어진다. '감히 니가 나를 건드린 것'에 대한 사적 응징인 것이다. 그런 의미에서 성폭력 피해자에 대한 '보복성 기획고소'는 '객관적이고 합리적인' 법의 이름으로 자행되는 '공적인 응징' 과정이자, '공적인 보복 폭력'이다. 사적인 보복범죄에 대한 범죄는 가중 처벌되지만, 공

19 국회입법처(2013)에 따르면 2006년에 75건에 불과하던 보복범죄가 2013년에는 5배 증가했다. 보복범죄란 사전적으로 보복('남이 자기에게 해를 준대로 그에게 해를 주는 것'이라 하여 복수, 앙갚음, 응징이 유사한 용어로 사용됨)이라는 단어와 범죄가 결합된 용어로, 검찰청은 보복범죄에 관하여 '범죄자가 또다시 피해자나 증인을 상대로 살인, 폭력 범죄를 저지르는 흉악범죄인 동시에 형사사법 질서를 무너뜨리는 중대범죄'로 정의하고 있다. 보복범죄는 사회적 약자에 대한 가해자의 범행유발 책임 전가, 보복범죄에 대한 현행법상 처벌수위 미약, 국가의 피해자 보호를 위한 조치 미흡 등이 혼합된 상황이라고 지적했다(김홍열, 2013).

적인 보복 고소의 남용은 현재 전혀 제재되지 않을 뿐 아니라, 성폭력에 대한 통념 등으로 오히려 가해자들에게 유리하게 작용되고 있다.

3. 대항은 가능한가?

1) 변호사협회의 제도적/자율적 규제

변호사들이 성폭력 가해자를 변호하는 것 자체가 문제가 아니다. 다만, 이 글의 연구참여자들이 경험한 것과 같이 사건 수를 늘리고, 합의금을 유도하고, 소모적이고 악의적인 역고소를 부추기고, '성공사례'라고 홍보하여 역고소를 남용하는 현상들에 대해서는 변호사 윤리 차원에서의 규율과 자발적인 노력이 요구된다. 특히 기사에 따르면 "무분별하게 '전문' 딱지를 붙인 광고들에 대해서, 전문분야 등록신청 분류표 상의 형사사건에는 '형사법', '군형법'만 명시되어 있고, 성범죄와 같은 세부 항목은 나와 있지 않으며, "'성범죄 전담 변호사'라는 광고의 경우 형사사건인 성범죄를 변호사 스스로 세분화해 광고한 꼴인데, 편법적이고 문제가 있다"[20]고 지적된다. 또한 「변호사법」 제23조(광고) 2항에서는 '객관적 사실을 과장하거나', '소비자에게 오해를 불러일으킬 우려가 있는 내용의 광고', '변호사의 공공성이나 피해를 줄 우려가 있는 것' 등에 대해 제지하고 있다. 특히 성폭력 가해자의 형량을 낮추거나 무죄를 받아냈던 판결문을 올리는 법인들의 경우는 가해자에게 자신이 이길 수 있을 것이라는 '오해'와 사회적으로 '성폭력 근

20 황금비 · 임재우, 『한겨레신문』, 2018.3.4.

절'이라는 '공공성'을 헤칠 수 있기에 문제가 있어 보인다.

「변호사법」 제88조는 법조윤리를 확립하고 건전한 법조풍토를 조성하기 위하여 법조윤리협의회를 두도록 되어있고, 제89조(윤리협의회의 기능 및 권한)에는 "법조윤리 실태의 분석과 법조윤리 위반행위에 대한 대책" 등을 수행하도록 되어있다. 〈보조사례 2, 양은지〉의 언급처럼 이 글에서 드러나는 '보복성 역고소', '보복성 기획고소'는 "불법의 영역이 아니고, 양심의 문제라서 그것도 능력이라는 시각이 존재한다" 따라서 양심과 능력이 대체되는 방식의 카르텔을 저지하기 위한 자체적인 실태 분석과 대책이 요구된다. 변호사의 '윤리'는 곧 변호사 직무상의 의무이자 법적인 의무(정형근, 2009)로 인식될 필요가 있다.

또한 대한변호사협회에서는 「변호사법 시행령」 제23조의 2(징계처분의 공개범위와 시행방법)에 의거하여 징계 처분된 변호사나 법인의 이름, 소속, 징계처분과 징계 사유를 홈페이지를 통해 최소 3개월부터 3년까지 공개하고 있다. 최근 [광고규정 위반]에 대한 개인과 법인에 대한 징계가 눈에 띄는데, 법무법인 경○의 경우 견책 처분의 사유는 "혐의자는 사건 유치를 위하여 불특정 다수에게 우편물을 발송하였다"는 것이고, 법무법인 현○의 견책 사유는 "[전문분야등록규정 및 광고규정 위반] 전문분야 등록을 하지 아니하고 인터넷 홈페이지 소개란 등에 '전문' 표시를 하여 광고했으며, 또한 '최고' '유일'이라는 용어를 사용하여 인터넷 홈페이지에 게시"[21]했다는 것이다. 이처럼 '성범죄 전문'을 과장하여 홍보하는 법인들에 대한 「변호사법」 차원에서의 규제를 고려해볼 필요가 있다.[22]

---

21 대한변호사협회(2018), "징계정보공개", https://www.koreanbar.or.kr/pages/discipline/list2.asp(검색일: 2018.4.1).

22 이러한 문제제기를 바탕으로 지난 2018년 8월 28일 정의당 추혜선은 의원은 피해자

더불어 대한변호사협회 회칙이나, 지방변호사회 내부 지침, 변호사 윤리장전 등에 좀 더 구체적인 윤리적 지침들을 적시하는 것도 필요하다. 특히「변호사 윤리장전」제11조(위법행위 협조 금지 등) 2항은 "변호사는 범죄혐의가 희박한 사건의 고소, 고발 또는 진정 등을 종용하지 아니한다"고 적시하고 있다. 손창완(2009)에 따르면, 미국의 경우 변호사의 자격요건으로 도덕적 품성 및 적합성(moral character and fitness) 요건 13가지를 충족할 것을 요구하고 있는데, 이 중 6번째가 사법절차의 남용(abuse of legal process)에 대한 부분이다. 성폭력 명예훼손 역고소 피해자들의 경우 대부분 불기소 혐의없음 처분을 받음에도, '밑져야 본전'으로 법인에서 이를 부추기거나, 남용하는 사실이 의심될 경우 제재 및 협회 차원에서의 자정적 노력이 필요하다. Abel(2008)은 '비행변호사'들에 대한 제재방안에 있어 변호사비를 책정할 때 2차 의견(second opinion)을 받는 것에 대한 법 제정을 주장한 바 있다. 이처럼 성폭력은 법의 해석과 판단에 있어서 기존의 통념에 영향을 많이 받는 만큼, 법인들 스스로가 자정하고 견제할 수 있는 다양한 방법들을 고민해야 한다.

마지막으로「변호사법」85조와「변호사법 시행령」제17조 2항에 따라 변호사들은 1년에 8시간 연수교육을 받도록 되어 있다. 그러나 〈보조사례 2, 양은지〉의 언급에 따르면, "2년에 한 번씩 윤리교육을 받으나 유명무실하고, 여성폭력 관련 이야기는 없었다"고 말한다. 변

를 무조건적으로 꽃뱀으로 몰아부치는 등 성평등에 저촉되는 변호사들의 광고를 금지하는 내용의 법안을 발의했다. 기사는 "자극적인 문구를 쓰거나 지나치게 피해자의 명예를 훼손하는 변호사들의 광고가 사회적 문제가 돼왔다. "꽃뱀녀 사기 조심", "꽃뱀사기 현명한 대응은 성범죄전담변호사가!" 등 무조건적으로 성범죄 피해자를 꽃뱀으로 몰아부치는 광고가 대표적"이라고 지적했다(『경향신문』, 2018.8.29.).

호사는 피해자를 변호하든지 가해자를 변호하든지 가장 젠더 감수성이 높아야 할 사회적 집단에 속한다. 대다수의 성폭력은 폭행·협박이 없이 아는 관계에서 발생하고 있지만, 여전히 폭행·협박을 명시하고 있는 법과 현실의 괴리, 남성 중심적 경험과 해석이 난무하기 때문이다. 또한 대부분의 성폭력 가해자는 피해자보다 사회·경제적으로 우위에 있는 경우가 많기 때문에 변호사 업계가 '시장화'되어갈 때, 피해자들에게 더욱 2차적 피해들을 양산할 수 있다. 따라서 변호사 교육 연수에 인권, 젠더감수성 교육을 반드시 추가해야 한다.

2) 성폭력 역고소 수사과정에서의 '적극적 조치'

조순경(2002)은 명예훼손 역고소에 있어서 '적극적 조치'를 주장한 바 있다. "적극적 조치란 과거의 차별이 영향을 미치지 않도록 하기 위하여 현재의 정치·사회·경제적 구조를 개선하는 조치로 과거의 차별로 인한 영향이 사라질 때까지의 잠정적 조치"이며, 성폭력 통념에 기반한 역고소는 과거로부터의 누적된 차별의 결과이기 때문에, 성폭력 가해자에 의한 역고소를 금지하고, 합리적 여성의 기준을 적용하는 등의 적극적 조치가 필요하다는 것이다. 이는 최근과 같은 '미투운동'의 국면에 더더욱 절실하게 고려되어야 한다. 이 글에서 살펴본 바와 같이 가해자들이 점차 '보복성 기획고소'의 형태를 모방하고 있다는 점을 감안했을 때, 오히려 역고소 피해자에 대한 더 많은 지원이 필요함에도 그 지원은 턱없이 부족한 상황이다. 여성단체 등에서 적극적으로 지원하고는 있으나 단체의 인력, 지원 범위 등에 대한 한계가 존재한다. 향후 법적으로 명시된 성폭력 피해자 지원의 범위를 역고소 피해자 지원까지 적극적으로 확대할 필요가 있다.

수사·재판 과정에서 성폭력 피해자 권리보호

현재 성폭력 피해자들은 「성폭력범죄의처벌등에관한특례법」, 「형사소송법」, 「특정강력범죄의처벌에관한특례법」, 「특정범죄신고자등보호법」 등에 제시된 피해자 권리보호제도[23]를 활용할 수 있게 되어있지만, 성폭력 역고소로 피의자가 되는 순간 이러한 권리를 보호받지 못한다. 대표적으로 가명조서를 작성할 수 없어 실명이 노출되거나, 수사과정에서 신뢰관계인 동석을 할 수 없다. 또한 무고와 명예훼손의 경우 먼저 성폭력 사실 여부에 관한 조사를 해야 함에도 성폭력에 대한 이해가 상대적으로 적은 경제팀 등에서 남자 경찰에 의해 조사받는 경우가 많아 진술에 어려움을 겪고 있다. 따라서 성폭력 역고소의 경우 성폭력 수사에 훈련된 여청계에서 조사하는 지침이 필요하다. 더불어 본문에서 서술한 바와 같이 가해자 및 가해자 주변인들은 피해자 뿐 아니라 피해자를 지지하는 가족, 주변인들에게도 역고소의 범위를 확장하고 있는 바, 주변인들에 대한 역고소까지 지원을 확대할 필요가 있다.

또한 지난 2018년 5월, 대검찰청은 성폭력 수사가 끝날 때까지 무

---

23 ①수사·재판 단계: 성폭력전담수사관에게 조사받을 권리, 법률조력을 받을 권리(성폭력피해자 국선변호사, 무료법률구조), 의사소통 보조를 받을 권리, 신뢰관계에 있는 사람과 동석할 권리, 비밀보장을 받을 권리, 신변안전조치를 받을 권리(범죄피해자 위치확인장치 및 이전비 지원제도), 모욕적이거나 반복되는 조사를 받지 않으며 인권을 보호받을 권리, 진술 내용을 비디오 녹화촬영 등으로 보존할 권리, 공판기일 전에 증거보전을 신청할 권리, 의견을 제출하고 서류를 열람·등사할 권리, 처분결과를 알 권리, ②재판의 증인진술 단계: 진술할 권리, 피고인의 퇴정을 요구할 권리, 비공개 심리를 신청할 권리, 법정 외에서 증인신문을 받을 권리, 비디오 중계장치 등에 의한 증인신문을 받을 권리, 불필요한 반복증언을 요구받지 않을 권리, ③재판이후 단계: 선고 결과를 알 권리, 가해자에 대한 보석이나 집행정지의 취소를 요구할 권리 등

고죄 수사를 하지 못하도록 수사매뉴얼을 개정했다고 보도했는데, 담당 수사관마다 '성폭력 수사가 끝날 때까지'에 대한 이해가 다르고 명확한 지침이 없어 지원 과정에서의 어려움들이 보고되고 있다. 즉, 성폭력 수사가 검찰에서 불기소처분을 받았을 때까지인지, 검찰 항고를 거쳐 항고 기각된 때까지인지, 재정신청을 한 결과가 나온 때까지인지에 대한 기준을 확인하기 어려운 상태이다. 따라서 수사매뉴얼의 정확한 개념 규정과 더불어 각 검찰청에서의 실행여부가 모니터링되어야 한다. 미국과 영국의 방패법(Rape Shield Law)[24]이나 IACP[25]의 수사지침 등을 적극적으로 참고하고 훈련하여, 피해자들이 역고소의 수사·재판 과정에서 2차 피해에 노출되지 않도록 해야 할 것이다.

역고소 남용의 제한

현재「검찰사건사무규칙」제69조(불기소처분) 4항에서는「형사소송법」

24 미국 연방 증거법 412조(Federal Rules of Evidence Rule 412)는 강간 피해자에 대한 보호막(Rape Shield)규정이라고 불리며, 성폭력 피해여성에게 불리한 증거를 배제할 수 있을 근거로 작용하고 있다. 성적 위법행위와 관련사건의 민·형사 소송에서 피해자의 과거의 성적 행위(Sexual behavior)나 성적 성향(Sexual predisposition)에 관한 증거를 배척하고 있음을 분명히 하고 있다. 과거의 성적 행위란 실체 육체적 성관계, 성접촉 또는 이를 암시할 수 있는 모든 과거 행위를 포괄하는 것으로 파악된다. 성적 성향이란 직접적으로 성적 행위를 언급하지 않지만 이를 암시적으로 알릴 수 있는 다른 모든 자료를 의미한다. 또한 성폭력 범죄 피해자의 과거 성관계 이력과 성향이 형사재판에서 증거로 사용되는 것을 제한할 뿐 아니라, 피해자의 과거 고소전력을 문제 삼는 것 또한 판례를 통해 금지하고 있다(고미경, 2016).

25 1893년 설립된 국제경찰장협회(IACP, International Association of Chiefs of Police)는 경찰 대상 교육훈련자료와 범죄 수사 및 조사 시 반드시 수행해야 할 가이드라인 등을 개발·보급해왔으며, 특히 성범죄사건의 수사 및 피해자 조사 지침을 마련하는데 있어 상당한 수준의 성인지성을 갖추고 있는 것으로 평가되고 있고 한국 역시 회원국이다.

第223조, 第225조부터 第228조까지의 규정에 따라 고소권자가 아닌 자가 고소한 경우, 고소·고발장 제출후 고소인 또는 고발인이 출석요구에 불응하거나 소재불명 되어 고소·고발사실에 대한 진술을 청취할 수 없는 경우, 고소·고발 사건에 대하여 사안의 경중 및 경위, 고소·고발인과 피고소·피고발인의 관계 등에 비추어 피고소·피고발인의 책임이 경미하고 수사와 소추할 공공의 이익이 없거나 극히 적어 수사의 필요성이 인정되지 아니하는 경우 및 고발이 진위 여부가 불분명한 언론 보도나 인터넷 등 정보통신망의 게시물, 익명의 제보, 고발 내용과 직접적인 관련이 없는 제3자로부터의 전문(傳聞)이나 풍문 또는 고발인의 추측만을 근거로 한 경우 등으로서 수사를 개시할만한 구체적인 사유나 정황이 충분하지 아니한 경우 사건을 각하하도록 되어 있다. 이 규정들에 비추어보면 가해자에 의한 성폭력 무고는 "고소·고발 사건에 대하여 사안의 경중 및 경위, 고소·고발인과 피고소·피고발인의 관계 등에 비추어 피고소·피고발인의 책임이 경미하고 수사와 소추할 공공의 이익이 없거나 극히 적어 수사의 필요성이 인정되지 아니하는 경우"에 해당될 수 있다. 수사관은 성폭력 고소·고발에 따른 가해자의 보복적 의도가 의심될 경우 각하할 수 있는 지침이 필요하다.

성폭력 명예훼손 역고소는 당사자들 간의 시간적, 경제적, 정신적 피해를 초래하고 법관들의 업무를 가중시킨다는 점에서 고소권이 남용되는 것으로 볼 수 있다. 특히 소송 제기자가 패소 판결 받았으면서도 소를 제기하여 상당성을 잃었다고 인정되는 경우 부당제소로 인한 손해배상을 해야 하고, 피해자와 관련자들에게 위자료를 지급할 필요가 있다. 순수하게 개인적인 차원이 아니라 공익적인 관점에서 공론화된 사실에 대하여 부당하게 고소함으로써 피해자와 관련자를 위협하거나 협박하는 수단으로 악용하는 것은 그 자체로서 기본권 남용일 뿐만 아니라, 국민의 알 권리와 표현의 자유를 위축시키는 효과(Chillng Effect)를 가져온다는 점에서 억제되어야 한다(박선영, 2003). 또한 고소권 남용의 범위에 있어서 주관적 요건은 상대에게 오로지 고통을 줄 목적, 상대방으로부터 금전적 이득을 꾀할 목적, 협박의 목적으로 구분할 수 있고, 객관적 요건으로는 공서양속 또는 사회질서 이념의 고려와 이익형량에 의한 고려로 구분될 수 있다. 이에 「형사소송법」에 고소제한에 대한 규정을 두고 이에 관한 자세한 사항을 「형사소송규칙」에 담거나 독자적인 규칙을 제정하는 방안을 생각해볼 수 있다(김혜경, 2017).

명예훼손과 위법성 조각 사유 확대

현재 「형법」 제307조(명예훼손)은 "①공연히 사실을 적시하여 사람의 명예를 훼손한 자는 2년 이하의 징역이나 금고 또는 500만원 이하의 벌금에 처한다. 〈개정 1995.12.29.〉 ②공연히 허위의 사실을 적시하여 사람의 명예를 훼손한 자는 5년 이하의 징역, 10년 이하의 자격정지 또는 1천만원 이하의 벌금에 처한다."고 적시하고 있는데, 통상 1항을 '사실적시 명예훼손', 2항을 '허위사실 명예훼손'으로 표현한다. 이를 근거로 가해자는 피해자가 성폭력 사실을 주변에 알리거나 SNS, 온라인 등에 공론화할 경우 명예훼손으로 역고소하겠다고 위협하거나 실제로 역고소하고 있다. 그러나 위 사실적시 명예훼손은 「형법」 제310조 위법성의 조각 규정에 따라 그 행위가 진실한 사실로서 오로지 공공의 이익에 관한 때에는 처벌하지 않도록 되어 있다. 특히 2003년 대구에서 대학교수인 가해자가 피해자와 여성단체에 자행한 명예훼손 역고소에서 대법원은 성폭력 피해 공론화는 '공공의 이익'에 해당하므로 위법성이 조각된다고 판시했고, 이후 성폭력 명예훼손 역고소 판례들에서 자주 인용되고 있다.[26]

2018년 3월 8일, 정부는 「직장 및 문화예술계 성희롱, 성폭력 근절 대책」을 발표했다. 이 중 피해자 보호 및 2차 피해 방지 부분에서 "피해자가 가해자로부터의 소송 등 2차 피해에 대한 두려움 없이 피해사실을 공개할 수 있도록 사실적시 명예훼손죄의 경우 수사과정에서 위법성의 조각사유를 적극 적용하기로 했다"고 밝혔다. 그러나 이것이 정작 수사·재판 담당자들에게 어떤 지침 등을 통해 공유되었는지 확인하기 어려운 상황이다. 이러한 절차적 개선안들이 권고에 그치지 않도록 실질적인 내부 지침을 통해 명문화할 필요가 있고, 이것이 누적된 여성 차별의 결과로서 '적극적 조치'의 일환임을 사회적으로 설득하는 과정이 필요하다.

더불어 현재 「민법」 제764조(명예훼손의 경우의 특칙)는 타인의 명예를 훼손한 자에 대하여 법원은 피해자의 청구에 의하여 손해배상에 갈음하거나 손해배상과 함께 명예회복에 적당한 처분을 명할 수 있다고 명시하고 있으나 위법성 조각사유에 대한 규정은 없다. 성폭력 가해자들이 민사소송을 통해 피해자에게 금전적 불이익을 주거나 위협하는 사례를 참고하여 위법성 조각사유를 민법에까지 확대할 필요가

---

26 "……학내에서 발생한 성폭력 문제는 국민이 알아야 할 공공성, 사회성을 갖춘 공적 관심사안으로서 사회의 여론형성에 기여하는 측면이 강하고 순수한 사적인 영역에 속하는 것이라 할 수 없으며 (중략) 피해자는 스스로 강제추행을 저질러 위와 같은 명예훼손적 표현의 위험을 자초한 사실 (중략) 인터넷 홈페이지 또는 소식지에 위와 같은 내용을 게재한 행위는 학내 성폭력 사건의 철저한 진상조사와 처벌 그리고 학내 성폭력의 근절을 위한 대책 마련을 촉구하기 위한 목적으로 공공의 이익을 위하여 한 것으로 봄이 상당하고, 달리 비방의 목적이 있다고 단정할 수는 없다고 할 것이다." [대법원 2003도2137 판결문 일부]

있다.

또한 사실적시 명예훼손의 위법성 조각사유인 진실성 및 상당성을 판단할 때, 성폭력 사건일 경우에는 강간 등의 유죄입증을 위한 판단보다 완화할 필요가 있다. 적시된 성폭력 사건에 대한 사건처리가 불기소 내지 무죄판단이 되더라도 명예훼손의 진실성 판단과 분리해야 하며, 이러한 기준을 적용하여 불기소 내지 무죄판결 이후 성폭력 피해를 주장한 사람에 대한 무고 및 명예훼손 역고소 남용의 피해를 막을 필요가 있다. 이에 성폭력 피해자에 대한 명예훼손 역고소 남용에 대해서는 불기소 처분시 무고 인지를 원칙으로 하여 억제할 필요가 있다(장다혜, 2018). 무엇보다 성폭력 공론화로 인한 명예훼손 역고소를 '공공의 이익'으로 판단할 수 있도록 수사·재판 담당자들의 성인지 감수성이 확대되어야 한다.

3) '피해자다운 피해자'에 도전하다

'싸우는 주체'로서 성폭력 피해경험자

이 글의 연구참여자들이 성폭력에 이어 역고소까지 남발하는 가해자들에게 대항하는 가장 적극적인 방법은 피해자에게 이미 존재해있던 힘을 발견하고, 이를 연대의 힘으로 강화하는 것이었다. 법적 대응 과정에서 많은 피해자들이 개인적으로 사선 변호사를 선임하기도 하지만 변호인들의 전문성과 감수성의 한계로 스스로 대응해야 하는 경우들이 발생한다.

> 실제로 이 변호사 같은 경우에는 제가 인제 자료를 만들어서 뭐, 데이트폭력에 관한 논문 같은 것들을 자료로 만들어서 변호사한테 검찰에

제출을 해달라고 보냈는데 안 했어요, 자기 임의로. 데이트폭력이 법률적인 용어도 아니고, 이것은 변호사한테 보내봤자 뭐 참작도 안된다, 읽어보지도 않는다고 확언을 하면서 저한테 안 보내겠다라고 이야기를 했었거든요. 그래서 그거를 검찰에 직접 접수를 했어요 제가. 어찌됐건 제가 피고소인이니까 법률 대리인 통하지 않고 직접 접수를 해서 인용이 된거고. 〈사례 1, 김승연〉

피해자들은 '약하기만한' 존재가 아니다. 그/녀들은 매공판에 적극적으로 참여하면서 적극적으로 증거를 수집하고, 검사와 재판부에 연락을 취했다. 현재 법조항에 없는 폭력들은 연구물을 뒤져 자료를 제출했고, 때로는 본인의 변호사와 논쟁하고 설득하기도 했다. 〈사례 1, 김승연〉의 경우 데이트폭력에 관한 논문들을 법원에 제출해달라고 변호사에게 요청했지만, 보내주지 않아서 직접 검찰에 제출했는데, 그 연구자료들이 명예훼손 무혐의 결정문으로 인용되는 경험을 했다. 〈사례 2, 이현희〉의 경우에도 변호사는 자료를 보내봤자 검사들이 보지 않을 것이라고 만류했지만, 현행 법상 공백 상태에 있는 데이트폭력과 관련된 각종 연구자료들을 제출하여, 명예훼손 무혐의 판결을 받았다.

그래서 저는 실형선고까지 나오기는 어렵다고 주변에서 다들 그랬거든요. 이거는 집행유예도 간신히 나올까 말까다 그런 상황이었는데, 그냥 매 공판에 갔어요. 매 공판에 가서 맨 앞자리에 앉아서 판사한테 각인을 시켰죠. 그리고 이제 공판과정에서 얘가, 피고인이 헛소리를 하게 되면, 가해자가 허위 사실을 주장을 하거나 아니면 이상한 말을 하게 되면 바로 관련내용 정리해서 진정이랑 자료제출하고. 재판부에

> 직접제출하고요. (중략) 제가 계속 공판검사한테도 연락을 취하고 적극적으로 대응을 했어요. 그래서 결국은 구형한 것에 반 정도밖에는 안 나왔지만. 법정 구속이 되는 거를 눈앞에서 확인을 했고요. (포인트는) 저 같은 경우에는 피해 당사자의 적극적인 개입이었지 않았을까? 그러니까 사실 아시겠지만 수사재판과정에서 피해 당사자의 개입이 아주 제한이 되어 있고요, 그래서 제가 알 수 있는 정보가 한계가 있었기 때문에 전 현장에서 다 발로 뛰었었어요. 직접 찾아가기도 하고. 그런데 모든 피해자가 이럴 수는 없겠죠. 〈사례 3, 최지원〉

〈사례 3, 최지원〉의 적극적 대응의 경험은 기존의 '피해자다운 피해자'의 이미지가 피해자들에 의해 도전받는 과정을 드러낸다. 이 글의 사례들처럼 피해자들은 더 이상 숨어있거나, '수치스러운' 감정만으로 피해를 인식하고 있지 않다. 단체나 법률조력인의 도움을 받기도 하지만, 스스로 적극적으로 대응하며, 그 과정에서 피해의 언어를 재구성하고, 객관화해가면서 임파워먼트되고 그 힘은 또 다른 피해자들과의 비공식적 연대로 이어지고 있다.

그간 성폭력 피해자들이 법·제도적 체계 속에서 피해를 인정받기 위해서는 성폭력으로 인한 고통을 '증명'해야 하는 딜레마에 빠져야 했다. 그러나 이 글의 사례들에서 알 수 있듯이 '나약한 피해자'는 만들어지는 것에 불과하며, 이와 반대로 '강한' 피해자 역시 힘과 연대 속에서 만들어질 수 있다. 피해자가 모두 강해야 한다거나, 힘들지 않다는 말을 하는 것이 아니다. 중요한 것은 다양한 피해자의 모습이 있다는 것, 피해자들은 언제나 무기력하게 있는 것이 아니라 각기 자신의 자리에서 최선을 다해 싸우고 있다는 점이다. 피해자들은 분노와 고통 속에서도 생존에 대한 에너지, 지각력을 지니며, 부정적이고 긍정적인 삶의 영역의 경계를 오가며 새로운 생명력을 지니는(정국, 2012) 존재로 이해되어야 한다. 이제 수동적인 '피해자다운 피해자' 상은 폐기되어야 하고, 그 자리에 주체로서 다양한 피해자의 경험과 투쟁의 과정이 채워져야 한다.

피해자와 연대자의 느슨한 경계와 피해자 리더십

주체로서 피해자들은 피해자이자 연대자로, 연대자이자 생존자로서 서로의 경계는 느슨해지는데, 그 힘들이 '연대'의 방식으로 만날 때 폭발적 에너지로 이어지고 있다.

> 그리고 당사자도 있었고 당사자가 아닌 분도 있었는데 어찌됐건 각자의 위치에서 다 피해자에게 연대를 하거나 아니면은 본인의 사건을 해결하고 있는 사람들이었고. (중략) 서로서로 어떤 그 연결점이 만들어지면서, 뭔가 만나기 전에는 전부 다 각자 거의 자포자기하고 있던 피해자들 되게 많았거든요. 저도 약간 그런 상태였었고. 근데 인제 만나면서 아, 이게 출구가 있다, 라는걸 확인을 하는 순간 어 인제 그 포기에서 조금 더 한 단계를 넘어선, 뭔가 해결을 할 수 있단 에너지를 얻는? 그런 과정들이 계속 연달아서 이렇게 연쇄적으로 있었어요. 그러면서 한 건이 이기면 다 같이 너무 기쁜 거고, 또 다른 피해자들을 위한 사례가 되는 거잖아요. 그거는 한 건이 이긴 것은 그걸로 그치는 게 아니라 또 그 정보를 서로 공유하면서 그런 것들이 인제 연쇄적으로 일어났죠. 근데 그게 저한테는 되게 큰 피해 경험에서 벗어나는 과정이 되었던 것 같아요. 왜냐면 제가 뭐 심리상담을 받고 정신과를 다니고 이런 것들도 물론 저한테 도움이 되었겠지만 사실 그것만으로는 힘들었을 것 같거든요. 그래서 서로 여성들과 만나서 토론하고 정보를

공유하고 서로 지지하는 그룹이 있다라는 것을 확인하는 과정들이 굉장히 많은 힘이 된 것 같아요. 〈사례 1, 김승연〉

〈사례 1, 김승연〉, 〈사례 2, 이현희〉, 〈사례 3, 최지원〉 모두 기나긴 역고소의 대응 과정에서 가장 도움이 되었던 것은 피해자들이 주는 정보와 경험이었다고 말한다. 그리고 이들은 적극적으로 다른 피해자들을 지지하면서 여러 층위의 방식으로 연대하고 있다.

그냥 처음에 어떻게 연대를 하겠다는 그런 각오를 갖고 있던 건 아니고, 그냥 자연스럽게. 자연스럽게 정보를 조금씩 전달하다 내가 할 수 있는 부분이 있겠다 싶어서 처음에는 할 수 있다고 생각을 해서 접근을 했고요, 그러다 보니까 결과가 하나씩 좋게 쌓이니까 그다음에 하고 싶더라고요. 그리고 이제는 책임이 조금 더해지면서 해야 할 일도 있다고 봐요. 〈사례 3, 최지원〉

피해자에서 지금은 익명의 연대자로 많은 피해자들에게 대응전략과 방법을 공유하고 있는 〈사례 3, 최지원〉의 활동은 연대의 의미를 돌아보게 한다. '자연스럽게', '정보를 조금씩 전달하다'가 "결과가 좋게 쌓이고", "이제는 책임이 조금 더해지면서 해야 할 일"이라고 생각하게 되었다는 과정은 누군가를 '돕는', 시혜적인 차원의 활동이 아니라, 여성이자 피해자로서의 경험들을 사회구조적 문제로 인식하고, 다른 피해자와 함께하면서 새로운 언어를 만들어가는 여성주의운동, 반성폭력운동의 시작과 과정을 압축해서 보여준다. 또한 성폭력과 성폭력 역고소 수사·재판 과정이 단순히 피해자를 '억압'하고, 패배적인 피해자로만 인식되는 과정이 아니라, 승리의 결과를 축적하고, 또한 법적으로 이기지 못하더라도, 그 과정에서 나의 잘못이 아님을 확인해가는, 피해자만이 아니라 운동가로서 임파워먼트 과정이 될 수 있음을 보여준다.

> 당신한테 돌을 던지는 사람이 열이라면 당신한테 연대하고 싶어하는 사람 100이니까 그 열에 대부분 갇혀 있거든요. 저도 그랬고 초반에 그랬고. 근데 인제 그렇지 않은 사람들이 100이 있으니깐, 어 그런 여성들과의 관계를 유지하면서 연대를 해나가고 우리 잘 싸울 수 있다는 이야기를 하고 싶어요. 〈사례 1, 김승연〉

위 사례의 말처럼, "피해자에게 돌을 던지는 사람보다 연대하고 싶어하는 사람들이 더 많다"는 것이 기억될 필요가 있다. 그러나 대응을 하는 것도, 침묵하는 것도, 포기나 체념도, 꼭 강하게 대응해야 한다는 "강박"도 없어도 된다. 그 모든 것들은 살아남은 피해자들이 선택할 수 있는 다양한 선택지일 수 있다. 많은 성폭력 피해자들이 피해 이후 좌절의 시간을 거치지만, 다른 피해자들의 말하기에 힘을 얻어 자신의 경험을 '피해'로 네이밍하며 공론화를 결심한다. 그러나 그 후 온갖 역고소들로 피의자로 전환되기도 하지만, 서로의 연대를 통해 대항의 노하우, 지혜들을 축적하고 더욱 강해진다. 피해자이자 연대자로, 연대자이자 경험자이고, 전문가로서 이들의 경계는 느슨하며, 당사자의 힘들이 만날 때 폭발적 에너지로 이어지고 있다. 물론 없었다면 좋았을 일이지만, 가해자 개인, 언론·변호사업계의 시장화 등 피해자를 불리하게 만드는 온갖 종류의 '보복'에도 불구하고 여성들은 서로의 생존에 연대하며 '아직' 더욱 강해진 모습으로 살아있다.

한국성폭력상담소(2011)는 '피해자다움'의 이미지를 넘어 피해 경험자가 가진 다양한 힘을 '피해자 리더십'으로 명명했다. 사건에 대해 제일 잘 알고 있는 사람은 피해 경험자라는 것, 피해자는 다양한 선택을 할 수 있고, 자신을 위해 순간순간 많은 판단과 행동을 이미 해왔다는 것, 상처받아본 사람이 세상을 더 깊이 보게 된다는 것, 그리고 다른 존재와의 공존에 대한 성찰 능력을 발휘할 수 있는 힘을 갖게 하는 것이 '피해자 리더십'이다. 이미 많은 피해자들에게 리더십이 존재한다. 다만 그것을 우리사회가 어떠한 언어로 명명하고, 지지할 것인가의 문제이다.

4. 누구의 말하기를 더 신뢰할 것인가?

이 글에서는 성폭력 가해자들이 피해자와 연대자, 지지자들을 위협과 압박의 수단으로 삼고 있는 '보복성 역고소', 특히 '보복성 기획고소'에 주목하여, 성폭력이 '시장화'되어가고 있는 현황과 수법, 그리고 그것들을 부추기고 지지하는 사회구조적인 '가해자 연대'와 패턴에 대해 살펴보았다. 이러한 '보복성 역고소'들에 대항하기 위해서는 변호사협회의 자율적 규제, 수사·재판 과정에서의 '적극적 조치', 관련 법 제·개정과 피해자 중심적인 해석 등이 요구되지만, 피해자들의 경험에서 알 수 있는 가장 적극적인 대항은 사실 피해자에게 이미 내재되어 있는 힘과 연대로부터 비롯된다.

2018년, 한국의 미투운동은 그간에 성폭력을 제대로 말할 수 없었고, 말해도 정당한 징계나 처벌을 받지 못했던 사건들의 임계치가 폭발한 것으로 성폭력 피해의 말하기는 성폭력이 개인적, 사적인 문제가 아니라 사회적이고, 공적인 문제임을 확인하는 과정이다. 그러나

이 글에서 살펴본 바와 같이 피해자의 공적인 말하기를 사법절차를 이용한 사적 보복으로 되갚고 있는 가해자와 이를 부추기는 법인들에 대한 문제제기가 필요하다. 더불어 피해자들의 '말하기'는 법적 처벌의 대상이 되어서는 안 될 뿐 아니라 오히려 더욱 안전하게 말할 수 있는 사회적 안전망이 갖춰져야 할 것이다.

그동안 우리 사회는 소위 '꽃뱀'과 성폭력 피해자를 경쟁시키고, '진짜 성폭력'의 검증과 가해자의 명예, 더 구체적으로는 성폭력 피해자가 느꼈을 것이라 '상상'하는 '수치심'의 정도와 가해자의 사회적 명예를 경쟁시키는 방식으로 성폭력을 위치지어왔다. 중요한 것은 피해자가 얼마나 '수치'스러웠는가, '꽃뱀'인가 아닌가, 가해자의 명예가 얼마나 훼손되었는가의 문제가 아니다. 피해자는 왜 그것을 성폭력이라고 인식하는가, 한국 사회는 동의에 대한 가해자의 '오해'와 '착각'을 얼마나 깊이 지지해왔는가, 무엇보다 우리 사회는 누구의 말하기를 더 신뢰하고 있는가에 대한 성찰적 물음이다.

이제 성폭력과 2차 피해의 정의는 각종 보복성 고소를 포함하는 의미로 확장되고 있고 이에 따른 운동의 전략과 문제제기가 계속되어야 한다. 이 과정에서 성폭력 사건의 처리와 과정이 법의 언어에 매몰되고 있는 상황들에 대한 심도 깊은 고민이 필요하다. 성폭력과 같은 '정치'한 분야가 법의 테두리 안에 갇혀질 때, 성폭력의 의미와 구성, 젠더폭력의 위계와 구조적 폭력에 대해 저항할 수 있는 언어들이 사장되기 때문이다. 사법처리 과정이 가지고 있는 가능성을 극대화하되, 그것의 한계를 직시하면서 이에 관한 후속 연구가 계속되어야 할 것이다.

참고문헌

강경화(2012), 『성폭력 피해여성 무고죄 적용 요인 분석: 검찰 수사과정 중심으로』, 성공회대학교 대학원 석사학위논문.

경찰청(2017), 『2016 경찰범죄통계』, 경찰청.

고미경(2016), "성폭력 피해자가 피소된 사건에서의 법적 지원", 한국성폭력위기센터, 『성폭력 피해자가 피소된 사건에서의 법적 지원』, 49-58쪽.

김보화(2011), 『성폭력 가해자의 '가해행위' 구성과정에 관한 연구』, 이화여자대학교 대학원 석사학위논문.

김선화(2019), "피해자의 범죄피해 사실적시와 명예훼손죄의 성립: 성폭력 피해자를 중심으로", 한국젠더법학회, 『젠더법학』, 제11권, 47-92쪽.

김재현(2019), "사실적시 명예훼손죄의 존폐론", 고려대학교 법학연구원, 『고려법학』, 제93권, 143-193쪽.

김혜경(2017), "고소권 제한원리로서 권리남용금지원칙의 도입에 관한 연구", 한국피해자학회, 『피해자학연구』, 제25권 1호, 29-69쪽.

김홍열(2013), "최근 보복범죄 발생 현황과 시사점", 국회입법조사처 주최 「보복범죄 방지를 위한 범죄피해자 인권 강화 방안」 자료집 발표문(2014.9.16).

대구여성의전화(2003), 「성폭력 가해자에 의한 대구 성폭력 명예훼손 판결 분석 토론회」 자료집 발표문(2003.8.29).

대검찰청(2018), 『2017 범죄분석』, 대검찰청.

대법원 법원행정처(2012), 『여성·아동·장애인 성폭력 피해자 증인 보호와 지원에 관한 연구』, 대법원 법원행정처.

박선영(2003), "성폭력 사실의 공론화와 명예훼손", 법조협회, 『法曹』, 제52권 7호, 45-90쪽.

_____(2007), "법여성학 관점에서 본 성폭력과 명예훼손", 한국성폭력상담소 엮음, 『성폭력, 법정에 서다』, 서울: 푸른사상사, 310-359쪽.

박원경(2015), 『성범죄 사건 경찰조사에서 합의, 재판까지 사건별 시간별 대응전략』, 서울: 지식공간.

박은정(2018), "#Me too, #With you: 새로운 민주주의를 상상하다", 한국여성학회 주최 「성폭력을 말하다, 민주주의에 도전하다」 라운드 테이블 발표문(2018.6.16).

배상균(2018), “사실적시 명예훼손행위의 규제 문제와 개선방안에 관한 검토”, 한국형사정책연구원, 『형사정책연구』, 제29권 3호, 163-190쪽.
배승희(2017), 『덫에 걸린 남자들: 위험에 빠진 무고한 남자들을 위한 위기관리솔루션』, 서울: 북랩.
소병도(2017), “성폭력 범죄에 있어서 무고죄 수사의 개선방안”, 홍익대학교 법학연구소, 『홍익법학』, 제18권 2호, 261-284쪽.
손창완(2009), “법률서비스시장의 진입규제와 변호사가 전속적으로 제공하는 법률서비스의 범위”, 법조협회, 『法曹』, 제58권 7호, 249-277쪽.
신주호(2010), “경찰수사절차상 성폭력피해자의 인권보호를 위한 개선방안”, 충남대학교 법학연구소, 『法學硏究』, 제21권 2호, 153-180쪽.
셰도우핀즈(2016), 『SP-01: 비평적 개인으로서의 피해자를 위한 젠더 폭력 법정 대응 안내서』(미간행).
오경식(2014), “성폭력피해자 보호를 위한 제도적 개선방안”, 원광대학교 경찰학연구소, 『경찰학논총』, 제9권 2호, 93-113쪽.
이동형(2017), “저작권 침해에 대한 형사처벌조항의 검토”, 부산대학교 법학연구소, 『법학연구』, 제58권 1호, 253-280쪽.
이명신·양난미(2012), “성폭력 수사에 있어 이차피해 과정: 남성 경찰관을 중심으로”, 한국여성정책연구원, 『여성연구』, 제83권, 149-197쪽.
이미경(2012), 『성폭력 2차 피해를 통해 본 피해자 권리』, 이화여자대학교 대학원 박사학위논문.
_____(2017), “일방적인 후원/기부가 감경사유가 된 판례와 피고인 변호 전략의 문제점”, 전국성폭력상담소협의회 주최 「성폭력가해자의 일방적인 후원/기부 감경요인 배제 촉구 기자회견」 발표문(2017.9.14).
이원상(2018), “미투운동에서 나타난 성범죄 대응 법체계의 문제점과 개선점”, 조선대학교 법학연구원, 『法學論叢』, 제25권 2호, 3-31쪽.
이주락(2008), “피조사자의 신뢰성에 대한 수사관의 편견 연구”, 경찰대학, 『경찰학연구』, 제8권 1호, 111-134쪽.
이재석(2016), 『성폭력 재판절차에서의 피해자 증인신문 재판참고사항에 관한 연구(연구총서 2016-5호)』, 사법정책연구원.
장다혜·박학모·장응혁(2015), 『2012년 성폭력관련법 개정 이후 수사실무의 변화 실태 및 개선방안: 피해자 보호·지원제도의 활용을 중심으로(연구총서 15-AA-08호)』, 한국형사정책연구원.

장다혜(2018), "사실적시 명예훼손의 전망", 한국성폭력상담소 부설연구소 울림 주최「성폭력 역고소를 해체하다: 의심에서 지지로」자료집 발표문(2018.4.19).
전희경(2003), "가해자 중심 사회에서 성폭력 사건의 '해결'은 가능한가", 한국여성의전화연합 엮음,『성폭력을 다시 쓴다 – 객관성, 여성운동, 인권』, 파주: 한울아카데미, 37-80쪽.
정국(2012),『섹슈얼 트라우마』, 서울: 블루닷.
정은경(2017),『성폭력 피해 여성의 무고피소경험에 관한 연구』, 성공회대학교 대학원 석사학위논문.
정형근(2009), "변호사의 직업윤리에 대한 고찰", 법조협회,『法曹』, 제58권 6호, 278-324쪽.
조순경(2002), "성폭력 피해 사실 공개의 공익적 의미: 성폭력 관련 법 체계와 법 집행에 있어서의 적극적 조치를 제안하며", 민변여성위원회·성폭력 가해자 역고소 대책회의·성폭력 추방운동에 대한 명예훼손 역고소 공동대책위원회 주최「성폭력 가해자의 명예훼손, 무엇이 문제인가?」자료집 발표문(2002.10.22).
조현주(2018), "권력형 성폭력 범죄의 지원사례 및 한계, 개선점", 대한법률구조공단·한국여성변호사회 주최「권력형 성폭력 피해자 지원 및 보호를 위한 심포지엄」, 자료집 발표문(2018.4.3).
홍태화(2018),『알리기 전에 알면 좋은 사실들』, 서울: 한빛비즈.
한국성폭력상담소(2011),『보통의 경험 – 성폭력 피해자를 위한 DIY 가이드』, 서울: 이매진.
한국성폭력상담소 부설연구소 울림·한국여성의전화(2017),『성폭력 역고소 피해자 지원을 위한 안내서』, 서울: 여성가족부.
한국성폭력위기센터(2016),『성폭력피해자가 피소된 사건에서의 법적 지원』, 한국성폭력위기센터.
한국여성신학자협의회 편집부(2002), "성폭력 추방운동에 대한 명예훼손 역고소 공동대책위원회 발족 성명서: 성폭력 피해사실을 알고도 침묵하란 말인가", 한국여성신학자협의회,『한국여성신학』, 제50호, 199-201쪽.
허민숙(2016), "성폭력 무고의 재해석", 한국여성학회,『한국여성학』, 제32권 2호, 1-29쪽.
_____(2017), "너 같은 피해자를 본 적이 없다: 성폭력 피해자 무고죄 기소를 통해 본 수사과정의 비합리성과 피해자다움의 신화", 한국여성학회,『한국여성학』,

제33권 3호, 1-31쪽.
_____(2018), "성폭력 피해자를 처벌하다: 피해자 전형성 위반 범죄로서의 성폭력 무고", 한국여성학회, 『한국여성학』, 제34권 4호, 69-97쪽.
Abel, Richard L.(2008), *Lawyers in the Dock: Learning from Attorney Disciplinary Proceedings*, New York: Oxford University Press.
Campbell, Rebecca and Sheila Raja(2005), "The sexual assault and secondary victimization of female veterans: Help-seeking experiences with military and civilian social system," *Psychology of Women Quarterly*, 29, pp.97-106.
Maier, S. L.(2008), "I Have Heard Horrible Stories..: Rape Victim Advocates' Perceptions of the Revictimization of Rape Victims by the Police and Medical System", *Violence Against Women*, 14(7), pp.786-808.
Raphael, Jody(2013), *Rape Is Rape*, 『강간은 강간이다』, 최다인 옮김, 파주: 글항아리, 2016.

기타자료

김미영, 『한겨레신문』, 2016.7.17., "성폭행 혐의 이진욱 "무고는 큰 죄", http://www.hani.co.kr/arti/society/society_general/752665.html(검색일: 2018.12.1).
김양진, 『한겨레신문』, 2018.6.3., "김기덕, 성폭력 피해 주장 여배우 등 무고죄 고소", http://www.hani.co.kr/arti/society/society_general/847431.html (검색일: 2018.12.1).
박정훈, 『오마이뉴스』, 2017.9.14., "성범죄자가 여성단체에 후원해 형량↓, 이건 반성 아니다", http://www.ohmynews.com/NWS_Web/View/at_pg.aspx?CNTN_CD=A0002360102&CMPT_CD=P0010&utm_source=naver&utm_medium=newsearch&utm_campaign=naver_news(검색일: 2018.12.1).
신지민, 『한겨레신문』, 2018.9.15., "성범죄를 저질렀다고요? 저희가 '구출'해드리겠습니다", http://www.hani.co.kr/arti/society/society_general/862196.html(검색일: 2018.12.1).
이혜리, 『경향신문』, 2018.8.29., "'피해자=꽃뱀' 성평등 저촉되는 변호사 광고 금지 법안 나왔다", http://news.khan.co.kr/kh_news/khan_art_view.html?artid=201808291456001&code=940100(검색일: 2018.12.1).

최가영, 『YTN 뉴스』, 2017.4.3., ""성폭행을 무죄로 이끌겠다" 법무법인 광고 논란", http://www.ytn.co.kr/_ln/0103_201704031624400848(검색일: 2018.12.1).

한국성폭력상담소(2018), "[성명] 성폭력 고발된 연예인 조기복귀를 규탄한다", http://www.sisters.or.kr/load.asp?sub_p=board/board&b_code=2&page=1&f_cate=&idx=4149&board_md=view(검색일: 2018.12.1).

황금비·임재우, 『한겨레신문』, 2018.3.4., "일단 사과하지 마? 기자의 '성범죄 전담' 변호사 상담기", http://www.hani.co.kr/arti/society/society_general/834511.html#csidx590f0f221768016a3f83eabe760805f(검색일: 2018.12.1).

남성 중심 온라인 공간의 미투운동에 관한 담론 분석[1]

| 김수아 |

2018년 4월 단지 해프닝이라고만 간주하기 어려운 후원 프로젝트 하나가 온라인 공간에서 화제가 되었다. "남성역차별 시대 남성인권을 위한 책"을 표방한 "90년생 김지훈" 프로젝트가 바로 그것이다. 이 홍보 문구가 요약하여 보여주는 것처럼 이 책의 핵심 주제는 '남성 역차별'의 현실을 고발하겠다는 것이었다. 이를 위해 여성의 삶과 성차별 문제를 기술한 베스트셀러 『82년생 김지영』을 패러디한 제목을 택했다. 이 프로젝트 주창자는 이를 시작하게 된 주요 동기를 "입으로는 페미니즘을 외치지만 행동은 그렇지 못한 일부 여성들의 이중성을 알아보고자 한다"라고 밝혔다. 즉 제목에 '남성 역차별' 시대를 강조하지만 다루고 싶은 것은 '여성의 이중성'이다. 여기서 '남성 역차별'의 정

1 이 글은 한국여성연구원 미투기획포럼 발표문(2018.7.19.) 〈온라인 토론공간과 미투운동〉의 발표문을 기초로 하여, 『여성학논집』 제35집 2호(2018)에 게재한 논문 "남성 중심 온라인 공간의 미투 운동에 관한 담론 분석"을 수정·보완한 것이다.

의가 여성에 "대한" 것으로 정의된다는 것을 짐작할 수 있다. 초기 제시되었던 책의 주요 목차는 다음과 같다. "여자 선생님이 말했다/꽃다운 나이, 2년을 바쳐서 얻은 것은/전쟁 중인 나라, 의무는 남자들만/왜 황금연휴 전날에 동시에 생리해요?/오빠, 남녀평등 시대이긴 한데 보통 남편이 집 하지 않아?/답은 펜스 룰"[2]

이 목차에서 특별히 주목할 만한 것은 펜스 룰이다. 2018년 맥락에서 새롭게 등장한 단어 '펜스 룰'이 확실하게 남성 역차별론을 지지하는 이들에게 각인된 개념인 것을 알 수 있다. 하지만 '펜스 룰'은 한국에서는 〈조선일보〉가 관련 기사를 낸 2018년 3월 7일이 되어서야 널리 인식된 단어이다. 직장 내 여성 배제는 다양한 방식으로 일어나고 있었던 것이었고 미투운동 이후로 나타난 새로운 어떤 것이 아니다. 하지만 '펜스 룰'은 언론 보도 이후 한국사회에서 명백하게 인지된 개념이 되었으며, 펜스 룰에 대한 여론조사마저 등장하면서 미투운동 시대의 새로운 화두가 되어버렸다. 4월 5일자 한국일보 기사가 대표적인 사례이다. 이 조사에서 '미투운동과 같은 성적 논란을 피하기 위해 가급적 이성과는 회식이나 모임을 하지 않는 펜스 룰이 필요하다고 생각하냐'고 묻는 질문에 필요하다고 생각하는 응답자가 전체 45.6%에 달했다[3]. 펜스 룰은 이렇게 순식간에 한국 사회의 규범적 대안으로 질문되는 상황에 이르렀고, '남성 역차별' 시대를 사는 남성들에게 '답'으로 제시되는 상황이 되었다.

이 글의 목적은 온라인 커뮤니티의 게시글과 댓글을 중심으로, 미

---

2 '90년생 김지훈'은 어떻게 1000만원 넘는 후원을 받았나. 『한겨레』 2018.04.15. (http://www.hani.co.kr/arti/society/women/840580.html)

3 여성 절반 가까이 "펜스룰 지지"… 남녀 경계심 커졌다. 『한국일보』 2018.04.05. (https://www.hankookilbo.com/News/Read/201804050458345555)

투운동 및 '펜스 룰'과 관련된 토론 내용을 분석하여 미투운동에 대해 남성 중심 온라인 커뮤니티가 구축해낸 담론의 내용과 그 특성을 밝히는 것에 있다. 미투운동은 직장 내 성폭력 구조와 성차별에 대한 폭로는 물론, 사회에 만연한 가부장제적 성인식을 드러내려는 것이다. 하지만 현재까지 법적, 제도적 정비가 아직 미비한 부분이 있고, 법적 처벌은 거의 이루어지지 못해서 주요 가해지목인에게 무혐의가 선고되기도 했으며, 무고죄 처벌 강화 청원이 온라인 공간에서 힘을 얻는 등 페미니즘에 대한 백래시 현상도 나타났다. 이런 상황에서, 남성 중심 온라인 공간에서 공유되는 미투운동과 관련된 담론과 정서 구조의 내용을 살피기 위해 이 글은 다음 세 가지 문제에 대해 논의하고자 한다. 첫째, "성폭력은 권력의 문제"라는 페미니즘의 문제제기를 어떻게 남성 중심 온라인 이용자들이 이해하고 있는가. 둘째, '상호교차성'과 억압의 중층성에 대한 인식이 필요하다는 문제제기는 어떻게 "남성-약자" 세대론으로 변형되어 나타나는가. 셋째, 펜스 룰이 남성-약자에게는 '자구책'이라고 주장되는 과정에서 어떤 문제가 나타나는가이다. 그리고 이를 통해, 현재의 온라인 공간 소통 구조와 남성 청년들이 구성하는 온라인 담론에 어떤 문제가 있으며 어떤 대안이 필요한지에 대한 논의를 시도하고자 한다.

1. 성폭력 피해자의 '피해자다움' 통념과 무고 담론

미투운동에 대한 논의와 펜스 룰과 관련된 인식 체계는 성폭력 피해자에 대한 사회적 통념의 문제, 강간 신화, 무고죄에 대한 보응 논리 등 다양한 사회 문화적 개념들이 관련된 현상이라고 할 수 있다. 성폭력 범죄의 경우 피해자에 대한 비난 현상이 문제가 되는 경우가 많은데, 코원(Cowan, 2000)의 논의에 따르면 성폭력 피해에 대해서 피해자에게 책임을 전가하게 되면 가해자를 보다 쉽게 이해하게 만들고 성폭력 범죄를 사회적으로 수용하는 분위기를 만들게 된다. 보통 어떠한 사건에서 피해자를 비난하게 되면 피해자가 대표하는 전체 집단에 대한 부정적인 인식이 생겨나며, 비슷한 사건이 일어났을 때에도 사건의 책임을 계속 피해자에게 귀인시키는 결과가 발생한다(Dharmapala et al., 2009).

특히 이는 수사기관을 통해 일어나는 경우가 많아 성폭력 피해자들이 사법기관을 통해 정의를 요구하는 것을 방해하는 요인으로 작동하게 된다. 법조문에서는 강간이 '정조에 관한 죄'가 더 이상 아니라고 하지만 인식에서조차 사라진 것이 아니라는 점에서 그러한데, 성폭력 피해자들에 대한 2차 피해 연구가 보여주는 것은 수사관들이 여전히 정조 개념에 머무르면서 "'보호받을 만한' 피해자와 '당할 만한' 피해자를 나누곤 한다"는 것이다(이미경, 2012:56). 무고죄나 '꽃뱀'과 같은 담론적 구성물에서 여성의 피해 진술이 허위 진술인가를 판단하는 여부가 중요한데, 성폭력 사건은 허위 사실의 증빙 여부가 당사자 진술에 의존한 수사담당자의 판단에 있다는 점에서, 허위사실 증빙 자체가 사실의 의미를 두고 다투는 문화적 영향력 하에 있다고 봐야 한다(강경화, 2012).

고전적인 성폭력 피해자에 대한 통념으로는 다음과 같은 것들이 있다. 먼저 순수하고 가여운 피해자 상으로, '순진한, 극단적 사고의 피해자'임을 강조하는 것이다. 이러한 의미는 피해자 전형성의 구축 과정으로 물리적 폭력을 강조하면서 피해자에게 치명적 해악을 끼친 폭력에 노출된 순수하고 순결한 여성이 피해자일 때 성립한다. 이러한 피해자 구축 방식에 따라 성인 여성이 순수한 피해자 요건을 만족시키지 못하면 피해자 유발론이 발생하기도 한다(김은경·이나영, 2015:23).

가해자는 낯선 사람이어야 하고, 피해 여성이 가해자와 아는 사이인 경우는 가해자와의 관계를 추적하면서 진정한 피해자인지를 검증하려는 태도가 나타나는 것도 이러한 맥락과 일치한다(허민숙·신경아, 2014).

성폭력 범죄에는 '무고'가 많다는 신념은 남성 중심의 온라인 커뮤니티에서 매우 중요하게 여겨지는 담론이다. 그런데 성폭력 사건에서 허위와 근거 없음은 동일한 것이 아니다. "고의로 성폭력 사건을 조작한 것을 '허위'이고 '근거 없음'은 피해자의 신고가 성폭력에 대한 법적 정의에 해당되지 않거나 실제 조사 결과 성폭력 범죄가 발생했다고 믿을 만한 증거를 찾지 못한 경우를 포함한다"(허민숙, 2016:10). 그리고 증거를 찾지 못하는 데에는 강간 신화나 피해자에 대한 통념이 영향을 미칠 수 있다. 가해자가 낯선 사람이어야 하고, 폭력이 사용되어 신체적 상해가 증명되어야 하며, 범죄 신고를 하거나 할 때에는 흥분되어 있어야 하고 범죄 후 바로 신고를 했어야 한다는 것, 진술의 일관성을 보여야 하며, 피해자 진술에 오류가 있을 경우 신뢰성을 의심받는다는 것, 그리고 범죄 피해 당시 술을 마신 상태가 아니어야 한다는 것, 범죄 대상이 될 만한 외모를 지녔을 것, 수사에 적극 협조할 것 등 강간 신화에 기초한 다수의 편견에 조응하지 못하면 무고의 의심을 받게 되는 경우가 있다(허민숙, 2016:12). 무엇보다 성폭력 사건에서는 여성의 성적 주체성을 인정하지 않는 가부장제 이성애 규범 하에서 남성의 관점에서 합의에 의한 성관계임에도 불구하고 무고를 당할 것이라는 우려가 만연하다(정은경, 2017). 소위 펜스 룰에 대한 열광은 이러한 무고의 우려에 밀접하게 관련되어 있다고 하겠다. 무고는 성폭력 범죄의 경우 무죄율이 다른 범죄에 비해 높으며, 성폭력 피해자의 피해 호소를 막는 도구로 사용되기도 하는 현실이다(윤덕경 외, 2019). 무고의 현실적 통계보다 그룹 안에서 공유된 몇 개의 사건을 전부인 것인양 인지하는 것은 온라인 커뮤니티나 소셜 미디어에서 유사한 생각을 가진 사람들이 모이는 특성상 일어나기 쉬운 것이다.

2. 온라인 공간의 특성과 커뮤니티 담론

펜스 룰에 대한 열광은 온라인 커뮤니티를 통해 확산되었다. 온라인 공간이 갖는 인지 편향의 문제가 드러난 사례이기도 하다. 온라인 공간에서 시민의 숙의에 대한 회의가 계속되는 것은 인간의 심리적 특성이 디지털 미디어와 결합할 때 생길 수 있는 집단 극화의 강화 문제 때문이다. 선스타인(Sunstein, 2000:75-76) "고립된 숙의(enclave deliberation)"라는 개념을 제시하는데, 경쟁 집단의 시각이나 주장을 고려하지 않고 특정 사안에서 집단의 내부 의견이 일치하지 않는 것을 경계하는 속성 때문에 토론을 통해 의견 다양성이 확보되기 어려운 상황을 말한다. 이 경우 집단 극화가 발생하게 된다. 집단 극화(group polarization)는 특정 사안에 대해서 집단과 개인의 의견이 토론을 거친 후 더욱 극단적으로 바뀌는 현상을 말하는데, 여기서 중요한 것은 집단 정체성과 개인 정체성의 동일시 문제이다. 나은영·차유리(2012)에 따르면, 특히 익명성을 근간으로 하는 온라인 상황에서는 개인이 특정 집단에 소속되어 정체감을 인식하게 될 때 개인과 집단을 동일시하면서 집단의 의견과 태도에 쉽게 편승하는 상황이 발생하게 된다. 나은영(2006)은 인터넷 소통에서 동질적인 정보만을 과다섭취하는 양상이 나타나는 것은 인터넷 공간에서 연결이 실제 오프라인 관계에서보다 적은 노력으로 이루어질 수 있기 때문에 연결을 쉽게 하는 점과 동질적 주제를 따라 모이는 것이 쉬운 인터넷 공간의 구획 현상 때문이라고 했다.

머츠(Mutz, 2006)의 온라인 공간과 숙의 문제에 대한 논의는 현재 이러한 인터넷 상황과 이에 따른 민주주의의 문제를 알려준다. 숙의에 능숙한 이용자들은 온라인에 잘 참여하지 않는데, 정치적 이념과 이질적 집단에 소속되어 있는 참여자들이 다른 이용자들과의 관계를 해칠 것 같아 소극적으로 참여하게 된다고 한다. 반면 동질적 네트워크 내에서 활발하게 이용하고 참여하는 사람들은 자신의 태도에 부합하는 정보를 받아들이면서 태도를 강화시켜 참여를 숙의로 연결시키지 못한다. 특히 온라인 공간에서는 자신이 속한 집단의 규범이나 정체성을 좀 더 극화하여 지각하고, 동조하는 경향이 있는데, 개인의 의견이 확고할수록, 반대 의견에 대한 저항과 선택적 인지 활동이 더욱 활발해지게 되어 있다. 그래서 에코 챔버(Echo chamber)의 개념이 등장한다. "온라인 공간은 사람들이 자신의 선호를 반영하여 선호된 콘텐츠만을 연결하고 상충되는 아이디어를 피하는 거대한 에코 챔버로 작동한다"는 의미이다(Pariser, 2011).

이처럼 온라인 토론이 오히려 사회적 분절화가 심해지도록 하고 숙의적 참여나 다양성을 실현하기 어렵다는 비관적 전망이 우세한 것은, 최근 들어 페미니즘과 같이 정치적 이슈에 대한 온라인 토론에서 의견 쏠림이나 집단 극화 현상들이 다수 관찰되기 때문이기도 하다. 따라서 이러한 온라인 극화 현상에 대한 이해와 대안 모색을 위해서는 어떠한 담론들이 구성되고 있는지를 파악하고 어떤 정서 구조가 유통되고 구성되는지를 살필 필요가 있다.

3. 청년 세대와 남성성 담론

성폭력과 관련된 인식에서 남성들의 고정관념 수용 여부가 영향을 미친다는 점이 알려져 있다. 성희롱과 성폭력에 대한 인식 조사 결과들은, 전통적 성역할 개념을 수용하는 경우 남성과 여성이 서로 적대적이라는 인식도 강하고 성별에 따른 차별 가능성도 높아지고 성희롱 가능성도 커진다는 점을 보여주고 있다(Pryor, 1987; 양돈규·김정인 2016에서 재인용). 그런데 이러한 현상은 사회의 변화에 따른 남성성 담론과 개념의 재구성에 기인한다고 볼 수 있다. 현대 사회의 남성성 의미는 변화하고 있어서, 전통적 성역할을 고수하기 어려워졌고 특히 신자유주의 맥락 하에서 노동자 남성의 권위는 사라지고 있다. 기존의 헤게모니적 남성성 즉 역사적 시공간에 따라 그 사회에서 주도적인 남성상으로 제시되는 남성 가장 모델은 신자유주의의 도래 이후 특히 청년 세대 남성들에게는 이루기 어려운 이상이 되었다(배은경, 2015). 그래서 새롭게 루저 남성성이 등장하며 극단적 여성혐오를 중심으로 국민의 일부로 편입되지 못하는 낯선 상황에 적응하고자 한다(엄기호, 2011). 안상욱(2011)은 이러한 한국적 루저 남성성의 특징으로 자신이 헤게모니적 남성성에 이르지 못한다는 것을 분명히 알고 있으면서 이 때문에 불안과 모순 속에서 방어적 태도를 갖게 된다고 분석했다. 배은경(2015)은 헤게모니적 남성성이 구현하기 어려운 것이 되어가고 있는 상황에서 대안적 남성성이 상상되지 않고 있는 것을 원인이라고 논의하기도 했다. 한국적 특수성이 반영된 남성성의 구성 과정에 대한 논의는 식민지적 남성성(정희진, 2017)의 개념으로 논의된 바 있다. 자신의 성별과 정체성 등 존재와 관련된 쟁점을 강대국과의 관계로 환원하면서 일상 생활에서 열등감, 우울, 폭력 등으로 표출되는 양식으로 나타난다. 한편으로 남성성의 구성 과정은 항상 여성성의 비하와 부정을 통해 일어나며, "여자다움에 대한 체계적인 부정을 통해 남자다움의 정상적 위치를 보장받는다"(권김현영, 2017: 12).

이러한 위치에서 한국의 청년 세대 남성은 여성을 취업 불안의 원인으로 지목하면서 성차별을 인정하지 않으려는 태도를 보이며, 여성에 의한 남성의 피해를 주장하고자 한다. 온라인 공간의 역차별 담론(김수아·김예슬, 2017)은 이미 '사실'로 인지되어 청년 세대 남성의 정서 구조 속에 피해 감각으로 자리잡고 있기도 하다. 최태섭(2018)은 한국 남성이 온전한 가부장이었던 시절이 없음에도 불구하고 이를 그리워하고 아직 오지 않은 '꽃뱀' 여성을 두려워하는 등 오지 않은 것에 대한 분노와 불안을 쌓고 있다고 지적했다.

공정성과 역차별 담론은 남성성 담론에서 매우 중요한 정서적 기반이다. 하지만 여기서 공정함의 의미가 평등이나 정의와 연결되기보다는 탈맥락화되어 있다는 점에서 문제적이다. 김보명(2019)은 신자유주의적 공정성 담론이 구조적 불평등을 수용하고 개인의 노력을 강조하면서 평등과 정의에 대한 감각과 유리되는 점을 논의하고 있다.

이제까지 청년 세대의 문제는 부의 대물림, 저임금과 불안정 노동의 심화에 따른 청년의 불만과 불안 증상으로 설명되어 왔다(경향신문 특별취재팀, 2017). 특히 안정적인 취업, 결혼, 출산 모델을 따르기 어려워진 상황에서 청년 세대는 경제적 위기와 관련하여 소환되는 경향이 짙었고, 실업이나 문제적인 범주에 연결되어 설명되었다. 이러한 과정에서 "근대적인 남성 생애주기의 정상성 해체"가 청년 세대의 문제로(배은경, 2015:17) 대표되는 것이 문제였다는 지적은 여전히 유효하며, 현재 청년 여성들의 불안한 삶의 조건들에 의한 피해 감각은 강남역 여성살해 사건 이후 본격적으로 가시화되어 나타나고 있다. 강남역 여성 살해사건 이후 "구조적 부정의와 차별에 대한 인식을 재구성한" 청년 여성세대의 정체성 정치(정용림, 이나영, 2018: 216)는 한국 사회가 근대적 가족 모델에 들어가지 못하는 열패자로 고통을 경험하고 있다고 호명해온 청년 남성 세대의 피해자 감각과 충돌하는 중에 있다. 이러한 이유로 성폭력 문제에서는 무고 사례 및 남성 피해를 강조하는 경향이 더욱 격화된다. 바로 이러한 남성성의 의미화 과정이 펜스 룰에 대한 열광과 관련이 될 것으로 추측된다.

4. '미투운동'의 정의: '권력' 문제인 성폭력

이 연구는 미투운동과 펜스 룰과 관련하여 구성된 남성 중심 온라인 커뮤니티의 담론 내용을 분석했다. 사례 연구 대상으로 게임 중심 온라인 커뮤니티인 P 커뮤니티를 선정했는데, P 커뮤니티의 가장 큰 특성은 게시글을 쓸 때 충분한 내용을 갖출 것을 요구받는다는 것이다. 이러한 커뮤니티 규범 때문에 끊임없이 새 글로 논의가 다시 시작되는 것이 아니라 첫 게시글에서 댓글로 토론이 이루어지게 되어 토론의 일관성이 유지되는 것이 가능하다는 특성이 있다. 이 글은 분석적 목적을 통해 사례를 추출하는 방법을 사용했는데, 주로 펜스 룰의 개념이 문제시되었던 2018년 3월 1일부터 31일까지 한달 간 데이터를 사용했다. 사례 추출을 위해서 토론이 주로 진행되는 자유게시판 내 제목 및 내용 검색 기능을 사용하여 '펜스 룰' 및 '미투운동' 이라는 단어를 포함한 게시물과 그 댓글을 분석했다. '펜스 룰'을 포함한 게시글은 분석 대상 기간 중 총 12건, 게시글 당 평균 조회수는 10443.58회이다. 또한 펜스 룰 게시글에서 특징적으로 많이 등장한 죄없는, 약자

등의 남성을 설명하는 단어와 관련하여, 해당 사이트에 남성, 약자를 키워드로 삼는 게시글을 찾아 보조 자료로 활용했다.

이 커뮤니티에 올라온 게시글의 이해를 위해서는 당시 미투운동 관련 보도로 '펜스 룰'이 언급되는 상황을 살필 필요가 있다. 미투운동의 초기, 미투운동에 대한 지지도는 성별을 가리지 않고 높게 나타난다고 보도된 바 있다. 4월 5일자의 한국일보 여론조사 보도[4]에서, 미투운동을 지지한다는 비율은 전체 83.9%에 달했는데, 남성의 경우 '지지하지 않는다'(15.2%)는 응답이 여성(9.1%)에 비해서는 높게 나타났다. 하지만 전체적으로 보아, 절대 다수의 국민들이 미투운동에 대해서 지지한다고 응답한 것이다. 그러나 그로부터 한달 정도 뒤, 5월 9일의 보도에서 미투운동 100일을 보도할 때 부정적인 댓글과 반응이 주를 이루었다.[5] 이는 "진정한 미투" 등의 주장에 영향을 받은 것이기도 하다. 김어준, 조기숙 등 온라인 공간에서는 지지정당에 따라 소위 '진보'적 입장으로 간주되고 있는 사람들이 적극적으로 미투운동의 순수성 담론을 만들어내면서 '내편' 정치인에 대한 미투를 진정하지 않은 것처럼 프레이밍했다.

여기서 권력의 문제가 미투의 조건으로 등장한다. 정희진(2018)은 성폭력을 남성과 여성의 권력 관계가 아니라 남성과 남성 권력 관계로 변질시키는 남성 사회의 전략을 지적한 바 있다. '사이비 미투'가 아닌 "진정한 미투"를 이야기하는 남성 온라인 중심의 담론은 "진정한 미투"의 조건으로 권력 관계를 말한다. 즉, 권력 있는 남성에 의한 성

---

4 [미투 여론조사] 여성 10명 중 3명 "성폭력 피해 겪었다." 『한국일보』 2018.04.05. (http://hankookilbo.com/v/203b94685ec644ae923ace49e432d9da)

5 [미투 100일①] 회식 줄고·노래방 기피 등 변화…'펜스룰' 확산엔 찬반 갈려. 『헤럴드경제』 2018.05.09. (http://news.heraldcorp.com/view.php?ud=20180509000081)

폭력이 미투의 대상이며, 따라서 보통의 평범한 남성은 책임이 없다는 주장이 된다.

그런데 성폭력이 '권력의 문제'라는 것은 성폭력이 제어할 수 없는 본능, 성욕에 의한 것이 아닌 여성에 대한 지배의 일환이며 섹슈얼리티의 권력 구조에 의한 것이라는 점을 강조하기 위한 언술이었다. 여기서 담론의 '전유' 문제를 논의할 수 있다. 성폭력에서 권력 문제를 논의하는 것은 성을 둘러싼 다양한 권력 체계를 고려하는 것으로(김현경, 2015), 반복적으로 구성되고(추지현, 2014), 이에 대응하여 피해자는 순수하고 무력한 이미지로 상정되는 문제를 비판하기 위한 것이기도 했다. 여기서 권력 관계는 사회적, 문화적으로 구성된 다양한 층위의 상호교차적 억압에 대한 인식을 담고 있기도 하다. 그러므로 여기서 논의되는 권력 관계에는 흔히 상상되는 지위, 경제력 등에 의해 발휘되는 것만 함의하지 않는다.

그러데 온라인 남성 중심 커뮤니티는 이를 "권력을 가진 남성이 가해자"라는 의미로 재구성하고 있다. 여기서 "권력"이란 사회적으로 흔하게 인지되는 지위 및 경제력에 한정하여 의미를 구성한다. 성폭력 가해자는 '권력을 가진' 자이며, 남성 중에서도 '권력' 즉 지위와 경제력을 가진 경우라는 것이다. '권력형 성폭력'이라고 명명되었을 때 이는 통상 〈형법〉 제303조에 규정된 내용으로 이해된다. 즉 "업무, 고용 기타 관계로 인하여 자기의 보호 또는 감독을 받는 사람에 대하여 위계 또는 위력으로써 간음한 자"를 업무상 위력에 의한 간음죄로 본다. 이를 미루어, 법적 정의에서 업무상 관계, 상하 관계를 전제하고 있는 '위력에 의한' 성폭력을 '권력형 성폭력'으로 부르는 경우가 있다. 그래서 미투운동에 대한 댓글 중에서는, "같은 조직 상하 관계도 아닌데", "남자에게 아무런 권력이 없는데" 등을 쉽게 볼 수 있다. 한겨레신문이 기사화한 "미투에 대한 편견 5가지"에서, "가해자로 지목된 사람이 같은 직장 상사나 교수처럼 피해자의 '생사여탈권'을 쥐고 있지 않을 땐 미투가 아니다"와 같은 내용이 대표적인 사례이다[6].

물론, 성별 권력 관계 역시 권력 관계이다. '위력에 의한' 성폭력을 정의하는 법적 방식의 하나가 업무상 혹은 기타 관계에서 위력을 쓴 경우로 정의된 것이지, 그 외의 성폭력 문제가 권력과 관계가 없다는 의미는 아니다. 하지만 온라인 커뮤니티에서 논의된 담론 구조 속에서 권력 즉 업무상의 권력이 성폭력의 전제 조건으로 설명된다. 보통의 남성에게는 이러한 권력이 없다. 그러므로 미투운동은 권력에 대한 고발이고, 성별 문제가 아닌 것이다. 이는 다음의 특징적 두 사례를 통해 분명하게 드러난다. 연구 대상 커뮤니티에서는 미투운동과 관련하여 두 가지의 사례 즉 안희정 전 지사와 정봉주 전 의원 사례에 대해 실황 보고하는 수준으로 게시물이 올라왔다. 이 중 특히 정봉주 전 위원과 관련해서는 마치 관전하는 것처럼 실시간으로 '팩트'에 대해 논의했다. 하지만 다른 한편으로 연예인 A씨의 방송 활동이 끝난 것이 이상하다는 게시글이 올라오기도 한다. 정치인과 연예인에 대한 인식 차원이 다르게 나타난 것이다. 물론 해당 글의 댓글에는 사이트의 특성상 다양한 의견이 제시되는 편이다. 연예인 사건의 경우에 극단 선후배이니 권력 관계 문제가 있다는 댓글이 올라오기도 하지만, 대체로 연예인 사건의 경우는 연애 문제로 대입하여 읽는 사람들이 다수 등장한다. 그래서 "권력자에 의한 약자의 피해는 없어져야 마땅한데…… 남녀관계에 스킨십이 진척될 때 하나하나 물어보고 하는 게

6 같은 조직 상하관계 아니면 미투 아니다? #미투에 대한 편견 5가지. 『한겨레』. 2018.03.22.(http://www.hani.co.kr/arti/society/women/837207.html)

아니라서 오해가 발생할 수 있지 않을까요[7]"와 같은 의견이 게시판의 주요 의견으로 등장하게 되었다.

그렇다면 여기서 말하는 권력은 과연 무엇인가? 한국 성폭력 담론에 대한 신상숙(2008)의 논의가 보여주는 것은, 1980년대 여성의 '피해자'화가 성폭력 담론의 핵심이 되면서 남성 주체나 남성의 행위성과 관련된 문제가 사라지고 거대 권력만이 문제시되는 담론적 구조를 가지게 되었다는 점이었다. 젠더화된 섹슈얼리티에 내재하는 권력 관계 문제를 거론하지 못하는 한계를 지녔다는 의미에서이다. 성폭력을 페미니즘 관점에서 문제 제기하는 것은 우리 사회 남성들이 정상적인 것으로 가정하는 섹슈얼리티 자체에 대한 문제 제기의 의미를 갖는다. 하지만 한국 사회에서 '성폭력'의 의미가 구획되고 확정되는 과정에서 이러한 질문들에 대한 논의가 충분하게 진행되지 못하고 법 제도 영역에는 반영되기 어려웠던 점이 있다.

미투운동에서, '성폭력은 권력의 문제'라는 말은, '권력을 가진 자가 가해자이다'로, '권력을 가진 남성만이 가해자이다'로, 그래서 '권력이 문제이다'로 굴러가는 담론 구조를 갖게 된다. 그래서 미투운동이 남성의 젠더 권력을 지적하게 되면 미투는 지지할 수 없는 대상이 되어 다른 "어떤 것"으로 변모하게 된다. 이러한 인식을 잘 보여주는 것이 바로 아래와 같은 커뮤니티 게시글이라고 할 수 있다.

> 예상된 일이긴 했습니다만, 결국 미투운동은 권력에 대항하는 것이 아니라 성대결의 형태로 확대되는 것이 아닌가 싶습니다. 개인적으로 성범죄의 핵심은 성별보다도 권력욕, 권력관계라고 보는 입장인데, 이런

---

7 https://goo.gl/AoNVyS 게시글의 댓글

부분이 많이 간과되는것 같아 아쉽네요.(댓글 사례 1)
평범한 소시민이고 단지 '남성'일 뿐인 저는 딱히 권력도 없고, 성욕도 없고, 누군가를 강간할 생각도 없는데, 어느새 저들의 적이 되어버렸네요. '권력'과 싸우겠다고 하면 연대하고 동참하겠지만, '남성'과 싸우겠다고 하면 동참하지 않겠습니다. 나를 적으로 돌리는 자들을 왜 응원하나요.(댓글 사례 2)"[8]

남성 온라인 커뮤니티 이용자들은, 권력을 가진 남성이 문제이므로 권력이 "없는" 청년 남성층은 이 문제에서 책임이 없는데 남성이라는 이유로 책임지기를 요구받는다며 이들은 자신들이 부당한 경험을 하고 있다고 생각하고 있다. 바로 이것이 미투운동이 잘못되고 있다는 주장의 정서적 기반이 된다.

지금의 미투운동은 어떤 용도의 수단이 되어 버렸습니다. 어떤 용도. 남성성을 가지고 있기 때문에 무조건적인 강자로 몰리는 대다수의 남자들을 두들겨 패는 용도입니다. 제가 이해한 미투운동은 강자에 의해서 행해진 성폭력에 피해자가 스스로 외침으로서 그 잘못된 관행을 없

8 https://goo.gl/VuU7gE. 게시글의 댓글. 본문에 인용된 커뮤니티는 통상 합리적 토론이 가능한 것으로 여겨진다. 따라서 일부 댓글을 인용했으나, 사이트 전체 분위기를 보자면 타 남성중심 사이트에 비해 논쟁이 가능한 곳이기도 하다. 성별임금 격차와 같은 논쟁 주제에서도 타 온라인 공간과 같이 일방적인 주장과 희화화, 일침성 댓글뿐 아니라 소위 '팩트'에 근거한 토론이 진행된다. 따라서 오히려 담론 구성의 효과는 더욱 크다고 할 수 있다. 논리적 토론의 결과 혹은 합리성에 근거한 판단으로 여겨질 가능성이 높기 때문이다. 그리고 이러한 '합리성'의 외연을 강하게 드러내는 토론 공간에서도, '페미니즘' 이슈는 이 토론의 가능성을 벗어난다는 점에서 온라인 공간의 현 상황을 잘 드러내어준다.

애는 것입니다. 그런데 현재의 미투운동은 강자의 개념이 그저 남자이면 모두 해당되는 것으로 해석합니다. 성폭력은 당하는 사람이 마음대로 정할 수 있는 강자인 남성의 모든 행위로 해석합니다. 다시 말하면 남자가 하는 모든 행위가 미투운동의 대상이 되어버릴 수가 있습니다. 혹시 이것이 무척이나 극단적인 해석으로 보일 수 있습니다. 그런데 상황이 그렇게 밖에 해석이 안 되는 것을 어찌 합니까?(게시글 사례1)[9]

이처럼 미투운동의 변질을 주장하는 청년 세대 남성들이 약자인 자신을 강자 취급한다며 억울해하는 현상은 단순히 온라인 공간만의 일이 아니다. 한 여론조사에서 청년 남성층의 미투운동에 대한 공감도가 가장 낮게 나타난 바 있다[10]. 위의 성폭력 피해자 유발론에 대한 인식 조사에서도 청년 남성층이 보수적 성 인식을 보였던 것처럼, 현재 여성의 피해에 대한 말하기를 불신하고 미투의 본질이 권력 관계에 의한 성폭력이라고 하면서 성별 권력 관계는 없다고 말하는 청년 남성들은 미투운동을 부정적으로 의미화하기 시작했다. 이러한 정서가 미투운동은 인권운동이며 페미니즘 운동이 아니라는 주장과 만나기 쉬운 기반을 구성해준다.

---

9 https://goo.gl/gNVn9u 게시글 본문.

10 「2018 미투(#metoo) 운동 관련 조사」 트렌드모니터 엠브레인 사회조사(2018.04.20.). (https://trendmonitor.co.kr/tmweb/trend/allTrend/detail.do?bIdx=1658&code=0404&trendType=CKOREA)

5. 남성-약자의 생활 세계: 피해자 남성과 권력자 소수 남성

이러한 청년 남성들의 저항감은 남성-약자로 스스로를 위치지우는 것으로부터 출발한다. 위의 게시글 사례가 보여주는 것처럼, 미투운동은 권력자에 대한 것이기에 "남성 대부분"에게는 문제가 없다. 더 나아가, 현재 "20대 남성 대부분"은 약자이기도 하다. 그래서 이들이 오라인 공간을 통해 구성하는 지배적 정조는 자신에 대한 연민, 그리고 이에 따른 분노라고 할 수 있다. 분노의 대상은 최근 시점을 기준으로 절대적으로 '여성'으로 설정된다. '여성'이 분노의 대상이 되는 이유를 살펴보면, 여성이 원래 남성이 취해야 하는 정당한 '피해자'의 자리를 편취하고 있다는 주장을 관찰할 수 있다. 지난 3월, 걸그룹 가수 아이린이 베스트셀러 『82년생 김지영』이라는 소설을 읽었다고 했을 때, 비난의 대상이 된 사건에 대해 해당 온라인 커뮤니티의 반응을 보면 다음과 같았다.

> "남초에서 이야기하듯 살면서 부조리를 겪은 이야기만 엮으면 이 소설에 버금가는 분량을 만들 수 있겠죠. 그건 72년생 유시민일 수도 있고 92년생 김지훈일 수도 있습니다." "아직 읽어보진 않았으나 이혼소송 의뢰자 아주머니들의 진술서들이 비슷한 주제의식, 필력을 가지고 있는 것 같습니다"(댓글 사례 3)[11]

이 소설을 읽는 것이 문제가 되는 이유는 여성의 이유 없는 피해의

---

11 https://goo.gl/pJ3AZw 게시글의 댓글.

식만을 담은 것이기 때문이다. 약자의 세계는 남성과 여성을 가리지 않으며, 여성이 경험하는 부조리만을 부각하는 것이 바로 "페미니즘의 이중성"이다. 이 이중성의 문제가 가장 극명하게 나타난 결과가 바로 여성의 특권 주장이며 이를 온라인 남성 커뮤니티 이용자들은 "역차별"로 개념화하고 있다(김수아·이예슬, 2017). 이중성은 여성들이 자신의 피해를 과장하는 것에서부터 출발한다고 주장된다. 온라인 남성 커뮤니티 이용자들이 2016년 강남역 살인 사건 당시 가장 극렬하게 거부했던 것은 "잠재적 가해자론"이었다. 그들이 보기에 "잠재적 가해자론"의 문제는 두 가지인데, 첫 번째는 "선량한 일반 남성"과 문제적 일부 남성을 구획하지 않고 집단화하는 것이고, 두 번째가 바로 여성의 피해만을 과장하여 언급하면서 여성을 피해자로 만들고 정책 보호의 대상이 되고 싶어서 남성을 '가해자'로 몬다는 것이었다. 그래서 '남성 약자인 나'는 '피해자인 척하는 여성'을 비난하고 페미니즘을 거부하며 성차별적 인식을 고수할 정당성을 갖는다는 논리 구조를 갖는다.

이와 같은 주장에는 세 가지의 이야기가 결합되어 있다. 하나는, 누구나 고통을 경험하고 있다는 "평범 내러티브"이다. 김학준에 따르면 "'누구나 그 정도의 고통은 겪는다'는 평범 내러티브"는 "모든 고통을 동질화하고 "타인의 고통 내러티브를 억압"한다는 점에서 문제적"(김학준, 2014:28)이다. 이 담론이 구체적으로 명명된 결과가 '헬조선'이다. 이러한 평범한 고통의 내러티브는 특히 10대를 중심으로 광범위하게 공유되고 있다. 특히 이 내러티브는 본인의 "경험적 증거"에 근거한다. 10대 남학생들의 경우, "남자니까 이렇게 해라, 남자니까 참으라"는 말을 성차별의 증거로 생각하며, 이러한 맥락에서 '92년생 김지훈' 프로젝트의 첫 장이 "여자 선생님이 말했다"로 설정된 것이다.

성별 고정관념은 물론 남성과 여성 모두에게 고통을 줄 수 있다. 그러나 이로 인해 사회적 차별 효과가 같다고 주장하는 것은 현재의 맥락적 상황에 대한 관점을 생략한 결과이다.

두 번째는 계급 및 연령과 같은 한국 사회의 차별 기준이 성별에 의한 차별 기준보다 우선한다는 주장이 남성 중심 커뮤니티의 지지를 얻는다는 점이다. 이는, 계급과 연령 문제에서 현재 차별이 가장 심각한 집단이 남성 청년 계층이라는 공감대에 기반을 둔다. 결론적으로 모두 고통을 겪고 있는 가운데, 남성 청년층이 가장 어렵다는 주장이다.

이와 같은 주장은, OECD 실업률, 취업률 통계의 해석은 연령과 세대가 성별 격차의 원인이지, 성별 자체가 원인이 아니라는 해석을 통해 뒷받침된다. 세대적 약자로서의 청년 남성은 차별의 피해자이며, 여성이 여기서 피해자성을 주장하는 것은 부당하다는 결론으로 귀결된다. 이와 같은 담론에 구체적 사실 정보와 권위를 제공하는 것은 리얼뉴스와 같은 매체이다. 예컨대 리얼뉴스의 다음과 같은 기사 내용은, 다양한 통계 그래프와 이를 뒷받침하는 '팩트'들을 제시하는 것으로 여겨지고 있다.

> 연령과 세대의 남녀임금 격차가 한국의 남녀임금 격차의 상당 부분을 설명한다는 사실은 아래와 같은 한국의 통계청 자료로도 확인되는 사항이다. (중략) 한국의 언론과 여성주의자들은 남녀 임금 격차의 의제에 젊은 남녀를 동참시키는 대신 오랜 관행과 제도의 문제의 무게와 책임을 젊은 세대에게도 부당하게 짊어 지웠다는 점에서 잘못을 저질렀다.[12]

12 남녀임금 격차 '떡밥'의 숨겨진 진실. 『리얼뉴스』 2017.01.09. (http://www.

그래서 문제는 세대이다. 그런데 현재 정부가 젊은 남성들의 책임을 지우고 있다는 것이 청년 세대 남성의 인식이다. 이는 중년 이상의 남성층이 성차별을 해왔다는 사실을 인정한 것이지만 그 책임을 젊은 세대 남성에게 돌리고 있는 일이기 때문이다. 연령과 세대를 합쳐서 보면 성별로 문제를 보는 것 자체가 문제가 된다는 주장이며, 성별은 억압의 요인이 아니라는 주장으로 귀결된다.

> 한국사회에서 남성중심에 대한 부분에서 황당한 건, 그건 엄연히 기성세대입니다. 한국사회가 그동안 여성에게 불리했고, 지금도 그런 면이 있지만, 그걸 유지하게 하는 것은 기득권 남성이지, 인터넷을 자주 하는 젊은 세대가 아니라는 점이고(댓글 사례 4)[13]

세 번째는 여기서 능력주의[14]가 경유된다는 것이다. 만약 남성과 여성 사이에 격차가 있다면, 그건 여성의 능력이 부족하기 때문이라는 의미에서이다. 성별임금격차 통계는 동일노동 동일직종에 대한 것이어야 하며, 동일노동 동일직종 문제를 추정하는 통계적 방법론이 있다고 해도 그 방법론이 완벽하게 변수를 통제한 것이 아니라면 믿을 수 없다는 주장이고, 여성의 임금이 낮은 이유는, 여성의 생산성이 떨어지기 때문이다. 여기서 기업의 여성 노동에 대한 부당한 평가 문제 등이 들어갈 자리는 없다. 통계에 대한 의도적 오용 역시 존재하는데,

---

realnews.co.kr/news/articleView.html?idxno=2538)

13 https://goo.gl/SsUXck 게시글의 댓글.

14 능력주의는 "개인의 능력에 따라 선발되어 위계적 사회체제에 배치, 분배받는다는 원칙"으로 한국인의 지배적 마음이라고 분석되어 왔다(김미영, 2009:258). 이 능력주의 차원에서 평등을 정의하기 때문에 현재 평등이 효율성으로 이해되고 차이(여성의 차이 등)가 무시되는 문제가 있다(장지연, 2007).

성별임금격차 통계에서 변인통제를 하라는 것은 상관관계를 추론하는 통계원리를 이해하지 못한 채 하는 주장이지만 대체로 온라인 커뮤니티에서는 이를 성별임금격차 주장의 약점으로 주장하고 있다. 여기서 변인통제로 거론되는 동일 지위가 바로 능력주의를 경유하는 주장이다. 결론적으로 온라인 남성 이용자 담론은 전체적으로 체계에 순응하는 가운데, 능력주의가 발현된 결과를 평가하는 것이 중요하다는 입장을 보인다. 이것이 바로, 평등의 진정한 의미이다.

> 왜 우리 '사회'가 여자의 생산력을 끌어내야 합니까……. 현재 논점은 사회가 아닌, 직장의 남녀 임금에 관한 것이잖아요. 그렇다고 '기업'이 남자보다 여자의 생산력을 더 끌어내지 못하고 있다는 것도 오류입니다. 현재는 고실업률 사회잖아요. 괜찮은 직종은 이미 인원이 다 들어차 있어요.
> 그렇다면 이미 채용이 완료된 1개 기업을 가정해 이야기를 해 보죠. 그 기업에서는 여성근로자가 남성근로자보다 30%쯤 임금이 적은데, 그 이유는 남성이 야근과 출장, 지방근무를 많이 해서라고 하자고요. 그럼 기업이 여자 생산력을 더 끌어내지 못하고 있다는 결론이 될까요? 여자들이 그런 업무를 기피하는 것은 사실인데도요? (따라서 남자들에게 과중한 업무부하가 강요되는 측면이 있음은 팩트지요. ex. 소수인 초등 남교사들은 100% 혹사 환경.)
> 그렇다면 우리 사회나 기업이 여자 생산력을 더 끌어내지 못하는 게 아니라, 여성 근로자들이 기업의 요구 수준만큼 생산력을 제공 못하고 있다는 결론으로 가야 타당하지 않을까요? 130 받을 수 있는데 그만큼 일 안 하고 100만 받는 거니까요. (기업은 당연히 130어치 일 시키고 그만큼 돈 주는 걸 선호하지요. 일 많을 땐 130치 일 시키고, 일 적으면 100어

치 일 시키고.) (댓글 사례 5)[15]

이렇게 성별 임금 격차의 존재를 부정하는 논리는, 결국 남성의 임금이 높은 것은 당연한 것이며 이를 성차별로 해석하는 것이 문제가 된다는 결론에 다다르게 된다. 사실 성별 임금 격차의 문제제기에서 핵심은 예컨대 '남녀 임금 격차가 존재하는데 왜 남성들이 고임금 일자리에 분포되어 있는가?'라는 질문과 같은 것이다.

이를 세대론으로 나누는 것은 현재만을 고정시키고 박제해서 내린 결론이다. 만약 이를 세대론으로 설명한다면 현재의 남성이 고임금 직군으로 승진하지 않을 것이라는 전제를 수용하는 것이다. 또한, 남성의 임금이 더 높은 것은 여러 가지 명백한 증거가 있지만 차별이 있다는 것은 증명하지 못한 잘못된 주장이 된다. 이 주장의 전제로, 남성의 능력이 여성보다 우월하다는 것은 증명이 필요없는 전제이자 사실로 간주되고 있다. 남성-약자인 청년 세대 남성은 성차별 논의에서 배제된, 철저한 피해자의 위치를 점하게 된다. 권력자인 소수 남성은 앞서 논의된 바와 같이 '꼰대'세대이다. 온라인 남성 중심 커뮤니티에서 젊은 세대의 남성성은 윗세대와의 경쟁을 통해서 구성되며, 책임을 져야 하는 당사자와 피해자로서의 이항대립을 성립시키면서 성립되는 것이다. 남성성의 의미는 모두 대립항으로서 구성된다. 여성이 아님과, 소위 50대 이상의, 기회를 가졌던 세대가 아님에 따른 것이다. 법제도적 정비가 이루어져 선진적인 상황에서 성차별 주장은 피해의식에 불과하다. 과거 기회의 평등이 주어지지 않았던 '꼰대' 세대의 불평등 결과를 자신들에게 책임지라고 하는 것을 가장 부당한 일

15 https://goo.gl/XgZrSV 게시글의 댓글.

로 생각하고 있다(김수아·이예슬, 2017).

6. 답은, 펜스 룰: 남성 약자의 자구책

이러한 논의의 결론은 현재의 페미니즘 주장과 미투운동에서 남성이 당하는 차별과 누적된 피해를 보지 않아서 문제라는 것으로 이어진다. 그래서 미투운동은 변질되었다. 변질된 미투운동에 대응할 수 있는 해답이 펜스 룰이라고 할 수 있다.

> 젊은 남성들은 이러한 사회구조 변화에 대해서 찬성합니다. 젊은 남성들은 공인이지도 않고, 기득권을 가진 사람도 아니고, 권력을 가진 사람도 아니기 때문이죠. 오히려 회사 상사, 교수들의 갑질이 생각나기까지 합니다. 하지만 남성들은 이러한 미투운동에 대해서 피해자인 여성이 아니기에 감성적인 접근보다는 이성적 접근을 하였고, 미투의 순수성과 사건 경과를 지켜보게 됩니다. (중략) 그리하여 미투운동에 대해서 잠재적인 방어기제가 발동하게 된 것입니다. 결과적으로 남성들은 사회 변화를 인정하고, 미투운동과 펜스 룰은 관계가 없지만 눈에 보이는 사회 변화라는 기조에 맞춰 사회 변화에 편승하고자 펜스 룰을 주장하는 것이지요.(게시글 사례 2)[16]

이러한 맥락에서, 순수한 피해자의 의미가 중요해진다. 미투가 되려면, 부패한 권력자이거나 혹은 정신이상자에 의한 폭력적 행위가

16 https://goo.gl/A1MAho 게시글 본문.

벌어졌을 때, 이를 실명으로 나서서 고발하는 것이어야 한다. 남성-약자의 경우 권력이 없어서 미투의 대상일 수 없는데, 만약 여성이 무고를 하게 되면 남성-약자는 꼼짝없이 당할 수밖에 없다. 그래서 "답은 펜스 룰"이 된다. 아예 무고 상황을 만들지 않는 것이 남성 입장에서는 자구책이다. 펜스 룰이 자구책이라는 주장은 남성 중심 온라인 공간에서는 쉽게 찾아볼 수 있다.

> "제가 생각하는 (한국식) 펜스 룰은, 여성을 거부하기 때문에 실시하는 게 아니라, 남자를 보호해줄 법률이 미비하기 때문에 실시되어야 한다고 생각합니다. 위의 사례를 보세요. 남자가 전 직장에서 짤린거? 그럴 수 있습니다. 그런데 무혐의가 입증되었으면 구제를 해줘야 되는데 안 했습니다. 임용된 현 직장에서 짤린거? 나라가 잘못 수사해서 구속되는 바람에 출근을 못한 건데 나라에서 구제해주던가요? 소녀의 말 한마디만 믿고 구속 기소해서 인생을 망친 경찰의 잘못을 나라가 인정하던가요? 죄다 인정하지 않습니다. 무고를 당한 건 너의 잘못이고, 무혐의가 입증되면 넌 무죄지만 너의 원래 생활로 복구시켜주는 데는 관심없다. 이게 지금 나라의 태도고 법률의 태도입니다." "방어적 자력구제죠. 그 누구도 편들어주는 사람이 없으니까요."(게시글 사례 3)[17]

"방어적 자력 구제"라는 말에서부터, 온라인 남성 중심 토론 공간에서 성폭력 범죄와 미투운동의 의미는 "남성 약자의 생활 세계" 속에 구성되는 것임을 확인할 수 있다. 특히 이 정부가 남성에게 우호적이지 않으며, 담론 상황이 왜곡되어 있다는 인식이 이러한 남성-약자의

---

17 https://goo.gl/MzTqP9 게시글.

생활 세계 구성에서 매우 중요한 위치를 차지한다. 미투운동의 결론은 남성 약자를 위협하는 "무고가 넘치는 세상"이다. 순수하지 않은 피해자, 가짜 피해자의 세계가 열렸다는 주장이다. 여기서 가해자와 피해자의 위치는 뒤바뀌게 된다. 피해자가 가짜가 되는 순간 가해자가 되는 것이기 때문이다.

이런 의미에서 스튜디오 촬영 피해자 사건은 이와 같은 남성 커뮤니티의 약자 정서를 확증해준 사건이 되었다. 이 사건이 큰 반응을 얻었던 것은, 온라인 남성 커뮤니티 이용자들이 미투운동이 잘못되어 가고 있는 증거가 나타났다, 분명하게 "무고"임이 확인 가능한 사안이 등장했다고 믿었기 때문이다. 그런데 통상 무고는 「형법」 156조에 기재된 범죄로 "타인으로 하여금 형사처분 또는 징계를 받게 할 고의와 허위사실 신고라는 요건을 갖춰야 하며, 특히 신고한 사실이 객관적 사실에 반하는 허위사실이라는 요건은 적극적인 증명을 필요로 하는 범죄"이다. 그러므로 무고죄 자체가 성립할지에 대한 법적 판단이 나온 것도 아니며 허위사실인지가 밝혀지지도 않은 사건임에도 불구하고, 스튜디오 촬영 사건에서 피해자의 증언이 허위사실임은 이미 확증된 사실로 제시되고 있었다. 스튜디오 촬영 사건에서 "허위사실"임이 분명하다는 증거는 "촬영이 있는지"를 물었다는 카톡 메시지로 충분하다. 계약 당시의 불합리한 상황, 계약서의 유포 금지 조항이 지켜지지 않은 것은 이제 논의의 대상에서 벗어난다. 아래 게시글은 카톡 메시지 재구성 관련 기사를 옮긴 게시물의 댓글이다.

> 뭐 다 예상했던거 아닌가요? 증거 있고 확실한 거면 유튜브에서 저럴게 아니라 진작 경찰서나 검찰청 찾아가서 고소를 했지 저러고 안있죠. 저 스튜디오 실장이 인터넷 방송의 권력자라서 가만 있을 수밖에

> 없는 상황도 아니고요. 기본적으로 미투라는거 자체가 의미가 없다고 봅니다. 여론재판 마녀사냥 그 이상도 이하도 아니죠(댓글 사례 6).[18]

강압 문제는 촬영 및 계약 당시의 상황에 대한 것이지, 촬영 전후 맥락의 문제가 아니다. 하지만 카톡 메시지는 피해자의 행실과 동기에 대한 가장 명확한 확증으로 여겨진다. 성폭력 범죄에서 구성된 것이 "피해자로서의 여성"상이며, 이로 인해 2차 피해를 입게 되는 과정에 대한 논의들이 있다. 통상 성폭력 피해자는 그들이 보호받아야 할 '순결한 피해자'인지 아닌지가 판단 대상이 되고, 피해자의 과거 행적과 평판이 이 판단의 근거가 되는 상황에 처하게 된다(윤지영, 2018; 이미경, 2013). 이 사건에서도, 누드 촬영 자체가 '행실'의 증거가 되는 상황에서 그러한 촬영 일을 적극적으로 요청했기 때문에 이는 허위사실의 근거가 된다고 여겨진다. "어떤 것이 허위인가"에 대한 질문이 던져진다면, "증언의 모든 것"이 허위라고 답할 것이지만, 여기서 강압, 유출, 계약 불공정성과 관련되어 알려진 것은 없었다.[19]

무엇보다 성폭력 범죄가 보도될수록, 무고죄 판단 자체가 대중이 수사관이 되어 판단을 하는 형식으로 탈바꿈된다.[20] 성범죄 수사가 경찰에서 진행되고 있는지와 관계없이, 대중의 성폭력 범죄에 대한 "수

---

18 https://goo.gl/YNpbwb 게시글의 댓글.

19 이후 수사 과정에서 이러한 촬영회 자체가 치밀하게 조직화되어 있음이 드러났다.

20 "무고죄 판단"이 유희이자 "정의"에 부응하는 일이 되었다고 느낄 때, 이는 새로운 종류의 미디어 소비 장을 열게 되기도 한다. 안희정 전 지사에 대한 일부 유튜브 뉴스 채널의 대응들이 그러하다. 구독자 50만 정도의 유튜브 채널 몇 개가 "그날 밤 핸드폰 사진 복원해 보니" 등의 제목으로 클릭을 유도한다. 내용은 단순 기존 기사의 짜깁기에 불과하다. 그러나 중요한 것은 이 제목들이 하나같이 "무고 가능성"을 상상하게 구성된다는 것이다.

사"는 피해자의 진술 불일치 여부에 집중하는 경향이 있다. 정봉주 전 의원 및 안희정 전 지사의 성폭력 범죄 보도와 이에 대한 온라인 댓글, 그리고 게시판 토론에서 중요한 것은 "피해자의 이 말"과 "피해자의 저 말", 그리고 "가해자의 이 말"을 맞추어 보는 것에 있었다. 불일치의 증거가 하나라도 발견되면 그 시점에서 "무고"는 확정된다. 그래서 돈이 필요해서 촬영 여부를 물어본 피해자의 말은 가해자의 증거로 탈바꿈하게 되었다.

남성-약자의 권리를 법적으로 보장받아야 한다는 인식은 무고죄 처벌 가중 청원이 20만을 넘기는 결과로 나타나게 되었다. 즉 무고죄 처벌강화 청원과 펜스 룰 강화는, 남성-약자의 생활 세계에서는 "답"이 된다. 여성 가해자로부터 그리고 청년 남성 약자를 지지하지 않는 꼰대와 정부로부터, 스스로가 스스로를 보호하는 법이라고 주장되는 답이다. 이 역시 정책과 제도의 영역에 속한 것인데, 그럼에도 남성-약자에게는 이것이 "자구책"이 된다. 자구책이라는 의미는 시스템이 남성을 위한 것이 아니라는 인식을 함의한다. 이렇게 성차별이라는 구조적 문제는 사라지고 다시 한번 남성-약자의 세계가 진실화되는 것이다.

> 펜스 룰은 해결책이 아니죠. 그냥 개인의 방어책이지. 잘 아시네요. 개인 차원의 방어책이 왜 유치하다는 소리까지 들어야 하는지 모르겠네요. 여성들이 성범죄 대응해서 하는 수많은 방어행위들이 유별나다는 소리와 별 다를 바 없어보입니다. 여성들이 하는 방어기제들을 성범죄 '해결책'이라고 부르지 않듯이 펜스 룰 역시 마찬가집니다. 유별나다면 유별나긴 한데 유치하다는 애기 들을건 아니죠. 개인이 개인 스스로를 방어하겠다는게 펜스룰이고, 당연히 이상적인 방식은 아니죠. 지금처

럼 무고당하면 인생 박살나는데 시스템적인 구제방안도 없을뿐더러 상대 처벌도 힘들고 처벌한다 해도 매우 미약한 처벌만 가능하니 시스템적인 해결책이 미비할 때 나오는 개인의 자구책에 불과한 겁니다.(댓글 사례 7)[21]

7. 어떻게 남성성 모델을 재구성할 수 있을까?

남성 커뮤니티를 보는 것이 어떤 의미가 있을까? 댓글을 보는 것은 어떤 의미가 있을까? 물론 댓글이 여론이라고 일정 부분 여겨지는 점이 있다. 지난 5월 발표된 포털 뉴스 서비스 및 댓글과 관련한 국민 인식 조사 결과, 기사를 본 전체 독자 가운데 포털 사이트의 뉴스 댓글을 읽은 사람은 70.2%로, 댓글을 읽는 이유로 다른 사람의 생각이 궁금해서(84%)를 꼽았다. 또한 댓글이 주도적 의견이라고 생각하는 비율은 44.2%이다(한국언론진흥재단, 2018). 대체로 이제까지의 뉴스 댓글에 대한 연구들은 댓글이 "여론의 동향에 대한 지표"(이은주·장윤재, 2009: 52), "여론 환경의 지표"(이미나, 2010: 73)로 여겨지고 있다는 점을 보인 바 있다.

이러한 상황에서 온라인 커뮤니티를 중심으로 남성 약자론이 광범위하게 공유되고 여론으로 인지되면서 순환적으로 남성 약자론이 강화되는 것에 대한 비판적 접근이 필요하다. 그런데 펜스 룰을 남성 약자의 자구책으로 설정하는 청년 세대 남성들의 담론에 대한 논의는 그리 단순하지만은 않다. 물론 이러한 인식론이 형성되는 것은 남성-

---

21 https://goo.gl/A1MAho 게시글의 댓글.

약자 세대론이 온라인 남성 커뮤니티의 주요 정서 구조가 되었기 때문이다. 그리고 이러한 남성-약자 인식은 젠더 차별과 구조적 피해에 대한 인식을 하지 않고 있다는 점에서, 상상된 박탈을 실재화하는 것으로 문제이기도 하다(김수아·김세은, 2016; 최태섭, 2018). 하지만 이러한 인식 구조를 단지 오인으로 치부하는 것에 그칠 수는 없다. 능력주의를 경유하는 세대가 평등과 공정성을 이해하는 방식에 어떤 문제점이 있는가에 대한 질문 등에 대한 논의의 출발선으로 삼아야 한다.

한편 온라인 공간의 구조가 이러한 담론 구도를 격화시키거나 고착시키는 문제에 대해서 논의할 필요가 생긴다. 우치다 다쓰루(2016)가 반지성주의를 지금, 여기, 나에만 주목하는 좁은 시야로 개념화했다면, 지금 현재 국내 온라인 공간의 문제는 이를 보다 적극적으로 부정적인 사례를 부각시키면서 주목 경쟁을 하고, 이를 통해 다시 부정적 신념을 강화하는 순환 구조에 들어섰다는 것을 보여준다. 온라인의 주목경제는 기존에 부정적인 사례들을 통해 학습을 거친 사람들이 미투운동이 사실상 여론재판이자 무고였다는 사례만을 확인하게 만드는 역할을 한다. 온라인 남성 커뮤니티의 주장들은 '미투'가 '펜스 룰'을 필요로 하는 '남성에 대한 위협'이라는 정보에 해당하는 것만을 모아(기존 사례 중 무고가 있을 수 있으므로), 주목경제를 통해 의미를 부여한 결과물이다. 그래서 오로지 '무고' 상황만이 관심이며, 온라인 뉴스 보도, 사례, 경험담이 이러한 주목 가치를 가질 때에만 논의 대상이 된다.

더구나 이를 적극적으로 재구성해내기 위해, 언론보도에 대한 감시, 정보의 재구성, 그리고 음모론적 상황 설명이 추가된다. 특히 언론보도 감시는 이들의 가장 중요한 투쟁 자원이기도 하다. (미투운동에서 여성단체에) 편향된 보도는 정부와 공모한 페미니스트 집단의 권력을 확인하게 해주는 가장 가시적인 결과물이기 때문이다. 전체적으로 미투운동이나 펜스 룰에 대한 보도는 이미 신뢰를 잃은 언론사의 보도이므로 가치가 없다는 의견이 제시된다. 음모론이 구성될 때 정보의 가치도 사실 정보의 의미도 사실상 무화되는 상황이므로 미투운동이 음모론과 연계된 온라인 공간에서 대화와 설득은 어려울 수 있다.

미투운동의 의미를 어떻게 구성해야 할까 하는 질문을 두고, 미투 이후의 사회는 어떤 모습이어야 하고 그걸 어떻게 가능하게 할 것인가를 두고 제시할 수 있는 대안이 하나는 아닐 것이다. 온라인 남성중심 커뮤니티에서 구성된 담론 내용을 두고, 미투운동에 대한 오해라고 비판할 수 있을 것이다. 정보의 오류를 정정할 수도 있을 것이다. 하지만 이러한 논의가 어떻게 인식되고 공론장에 안착하는가에는 남성 약자의 세계관과 그에 따른 사실이라는 다른 변수들이 존재하게 된다. 온라인 공간의 의견 다양성과 숙의는 여전히 민주주의를 위해서는 중요한 조건 중 하나이다. 연대의 문제 역시 기술적 기반으로서의 온라인 공간을 활용하는 것이 필수적이라고 할 수 있다. 온라인 공간의 다면성을 염두에 둔 채로, 한국 남성성의 구성 과정에 어떻게 개입할 것인가는 페미니즘 교육의 중요한 목표가 될 것이다.

일차적으로는 남성성을 재사유해야 하고, '남성 약자'는 '여성'의 대립항으로 구성되었다는 점에서 남성성의 구성 과정을 제대로 짚어 보고 무엇이 문제였는지를 다시 논의해야 한다. 남성성의 구성 과정에 오로지 (청년) 여성의 대립항인 자신에 대한 연민이 가득한 상황에서 어떻게 구조의 문제를 이해하고 해결책을 논의하게 할 것인가는 청년 세대를 위한 페다고지의 핵심이라고 할 수 있다. '차별금지'를 위한, 혐오표현에 대한 윤리 정립 역시 필요하다. 감정적 동일시가 아닌, 고통을 겪은 타인을 존중하고, 공감의 연대를 만들어내는 정치의 중요성, 윤리-정치적 전환이 중요한 것은 물론이다(권김현영, 2018). 현재 온라인 공간의 문제는 남성 약자들이 자신들의 주장을 집단 극화된 상황 속에서 반복적으로 구성하고 재구성하면서 정부 및 언론과 적대하는 상황에 있다. 남성-약자들이 이상적으로 그려낼 수 있는 남성성의 현재와 미래가 없는 것 역시 문제이다[22]. 현재 청년 세대들에게 가부장제 가장 모델은 더이상 불가능하며 이미 IMF 등을 통해 실패한 경우를 본 경험도 있다. 기성세대를 부패한 권력자로 놓으면서 정당성을 확보하고자 하는 청년 세대들은 그럼에도 불구하고 기성세대가 제안하는 펜스 룰을 자신의 대안으로 끌어안고 있기도 하다. 이미 남성 내부의 차이는 세대에 대한 억울함으로 인식되어 있음에도, 한편으로는 남성성의 이상으로 여전히 기성세대가 누려온 권력 구조를 안온하게 여기고 있는 것이기도 하다. 따라서 지금 시급하게 요구되는 것은 새로운 남성성의 모델이며 이는 성평등한 사회에 대한 상을 어떻게 그려나가는가와 관련되어 새롭게 구성되어야 하는 것이라고 할 수 있다.

22 이 논의는, 권김현영(2018.07.19.). “온라인 토론공간과 미투운동” 토론에서 지적된 것이다.

참고문헌

강경화(2012), 『성폭력 피해여성 무고죄 적용 요인 분석: 검찰 수사 과정 중심으로』, 성공회대학교 실천여성학 석사학위논문.

경향신문특별취재팀(2017), 『부들부들청년』, 서울: 후마니타스.

권김현영(2017), “들어가는 글: 한국 남성을 분석한다”, 권김현영, 루인, 엄기호, 정희진, 준우, 한 채윤 공저, 『한국남성을 분석한다』, 서울:교양인, 7-25쪽.

_____(2018), “미투, 반성폭력 운동의 윤리-정치적 전환”, 『문학동네』, 2018년 여름호, 299-315쪽.

김보명(2019), “젠더 갈등과 반페미니즘의 문법”, 『비교문화연구』, 제56권, 1-25쪽.

김수아·이예슬(2017), “온라인 커뮤니티와 남성-약자 서사 구축”, 『한국여성학』, 제33권 3호, 67-107쪽.

김은경·이나영(2015), “성폭력, 누구에 대한 어떤 공포인가.”, 『미디어, 젠더 & 문화』, 제30권 2호, 5-38쪽.

김학준(2014), 『인터넷 커뮤니티 ‘일베저장소’에서 나타나는 혐오와 열광의 감정동학』, 서울대학교 사회학과 석사학위논문.

김현경(2015), “여성주의 성폭력예방교육의 모색”, 『한국여성학』, 제31권 2호, 55-89쪽.

나은경(2006), “인터넷 커뮤니케이션: 익명성, 상호작용성 및 집단극화를 중심으로”. 『커뮤니케이션이론』, 제2권 1호, 93-127쪽.

나은영·차유리(2012), “인터넷 집단극화를 결정하는 요인들: 공론장 익명성과 네트워크 군중성 및 개인적 문화적 요인을 중심으로”,『한국심리학회지: 사회 및 성격』, 제26호 1호, 103-121쪽.

배은경(2015), “‘청년 세대’ 담론의 젠더화를 위한 시론”, 『젠더와 문화』, 제8권 1호, 7-41쪽.

신상숙(2008), “젠더, 섹슈얼리티, 폭력”, 『페미니즘 연구』, 제8권 2호, 1-45쪽.

양돈규·김정인(2016), “대학생의 양성평등의식이 성희롱 문제인식과 성희롱 행동 경험에 미치는 영향”, 『여성연구』, 제91권 2호, 73-96쪽.

우치다 다쓰루(内田樹) 엮음(2015), 日本の反知性主義, 『반지성주의를 말하다: 우리는 왜 퇴행하고 있는가』, 김경원 옮김, 고양: 이마. 2016.

윤덕경·김정혜·천재영·김영미(2019). 『여성폭력 검찰통계 분석(Ⅱ): 디지털 성폭력범죄, 성폭력 무고죄를 중심으로』, 서울: 한국여성정책연구원.
윤지영(2018), "성폭력 피해자의 2차 피해 방지를 위한 형사절차법적 개선 방안 모색", 『이화젠더법학』, 제10권 1호, 175-202쪽.
이미경(2013), "형사사법절차상 성폭력 2차 피해의 심층구조", 『여성학연구』, 제23권 2호, 43-75쪽.
_____(2012), 『성폭력 2차 피해를 통해 본 피해자 권리』, 이화여자대학교 대학원 박사학위논문.
이미나(2010), "댓글의 논조, 숫자, 사전 태도가 이슈의 합의추정에 미치는 영향." 『사이버커뮤니케이션학보』, 제27권 3호, 47-87쪽.
이은주·장윤재(2009). "인터넷 뉴스 댓글이 여론 및 기사의 사회적 영향력에 대한 지각과 수용자의 의견에 미치는 효과". 『한국언론학보』, 제53권 4호, 50-71쪽.
정은경(2017),『성폭력 피해 여성의 무고피소경험에 관한 연구』, 성공회대학교 석사학위논문.
정용림·이나영(2018), "'포스트/강남역'—성차별적 사회에 대한 집합적 저항과 페미니스트 주체 (재)구성의 가능성", 『페미니즘 연구』, 제18권 1호, 181-228쪽.
정희진(2017), "한국 남성의 식민성과 여성주의 이론", 권김현영, 루인, 엄기호, 정희진, 준우, 한 채윤 공저, 『한국남성을 분석한다』, 서울:교양인, 27-66쪽.
_____(2018), "젠더 사회와 미투", 『문학동네』, 2018년 여름호, 316-332쪽.
최태섭(2018), 『한국,남자』, 서울:은행나무.
추지현(2014), "성폭력을 엄벌하다", 『한국여성학』, 제30권 3호, 45-84쪽.
한국언론진흥재단(2018), Media Issue 4권 5호 『포털 뉴스 서비스 및 댓글에 대한 인터넷 이용자 인식 조사』 2018.05.31.
허민숙(2016). "폭력 무고의 재해석". 『한국여성학』, 제32권 2호, 1-29.
허민숙·신경아 (2014), "가족들' 안과 밖의 여성 그리고 남성." 한국여성연구소(편), 『젠더와 사회』, 서울: 동녘, 299-328쪽.
Cowan, G. (2000), "Women's hostility toward women and rape and sexual harassment myths.", *Violence Against Women*, 6(3), pp. 238-246.
Dharmapala, D., Garoupa, N., & McAdams, R. H. (2009), "Belief in a just world, blaming the victim, and hate crime statutes", *Review of Law & Economics*, 5(1), pp. 14-339.
Mutz, D. C. (2006). *Hearing the other side: Deliberative versus participatory democracy*, New York: Cambridge University Press.

Pariser, E. (2011), *The filter bubble: What the Internet is hiding from you*, New York: Penguin Press.

Sunstein, C. Sunstein, C, R. 2000, "Deliberative trouble? Why groups go to extremes.", *The Yale Law Journal*, 110(1), 71-119.

Whatley, M. A. (1996), "Victim characteristics influencing attributions of responsibility to rape victims: A meta-analysis.", *Aggression and Violent Behavior*, 1(2), pp. 81-95.

#미투 잇기:
젠더 폭력과 페미니스트 실천'들'

| 추지현 |

#미투 운동의 열기는 여성들이 일상에서 경험하는 다양한 폭력에 대한 문제제기로 이어지고 있다. 그리고 2018년 5월, 불법촬영에 대한 경찰의 '편파수사'를 규탄하는 여성들이 서울 혜화역과 광화문 인근으로 모여들었다. 얼굴을 가린 마스크와 모자, 생물학적 남성의 시위 참여 배제는 불법촬영 뿐만 아니라 성들에게 향해진 폭력과 조롱의 일상화, 그것에 대한 여성들의 두려움을 반증하는 모습이었다. '여성 신체를 가진 생물학적 여성'만이 피해자가 되고 두려움을 이해할 수 있다는 주장, 그 정체성을 기반으로 한 시위는 5차에 걸쳐 주최측 추산 25만 명이 참여할 정도의 대규모로 전개되었다. 그런데 성적 착취의 대상이자 법의 보호가 필요한 대상으로서 '여성'을 구성해내고, 여성의 경험은 오직 생물학적 여성만이 이해할 수 있다는 이들의 주장은 새로운 것은 아니다. '래디컬 페미니즘'을 표방하는 분리주의적 액티비즘은 물론, 강남역 페미사이드, 예멘인 난민들의 제주도 입국 반대,

트랜스젠더여성의 여대 입학 반대를 둘러싼 언설들 속에서 '여성은 피해자, 남성은 가해자'라는 명제를 인정하라는 주장은 지속되고 있다. 남성이야말로 역차별의 피해자라는 주장, 페미니즘은 여성을 사회적 약자로 위치 짓기 위해 피해자됨을 동원하는 도그마일 뿐이라는 반박이 서로 맞서며 강화되고 있는 형국이다.

많은 여성들이 공유하는 폭력과 착취 피해 경험은 젠더 관계의 모순은 물론 여성됨을 만드는 것이 과연 무언인지에 대한 문제제기로 이어져왔다. 하지만 여성을 피해자라는 정체성으로 영속화 하고 붙박아 두려는 시도들은 여성이 보호가 필요한 취약한 상태에 머물기만을 원하는 남성 권력을 유지시키는 기제가 되기도 한다. 또한 여성의 피해를 고통과 상처로 환원하는 것은 여성의 종속과 얽혀 있는 다양한 축들을 흐리고 마치 모든 여성들을 동일한 경험을 가지는 동질적 존재로 만들어 낸다. 여성들이 직장, 가족 등 성별화된 노동 분업 속에서 폭력 피해에 노출되고 또한 이를 감수할 수밖에 없는 사회적, 경제적 조건의 선결이 중요하다면 인정은 피해자로서의 여성이라는 정체성이 아니라 동등한 시민으로서 여성의 지위에 대한 것이어야 한다는 것, 사회적 상호작용에서 완전한 파트너로서는 부족한 존재로 만드는 방식의 인정은 거부해야 한다는 지적이 이어져온 이유다(프레이저, 2001). 다양한 형태의 페미니스트 액티비즘이 확산되고 있지만 운동의 목표가 반드시 구조적 변화나 역사적 전환에 대한 기대를 갖고 있는 것은 아니라는 진단, 성적 피해와 상처의 기억을 저항의 원천으로 성적 억압의 이론적, 실천적 토대를 무비판적으로 반복하는 모순을 갖고 있다는 비판, 여성이라는 범주를 재사유하라는 요청도 이어지고 있다(김보명, 2018a; 이현재, 2017; 이효민, 2019).

그렇다면 왜 그와 같은 방식의 여성 범주에 대한 이해나 페미니스트로서의 실천이 등장하는 것일까? 여성이라는 위치가 경험되는 방식이 단일하지 않다는 지적은 "랟펨", "TERF(Trancs-Exclusionary Radical Feminist)", "요즘 페미"로 통칭되어 버리곤 하는 이들의 삶의 조건 역시 다기하다는 인식, 그것이 어떻게 특정한 방식의 페미니스트 실천을 추동하고 있는지에 대한 이해로 확장될 필요가 있다. #미투 운동과 함께 더욱 가시화된 페미니즘에 대한 뜨거운 에너지를 어떠한 방향으로 모으고 이어나갈 것인지, 무엇이 그것을 가능하게 만들 것인지를 고민하기 위해서는 더욱 그렇다. 이 글에서는 20~30대 여성들의 이야기를 통해, 여성 범주를 구획하기 위한 움직임들이 어떻게 추동되는지, 그들의 페미니즘에 대한 이해나 실천 전략은 온/오프라인 공간을 넘나들며 어떻게 구성, 조정, 변화하고 있는지, 그 과정을 매개하는 삶의 조건들은 무엇인지를 거칠게나마 탐색해보고자 한다.

1. 신자유주의 질서와 접합되는 디지털 페미니즘?

4비(비혼, 비출산, 비연애, 비섹스) 운동, 탈코르셋 운동, TERF 논쟁 등 페미니즘의 지식과 실천이 디지털 매체를 중심으로 확산되고 있는 만큼, 여성들의 젠더에 대한 이해나 페미니스트 저항 양상은 주로 디지털 텍스트에 대한 분석을 통해 설명되어 왔다(이효민, 2019; 김리나, 2017; 박무늬, 2016). 그런데 특정한 장에서 표현되는 글과 논리, 그것을 매개로 구성되고 연출되는 정체성은 한 개인에게 완결적이거나 통합된 것이라 단언할 수 없다. 실천이 전개되는 장의 논리나 행위 규칙, 규범이 반드시 다른 장에서도 통용되는 것은 아니기 때문이다. 그 사이의 이질적인 경험들 속에서 자신에 대한 이해, 정체성은 다양한 모습을 띄며 조합되고 변화한다(Goffman, 1963; Turkle, 1995). 카스텔(Castell, 2009)은 인간 상호작용이 이뤄지는 공간의 경계를 넘나드는 기술과 그 흐름이 인간 경험의 전 영역에 침투하는 것은 아니라 주장한다. 그리고 네트워크로 연결된 흐름은 오히려 개인이 위치한 장소를 비가시화시키고 서로 공유할 수 없는 것으로 파편화 하고 있음을 지적한다. 또한 홀(Hall, 1980)은 미디어를 통해 제공되는 텍스트에 대한 이해는 그것을 해석하는 개인의 사회적 위치에 따라 상이할 수 있음을 분명히 한다. 이러한 논의들은 여성들의 페미니즘에 대한 이해방식이나 그것에 영향을 미치는 삶의 조건은 디지털 언어로 환원해 설명할 수 없다는 것을 의미한다.

그렇다면 지금, 여기 페미니스트 액티비즘을 주도하고 있는 이들의 삶의 조건은 어떠한가? 많은 연구들이 온라인 공간의 익명성, 텍스트 확산과 유통의 용이성을 활용하며 '여성혐오'에 저항하는 콘텐츠를 전유하고 재구성 할 수 있는 디지털 네이티브의 성격 그리고 '포스트페미니즘'[1]이 회피해왔던 삶의 비참함과 취약성에 저항하면서도 운동의 급진성을 상실한 채 개별화된 전략을 취하도록 만드는 신자유주의 질서에 주목해왔다(장민지, 2016; 채석진, 2018; 강예원, 2019; 김보명, 2018c). 김보명은 신자유주의적 삶의 조건, 이로 인해 여성들이 지게 된 부담과 삶의 위태로움으로부터 '생존'의 정치학이 등장했다고 설명

1 국내외 연구들에서 '포스트페미니즘'은 페미니즘이 더 이상 필요치 않다는 반(反)페미니즘, 여성 역시 능력과 성취를 통해 자유를 누릴 수 있는 개인으로 재현하는 소비문화, 둘의 결합, 정체성의 탈중심화를 주장하는 포스트구조주의 논의에 이르기까지 다양한 방식으로 사용되고 있다. 여기서의 '포스트페미니즘'은 세 번째에 해당하는 McRobbie(2009)의 용례(post-feminism)를 따르고 있다.

한다. 차별이나 억압이 아닌 젱동의 구조로서 '여성혐오' 담론의 부상, 남성을 설득하거나 사회 변화를 요구하는 것에 우선해 여성의 역량을 결집하는 것, 특히 피해자로서 여성들의 공통된 경험을 배타적으로 구획해 나가는 분리주의 정치학은 더 이상의 진보가 기대되지 않는 신자유주의적 세계의 대안에서 등장한 전략이며, 이들에게 페미니즘은 포기할 수 없는 자신의 규범적 삶을 방해하는 폭력과 차별에 효과적으로 대응할 수 있는 하나의 자원, 능력이 되고 있다고 설명한다(김보명, 2018c). SNS를 기반으로 한 온라인 공론장과 학교의 일상, 그 사이에서 10대 여성들이 페미니스트로 되어가는 과정을 설명하고 있는 강예원은 온라인에서 접한 '래디컬 페미니즘' 담론은 이들에게 어떠한 페미니스트가 될 것인지를 판단하는데 주요한 기준으로 작동하지만 일상의 실천에서는 딜레마를 가져오면서 결국 특정한 행위를 선택할 것인지 여부로 해결책이 집중되고 있다는 것, 또한 이들이 직업적 성취를 통해 다른 여성에게 도움을 줄 수 있는 선의를 꿈꾸고 있는 모습을 통해 신자유주의적 개인화가 페미니즘 정치학을 추동하고 있음을 읽어낸다(강예원, 2019).

페미니즘의 확산은 한국의 상황만은 아니다. 프랑스(Jouët, 2018), 독일(Baer, 2012), 호주(Price, 2019) 등 다양한 국가에서도 마찬가지의 움직임이 확장되고 있고 그 사회적 배경으로 지적되는 것은 디지털 자본주의의 확장과 신자유주의의 영향력이다. 구체적으로 어떠한 방식의 영향력인가? 해외의 많은 연구들은 오늘날의 페미니즘이 신자유주의 질서와 접합되고 있음을 지적하고 있다. 대표적으로 맥로비(McRobbie, 2009)는 소비대중문화에 대한 분석을 통해 개인의 선택과 역량, 자유, 자존감 향상 등을 강조하는 분위기 속에서 페미니즘은 더 이상 불필요하다는 반페미니즘적 사고 그리고 소비와 직업적 성취를 통해 여성들도 해방에 이를 수 있다는 페미니즘의 사고가 맞물리면서 페미니즘 허물기(undoing)가 이뤄지고 있음을 지적한 바 있다. 2000년대 후반, 프랑스에서 재부상(revival)한 페미니즘에 대한 분석에서 쥬엣(Jouet, 2018) 역시 디지털 페미니즘이 신자유주의 맥락에서 등장한 것이라 평가한다. 온라인 공간에서의 페미니즘은 여성들에게 자기 성취와 집합적 역량이라는 형태로 경험되고 있지만 그것이 기업가정신과 마켓팅의 논리에 의해 추동되었다는 점, 성차별의 현실에 공분하면서도 정치적 의제화를 위한 운동에의 지속 참여하기보다 일상에서 개인화된 행위들을 하는 데 그치고 있다는 점이 근거다.

하지만 2008년 금융 위기 이후 독일의 사례를 연구한 베어(Baer, 2016)는 디지털 페미니즘이 사회적 관계의 근본적 변형을 지향하지 않고 있다거나 강력한 이론적 프레임과 연결되지 않은 채 신자유주의 시대에 조응하는 것으로 볼 수만은 없다고 주장한다. 페미니즘을 개인적 성취 기획이나 자유, 선택과 연관된 역량 강화의 문제로 간주하는 한계들이 나타나기는 했지만, 신자유주의적 변화가 섹스, 인종 등 귀속적 정체성에 대한 배타적 강조와 배제, 감시, 훈육 등 보수적 반동을 추동하고 여성의 몸에 대한 이중적인 압력으로 나타나자 여성들은 폭력, 재생산 등의 쟁점을 중심으로 몸의 불안정성(precarity)과 사회 현실의 모순을 인지하며 집합적 투쟁을 지속하고 있다는 것이다. 때문에 맥로비가 지적한 바와 같은 페미니즘 허물기가 아니라 페미니즘은 재수행(redoing)되는 과정에 있다고 평가한다. 앞서 쥬엣 역시 디지털 페미니즘이 가시성과 연결성 자체에만 집중하면서 사회 변동을 이끌어 내지 못하는 한계가 나타나기도 하지만, 그 일부는 정치적 전략을 위한 캠페인을 이끌어나가거나, 주류 미디어를 변화시키며 젠더 이슈를 논쟁의 주요한 자원으로 끌어들이고 있다는 점에서 디지털 미디어가 페미니즘을 재조합하고 있음을 덧붙인다.

이와 같이 현재 대중화되고 있는 페미니스트 액티비즘은 신자유주의 질서와 접합되고 있으되, 그 양상과 효과에 대하여는 상반된 평가와 전망이 나타나고 있다. 그런데 신자유주의라는 거시적 사회 변동이 오늘날 20~30대 여성들에게 경험되는 방식에 대하여는 보다 분석적인 설명이 필요하다. 여성의 피해와 고통에 대한 강조, 자존감과 회복탄력성의 회복과 욕구 관리, 급진적 사회운동이나 해방적 지식 생산과 연동되지 않는 소비재로서의 페미니즘 등 운동의 급진성 상실은 디지털 페미니즘뿐만 아니라 학계나 기존 운동의 지식 생산이 갖는 한계(Mohanty, 2013; Stringer, 2014)[2], 다양한 사회운동의 영역에서도 지적되는 양상[3]이기 때문이다. 즉 여성들의 페미니즘에 대한 이해나 실천에 그들의 현실적 조건, 디지털 미디어, 나아가 기존의 페미니즘 지식이 어떻게 상호작용을 하고 있는지는 연구가 지속될 필요가 있다. 또한 신자유주의가 삶의 보편 구조라 할지라도 자본의 유연한

---

2 모한티(Mohanty, 2013)는 미국의 학계나 정치적 문화 속에서 더 이상 급진적 페미니즘이나 반인종주의 운동, 해방적 지식 생산과 연동되지 않는 페미니스트 이론이 학계의 특권이나 소비재로서만 순환되고 있음을 비판한다. 어떤 "포스트"라는 프레임도 팔레스타인에서 매일같이 발생하고 있는 폭력, 억압, 구금의 전경을 담아내는 데 유용하지 않다는 그녀의 주장은 '포스트모더니스트' 페미니스트를 겨냥하고 있지만, 운동의 급진성 상실이 대안적 지식 생산에 실패한 페미니즘에 있다는 충고이기도 하다.

3 데일과 케일(Dale & Kyle, 2016)은 디지털 매체를 기반으로 확산되고 있는 인권운동을 '스마트 인도주의Smart Humanitarianism)'라 명명하면서, 이것이 무엇을 변화시킬 것인지에 대한 질문을 추동하기보다는 어떻게 더 효율적인 방식으로 목표를 달성할 것인지의 문제로 수렴되고 있음을 지적한다. 일상적 참여는 지속되지만 문제의 근본적 조건들을 해체하려는 노력과는 거리가 있는 온라인 액티비즘의 대두와 등장 배경은 최소행동주의(slacktivism)나 클릭티비즘(clicktivism)으로 설명되고 있다(Gleeson, 2016; Karpf 2010).

힘과 효과만을 강조하는 것은 현재의 질서에 완고한 힘을 부여한 채 대안적 사유를 막을 수 있다(Gibson-Graham, 2006). 디지털 네이티브 혹은 현재의 20~30대 여성의 삶을 시대 진단과 생애 경로를 포괄하는 세대라는 관점으로 접근하는 것은 특정한 역사적 조건이 만들어내는 차이들을 이해할 수 있게 해주지만 이에 참여하는 이들의 목소리를 단일하게 재현할 위험도 크다(Winch et al., 2016). 조선정은 '포스트페미니즘'을 둘러싼 영미권의 논쟁을 추적하며 여성 주체를 세대라는 단위로 재구성하고 그 차이를 강조하는 것이 다른 차이를 덮어버린다는 점을 지적한 바 있다. 페미니즘은 하나가 아니고 또한 기존 페미니즘 안에 이미 다름과 새로움의 실마리가 존재해왔다는, 그 복수성과 역동성을 인정하고 여성 범주를 진화나 발전의 주체로 설정하지 않을 때 페미니즘의 역사쓰기가 가능할 것이라 주장이다(조선정, 2014).

디지털 미디어가 정치적 액티비즘으로 이어지게 되는 과정과 효과에 대한 평가에 비하여 그것이 개인의 삶의 조건과 어떻게 관계 맺는지에 대한 연구는 여전히 부족한 상황이다. 현재 집중된 논의들은 온라인 공간이 더 이상 익명성이 보장되는 자유로운 공간이 아니라는 것과 함께, 그 연결망에 묶여 있는 주체들이 자신의 감정을 관리하고 표현하는 것에는 익숙하되 스스로를 발견하며 진실하게 혼자 있을 수 있는 시간을 잃고, 그 연결의 피상성으로 인해 고독을 느끼거나 해석의 능력을 잃어가고 있다는 점을 지적한다(Turkle, 2010; Spitzer, 2012; Bauman, 2010). 그러한 상황이 여성들의 페미니즘에 대한 인식과 실천에는 어떠한 방식으로 영향을 미치고 있는지 역시 설명되어야 할 부분이다.

2. 연구 과정

그리슨(Gleeson, 2016)은 온라인 액티비즘이 최소행동주의에 그친다는 비판이나, 디지털 미디어가 사회 변화를 추동할 수 있는 힘이 될 수 있다는 주장 모두 과도하게 일반화된 것이라 비판한다. 정작 이에 참여하고 있는 여성들이 무엇을 '변화'로 상정하고 어떠한 형태의 변화가 가능할 것이라 생각하는지, 가장 근본적인 질문이 누락된 채 연구자들이 인지하고 이해하는 방식으로만 논의가 전개되고 있다는 주장이다. 그 지적에 공감하며 이 글에서는 여성들이 어떠한 방식으로 페미니스트로서의 실천을 구상하고 있는지를 변화의 목표와 전략을 중심으로 살펴보고자 한다. 신자유주의 맥락에서 부상한 반페미니즘의 움직임과 개인화된 성취, 역량, 성공에 대한 압력, 그리고 온라인 공간의 제한된 소통 양식이 초래하는 고립과 외로움, 의미와 해석을 위한 시간의 상실 등이 변화에 대한 상이한 구상과 전략과 어떻게 관계 맺고 있는지 말이다.

다양한 디지털 플랫폼을 오가며 자신의 위치를 이해하고 실천 전략을 조정하는 과정이나 여기에 남기지 않은 여성들의 생각은 디지털 텍스트만으로 포착하기 어렵다. 이에 자신을 페미니스트로 정체화 하거나, 페미니즘을 지지하고 있는 20~30대 여성들과 인터뷰를 진행했다. 인터뷰는 두 연구의 진행 과정에서 이뤄졌고 이들이 페미니즘에 관심을 갖거나 대응을 하게 된 계기, 구체적으로 어디서 어떠한 활동을 하고 있는지, 왜 하필 그러한 방식의 대응 전략을 택했는지, 페미니스트로 산다는 것이 어떤 것인지에 대한 질문이 공통적으로 포함되었다.

〈표 1〉의 사례 1~사례 8은 온라인 공간의 '혐오 표현'에 대한 여성

〈표 1〉 인터뷰 사례

사례	면접일자	특성(인터뷰 당시 기준)	온라인 활동	오프라인 활동
1	2017. 4. 22	대학원생, 인문대(26세)	○	○
2	2017. 4. 22	대학원생, 자연대(26세)	○	○
3	2017. 4. 28	반성폭력 활동가(31세)	○	×
4	2017. 5. 11	대학원생, 자연대(25세)	○	○
5	2017. 5. 20	임용고시 준비중(25세)	○	○
6	2017. 5. 20	대학생(휴학중), 예술대(24세)	○	×
7	2017. 5. 11	임용고시 준비중(30대 초반)	○	○
8	2017. 5. 11	직업 밝히지 않음(30대 후반)	○	○
9	2018. 5. 14	대학생, 사회대(27세)	○	×
10	2018. 11. 14 2018. 11. 28	대학원생, 사회대(26세)	○	○
11	2018. 12. 6 2018. 12. 27	대학생(휴학중), 사회대(25세)	×	×
12	2018. 12. 21	대학생, 인문대(25세)	×	○
13	2018. 12. 21 2019. 3. 22 2019. 3. 26	대학원생, 사회대(27세)	×	○
14	2019. 1. 18 2019. 2. 24	대학생, 예술대(25세)	×	×
15	2019. 3. 18 2019. 3. 27	대학생, 사회대(24세)	×	○
16	2019. 3. 24	대학생, 예술대(25세)	×	○

* 온라인 활동: 페미니즘을 표방하는 커뮤니티나 페이지 운영, 관리, 글쓰기 및 '여성혐오' 표현에 대한 대응, SNS를 통한 캠페인 기획 및 모금 활동. 링크나 글을 보는 것에 그치는 경우는 이 분류에서 제외

** 오프라인 활동: 페미니즘 책 읽기 모임, 캠페인 및 집회 조직, 참여, 소송 지원, 총여학생회 활동. 페미니즘 수업 수강 및 홀로 독서, 기부를 행하는 경우는 제외

들의 대응 방식을 파악하기 위한 연구 진행 과정에서 만났다. 사례 1과 사례 2는 2015년부터 페이스북을 기반으로 시위, 세미나 등을 조직하고 있던 단체 활동가들이었기에 직접 접촉이 가능했다. 나머지 사례 3~사례 8은 명예훼손, 모욕 등에 대한 법률 지원을 하고 있던 한 변호사의 의뢰인이 SNS를 통해 인터뷰이 모집 사실을 공지하자 인터뷰 참여를 자처한 여성들이다. 이 중 2명을 제외하고는 서로를 알지 못하는 사이였고, 6명 모두 메르스 갤러리, 메갈리아, 워마드, 래디즘 등 널리 알려진 커뮤니티에서 활동을 하고 있거나 한 경험이 있었다. 이들과의 인터뷰는 2017년 4~5월 사이에 그들이 원하는 지역의 카페와 미팅룸에서 이뤄졌다. 이들은 개인정보 노출에 극도로 예민했기 때문에 일부와는 인터뷰 당일까지 메일로만 연락을 취했다. 이하에서도 이들이 활동한 커뮤니티의 명칭은 익명 처리했다. 이 연구를 통해 만난 여성들은 나머지 사례들에 비하여 온라인 사용 빈도가 훨씬 높았고, 페미니즘과 관련한 논쟁 및 사건에 대한 세부 정보를 더욱 잘 알고 있었다.

사례 9~사례 16은 2018년 5월부터 2019년 3월 사이 대학의 페미니즘 교육 실태를 파악하기 위한 연구 과정에서 만난 이들이다. 대학에서 강의(여성학에 국한되지 않음)를 하고 있던 연구자들은 강의를 하며 만났던 학생들과 그들의 동생, 친구 등을 인터뷰로 섭외했다. 모두 서울 소재 대학에 재학중이거나 졸업을 했다는 점에서 지역 차이를 살피지 못하는 한계가 있었으며, 이들 중 여성학 강좌 수강 경험이 있는 이들은 4명이었다. 연구자들은 자신이 강의한 서업의 학생들을 인터뷰하지 않는 것을 원칙으로 했으며, 모집된 인터뷰이의 학교, 수강한 과목명, 연락처 이외에 다른 정보는 서로 교환하지 않았다.

3. '변화'의 구상과 전략: 상이한 현실 진단과 변화 가능성의 경험

인터뷰이들은 우연한 기회에 특정 인터넷 커뮤니티에 들어가 보게 되면서, SNS를 통해 친구가 보내준 링크나 캡쳐를 해준 글, 실시간으로 업데이트되고 있는 트위터를 보면서 '되게 자연스럽게' 페미니즘에 대한 관심을 가지기 시작했고 '끊임없이 자극'이 오다 보니 어느 순간부터 '뭔가 가만히 안 있어지는 느낌'과 함께 페미니스트가 되어갔다. 그런데 사례 11~12, 사례 14~15는 사례 4~사례 6과 또래임에도 불구하고 메갈리아나 워마드 페이지에 접속해 본 경험이 전무했고 공히 2016년 강남역 살인 사건이 발생한 이후에야 페미니즘에 관심을 갖기 시작했다. 사례 12는 대학 1학년이었던 2015년부터 '페미니즘 리부트'가 있었다는 것을 이후 여성학 수업을 통해서야 들어 알게 되었지 당시에는 체감하지는 못했으며, 과거의 자신처럼 SNS를 많이 사용하지 않는 후배들의 경우에는 현재도 '탈코'라는 주제가 존재한다는 것조차 모른다고 이야기했다. 젠더 관계의 모순과 부정의함을 인지하고 이를 변화시켜야 한다는 문제의식은 유사했지만, 구체적으로 무엇을 어떻게 변화시킬 것인지에 대한 생각은 현실 진단에 따라 상이했다.

1) 여성들을 변화시키기: '남자는 변하지 않는다'

사례 3~사례 8은 미러링 활동을 하면서 글이 '썰려' 본 경험이 있었다. 온라인 공간에 방치되고 있는 여성에 대한 비하와 조롱의 글들을 찾아다니며 공격하는 일을 반복하면서 점차 '전사'가 되어갔다. 이들의 활동은 여성을 보호하는 것 혹은 '남자들과 맞서 싸우는 것'에 집중되어 있었다. 사례 3은 자신과 같은 성폭력 피해자의 말을 믿어주기는커녕 여성의 피해를 즐기는 온라인 공간에 분노하다 메갈리아가 등장하자 '너네들이 한번 봐봐'라는 식의 글을 올리기 시작했다. 사례 8 역시 '한남을 팰 수 있는 방법'은 이것밖에 없다는 생각에 미러링을 한다. 그리고 '진심으로 분노해서 그걸 돌려주고' 있다.

물론 분노 표현 그 자체가 페미니스트로서의 목표는 아니다. 사례 5~사례 8은 자신들이 남성들과 맞서 싸우는 '키배(틀)'를 본 여성들이 이에 공감하며 '넘어오는 것'을 기대했다. 이들은 남성이 변화할 것이라는 기대는 없었기에 여성 개인들의 사고와 실천이 변화한다면 여성 억압의 현실도 변화할 것이라 믿었다. 자신을 '젠더 해체주의자고, 분리주의 페미니스트고 래디컬 페미니스트'라 말하는 사례 6은 '백날천날 토론을 해도' 바뀌지 않을 남자들을 바꾸려 하는 것 보다는 '그냥 여자들을 깨우는데 의미'를 두고 있다며, '남자 페미니스트 인정하지 않고, XY 배제하고 가자'를 주장한다. 그런데 사례 6은 위와 같은 입장의 글들이 주를 이루고 있는 A 커뮤니티에서 '일반 여성들'이 얻을 수 있는 것은 없다고 이야기했다. 이곳을 찾는 이들은 이미 '각성한' 여성들이고 그와 같이 '남자에 맞서 싸우는' 이들에게 '피씨'하고 '당연한' 글은 더 이상 필요가 없고 큰 도움이 되지 않는다는 것이다. 즉, 여성들을 변화시키는 것이 목표라 말하고 있지만, 그 대상은 이미 자신들의 글과 글쓰기 방식을 이해하고 공감해줄 수 있는 이들로 제한되어 있었다.

사례 14는 페미니즘은 '그냥 삶의 방식'이며 여성들의 '행복, 부흥 등 일상'이 너무 중요하고 그것을 만드는 것이 목표라 말했다. 그녀는 자신의 페미니즘에 대한 이야기에 '뼛속 깊이 이해한 게' 아니면서 '말투가 너무 감정적이다, 흥분되어 있다'는 식으로 대응하는 가족들의 말과 행동 하나 하나를 문제 삼으면서 외로운 싸움을 하고 있다. 하지만 자신이 그토록 분노하는 이유나 구체적인 상황에는 '오프더레코드'라 이야기했다. 공부 잘 하는 오빠와 자신을 차별하는 부모님에 대한 이야기가 가족에 대한 이야기에서 주를 이루었는데, 어쩌면 그 상황은 그녀가 강조하는 '여자라서'만으로 설명되지 않을지도 모른다. 그녀는 일상에서 여전히 외모 꾸미기를 하고 있는 여성들을 보면서 실망도 하지만 '계속 이렇게 살고 보여주고 하는 것밖에' 없다는 생각으로 탈코르셋을 감행하고 있다. 시위 참여나 독서 모임 등 누군가와 함께하는 활동을 해본 적은 없다.

사례 14를 제외하면 이들의 페미니스트로서의 실천은 온라인 공간에서 여성들의 '화력'을 모으거나 남성들과 맞서 싸우는 것에 집중되어 있었다. 하지만 이들이 사회적 관계의 근본적 변화에 대한 기대 없이 일상에서 개인화된 행위들을 하는 데 그치고 그것을 통한 즉각적인 성취 경험에 만족하고 있다(Jouet, 2018)고 보기는 힘들다. 사례 3은 미러링 활동으로 실직을 당하고 생계 유지가 어려운 상황에서도 디지털 성폭력의 피해자들을 지원하고 실태를 파악하기 위한 연구 활동을 시작했다. 사례 6은 온라인 '테러'를 당하고 정신과 치료를 받으며 휴학을 한 후 이제 막 페미니즘 세미나를 시작하려는 참이다. 사례 14를 제외하고는 남성들의 변화나 설득에 회의적이되, 미래를 위한 자기 계발에 걸림돌이 되는 상황들을 감수하면서도 페미니즘을 알아가기 위한 참여를 이어나가고 있었다.

2) '엄숙'의 거부: 변화의 경험, 내 삶과 공존 가능한 페미니즘

'사람은 변하지 않는다'며 여성들만의 공감을 목표로 미러링 활동을 하던 사례 5~사례 8과 달리 사례 1과 사례 2는 페미니즘을 통한 남성들의 변화 가능성을 믿고 있었다. 그들은 강남역 사건 이후 거울 시위 퍼포먼스를 보고 페이스북에 반성의 글을 쓴 한 남성을 예로 들면서, '한남'이라 느껴졌던 이도 '설득'이 가능하다는 것을 알았다고 이야기 했다. 또한 2017년 대통령 탄핵 시위 과정에서 여성을 비하하는 가사로 문제가 된 노래를 집회 무대에서 끌어내리고 가수의 사과를 받았던 경험을 이야기 하면서 '쪽수가 좀 많아지고' 하면 변화가 가능하며 '설득하기'의 실천들이 의미가 있다고 주장했다. 물론 이들도 활동 과정에서 온라인 '테러'를 당하며 힘들어했다. 자신들이 주도한 활동에 동감했던 여성들까지 공격을 받는 것을 보면서 '죄송한 마음'이 들고 어느 순간 주변에 많다고 느꼈던 페미니스트들이 사라지고 '여혐발언'을 하는 사람들로 '휩싸인 느낌'이 들기도 했다. 외모와 관련한 비난을 받을 때는 페미니스트로서 '타격 하나 없을' 줄 알았던 자신이 '자기검열'을 하고 있는 모습을 발견하며 화가 나기도 했다. 하지만 그 '화'를 확증하고 인정받거나 여성들을 결집시키는 수단으로 삼지는 않았고, 변화를 꾀하는 데 남성과 여성이라는 자격을 중요하게 생각지는 않았다.

사례 2는 현재 온/오프라인에서의 단체를 꾸려 하고 있는 캠페인, 특강 등의 활동들은 옳고 그름을 따져 묻고 정하려는 '엄숙'과는 거리가 멀다고 말했다. 함께 활동하는 친구들과는 '이념'이 자신들의 일상보다 우선시 되거나 주변 사람보다 이 활동 자체에만 너무 몰두하는 순간이 오면 활동을 그만두자는 이야기를 했다고 한다. 솔직한 욕망이나 결속의 욕구를 무시하고 논리와 규범이 앞설 때 지칠 수 있다는 것을 깨닫고 있었다. 지치지만 '여기서 밀리면 더 이상 오갈데 없다'고 생각하며 미러링으로 고군분투하던 사례 5~사례 8과 달리, 그녀는 자신의 삶과 양립가능하고 이것을 통해 바로 지속될 수 있는 운동을 지향했다.

사례 13 역시 모두가 '페미니스트'임을 주장하는 상황에서 페미니스트의 자격을 선별하려는 것은 의미가 없다고 생각한다. 남자든 여자든 구체적으로 무엇을 어떻게 행하는지가 중요하다고 본다. 그렇다고 모든 사람과 페미니즘에 대하여 이야기를 할 수 있다고 생각지도 하고 싶지도 않다. '탈코르셋'을 둘러싼 논쟁에 등장하는 논리와 같이 여성들이 여성으로서 현재 행하고 있는 모든 것을 '억압'이나 '재생산'이라 말하는 것은 답답하다. 사례 13은 이제 막 사회과학 계열의 대학원에 입학했고, 조교로서 수업에서 만난 학부생들의 행태, 예컨데 맥락을 고려하지 않고 특정한 단어를 사용하면 '여성혐오'라 비난하고 여기에 이견을 제시하면 타인을 불편하게 만드는 사람으로 지목하고 옳고 그름을 구분하려 드는 것을 보면서 그들을 '엄숙 페미'로 표현했다. 그녀는 현실에서 어떻게 유연하게 대응하면 될지를 고민한다며, 이러한 전략을 취하게 된 것을 심각한 것을 싫어하는 자신의 성향에 기인한 것으로 평가했다. 사례 12 역시 오프라인 관계에서 '불편한' 것이 될 수 있는 쟁점들을 회피하며 페미니즘을 이야기할 때도 있다. 하지만 그러한 상황은 분노나 분리주의적 태도를 추동하기보다는 불필요한 에너지를 소모하지 않는 일로 간주되고 있었다.

자신의 삶과 공존 및 지속 가능한 방식, 현실의 조건들을 고려하며 유연한 전략을 취하는 이들이 자신의 미래와 행복을 우선에 두고 현실과 타협하거나 문제 상황을 회피하는 것이라 보기는 힘들다. 사례 12는 대학 4년 동안 학내 인권 모임과 대학 안팎의 페미니즘 단체들과 연대 행사를 하고 사건 지원 활동을 해왔다. 현재 그녀는 개인 수준에서 변화를 꾀하려는 '탈코르셋 운동'이나 가해자를 지목하고 처벌하기 위한 '연대'라는 것이 과연 어디까지 유효한 것일지를 고민하고 있다. 사례 13은 한 여성단체의 세미나 모임에 참여하기 시작했다. '쫄보'라서 시위를 주도하지는 못하겠지만 이 단체가 여성들이 운동에 지속 참여할 수 있도록 다양한 아이디어로 재미있는 행사를 기획해온 것에 매력을 느꼈기에 함께 하고 싶다. 최근 그녀의 남동생은 사례 13이 참여하기 시작한 한 세미나 모임에 함께 하고 싶다는 이야기를 했다. '이념'을 앞세우지 말자고 했던 사례 1과 사례 2는 현재까지도 여성의 몸에 대한 권리, 대안 공동체 만들기, 여성의 정당 정치 참여 등을 의제로 한 활동을 온/오프라인에서 활발히 지속하고 있다.

3) '여전히 헷갈리는' 것: 내우외환(內憂外患)의 페미니스트 대표

현실 진단 혹은 실천 전략을 분명히 갖고 있는 앞서의 사례들과 달리 온라인 공간에서 쏟아지고 있는 정보들 사이에서 고민 중인 여성들도 많았다. 강예원(2019)의 연구에서도 나타나듯, '래디컬 페미니즘'이 페미니즘으로 과대대표 되면서 이제 막 페미니즘에 관심을 갖고 정보를 찾기 시작한 여성들에게 큰 영향을 미치고 있는 것은 사실이었다. 이들은 여성 억압의 현실을 인정하지 않으려는 이들에 맞서서는 '래디컬 페미니즘'을 지지하지만, 그것이 자신의 생각과 완전히 합치되고 있는 것도 아니었다.

사례 6, 사례 7, 사례 11은 인터뷰 초기 트랜스젠더 여성이 여성의 이미지를 더 고착시킨다는 점에서 문제라는 트위터의 논리를 반복했다. 성소수자들의 삶이나 이야기를 접해본 적은 없었고, 그 전형과 정보는 유튜브나 친구들의 SNS 계정을 접한 것이 전부였다. 현재 사례 11의 가장 큰 관심사는 '여자만 챙기는' 페미니즘이다. 그러한 페미니즘이 20대 여성들 대다수의 입장이라 생각하는지를 묻자 아닐 수 있느냐는 듯 놀라워했다. 그리고 그제서야 자신도 그 주장에 완전히 동의하는 것은 아니라는 이야기를 시작했다. 그녀는 '래디컬 페미니스트'를 '막 남자 욕하고 이런 거'와 '완전 선긋기 철저히 하는 사람'으로 정의했고 남자친구와 대화할 때는 이들을 옹호한다. 하지만 생물학적 여성만 페미니즘을 할 수 있다는 것에 대하여 완전히 동의하지 않고 부정할 수도 없다며 헷갈림을 이야기했다. 하지만 자신의 혼란은 뒤로 하고 우선 성차별의 현실을 부정하려는 남자친구를 반박해야 하는 상황이다. 혜화역 시위가 평화적으로 이뤄졌다는 친구의 이야기를 전해도 남자친구는 유튜브에 남성들이 올린 동영상을 보여주면서 부정한다. 그는 이수역 사건을 둘러싼 온라인 공간의 반응을 가져와서 '한국 페미니즘이 너무 과격한 거 아니냐'며 '이퀄리스트'가 되어야 한다고 주장한다. 자신이 미처 보고 듣지 못한 내용을 들이대면서 페미니즘을 공격하는 이와 같은 상황 때문에 사례 20은 반박할 준비가 되지 않았는데 남자친구가 갑자기 대화를 하자고 할 때 겁이 난다. '왜 인지 내가 여자를 대표하는 거 같고' 그런 상황에서 제대로 반박을 하지 못하게 되면 페미니즘을 지지하는 모든 여성들이 뭔가 잘 모른다는 평가를 받을까봐 걱정되기 때문이다. 이러한 상황은 온라인을 통해 접하는 정보들 중 각자에게 유리한 편향된 정보만을 확증하려는 경향뿐만 아니라 자신이 페미니스트로서 올바른 답과 실천을 해야 한다는 부담에서 초래된다.

탈코르셋, 비혼과 비연애 두 가지가 최근 친구들과 나누는 핵심 주제인 사례 9도 자신이 보아 온 페미니스트의 모습은 '어조가 좀 강하신 분들', '흔히 삭발하고 뭐 이렇게 하시는 분들'로 '정말' 하나다. '화장을 하면 인지부조화가 오는 게 정상이다'라는 그들의 주장은 정당한 것 같으면서도 완전히 동의할 수는 없다. 자신은 아직 화장 하는 게 좋기 때문이다. 이것은 자신의 페미니스트로서의 정체성을 의심해보게 되는 쟁점인데, 페미니스트로서 '말과 행동이 일치'하려면, 그리하여 자신의 주장이 더 호소력이 있으려면 페미니스트다운 외모를 가져야하지만 자신은 몸을 꾸미고 누군가가 그것을 쳐다봐주는 것이 여전히 좋기 때문이다. 고민은 많다. '사회적 소수자'에 대한 차별은 바람직하지 않다는 규범을 부정할 수는 없지만 '한남'인 게이의 존재가 있으며 '엄청난' 외모 꾸미기를 하는 트랜스젠더가 '또 다른 뭔가 성적인 이런걸 생산'할 가능성을 부정하지 못하기에 그들을 배제하는 운동은 '논리적'이다. '논리' 사이에서 '내 안에 충돌'이 오고, 그것에 바로 대응할 수 있는 자신의 주장이 없다는 것을 불안해했다. 하지만 논리적인 척 하는 남자 오빠들에게 '완승'을 하는 것이 우선 필요한 상황이기에 이러한 고민을 누군가에게 털어놓은 적은 없다.

이들은 페미니즘의 '논리'와 페미니스트에 대한 하나의 전형을 두고 자신을 여기에 맞춰나가는 과정에 있었다. 하지만 반-페미니즘에 대항하는 것이 우선되면서 자신의 고민을 주변에 털어놓거나 자신을 해석하는 과정으로 나아가지는 못했고, 현재의 관심은 입수 가능한 정보들을 통해 대항의 논리를 구축하는 것이다. 특정한 행위를 선택할 것인지 여부로 페미니스트로서의 해결책이 집중되고, 구조적 변화를 꾀하려는 기획이라기보다 자신의 미래를 가로막는 폭력과 차별을 정의하기 위한 자원으로서 페미니즘을 고수하는 듯한 모습은 이들에게서 두드러졌다(강예원, 2019; 김보명, 2018c).

4. '위해' 가능성에 대한 인식: 폭력 두려움과 불안정한 미래 전망

그렇다면 이와 같이 페미니스트로서의 대응전략, 목표 우선순위 설정의 차이를 가져오는 삶의 조건은 무엇일까? 온라인 공간은 여성들의 발화와 정치적 연대를 가능하게 만드는 동시에 성차별적 텍스트와 이미지, 여성에 대한 괴롭힘이나 신상정보 공개 등의 위해가 나타나는 곳이기도 하다. 신자유주의 질서가 추동하는 청년 남성의 삶의 불안정성과 핍진함에 대한 불안은 더 이상 페미니즘이 필요하지 않고, 개인의 능력에 따른 보상이 이뤄지는 것이 공정한 것이라는 역차별 피해 서사와 여성에 대한 조롱, 폭력, 위협으로 나타나고 있다. 이러한 상황은 여성들의 변화 가능성 및 페미니스트로서의 대응 전략에 대한 인식에 영향을 미치지만 상황의 심각성이나 변화가능성에 대한 이해는 그것이 초래할 위해에 대한 불안에 따라 상이했다.

1) 폭력 피해의 두려움이 추동하는 분노와 페미니스트 자격

2015년 메르스 갤러리 등장 이전부터 게임이나 '여초' 인터넷 커뮤니티, SNS 등의 활용 빈도가 높았던 사례 1~사례 7과 달리, 나머지 인터뷰이의 대다수는 2016년 강남역 살인 사건을 페미니즘에 관심을 갖게 된 계기로 이야기했다. 하필 그 사건이 여성들을 더 이상 '가만히 있을 수 없는' 일로 만든 것은 여성의 죽음 그 자체라기보다는 그것이 여성 억압과 무관한 것임을 애써 주장하던 사람들의 반응이었다. 이것은 '개인'으로서의 성공이 '여성'으로서 불가능한 현실에 대한 분노(김보명, 2018c)를 일으켰고, 이후 이들은 온라인을 통해 다양한 '현실'

을 알게 된다.

사례 11은 이 과정에서 '몰카'의 문제를 처음 알게 되었다. '용기'를 내어 '탈코르셋'을 결심하게 된 것은 그것이 자신의 일상을 지배하고 있음을 체감하면서부터다. 급해서 들어간 공중화장실 여기저기에 뚫린 구멍을 보면서도 '어쨌든 일은 봐야 하니까' 속옷을 내릴 수밖에 없던 자신의 무기력한 위치와 여성됨에 대한 자괴감, 부당함에 울며 화장실을 나온 직후 눈치를 보며 남자친구와의 대화에서 회피해오던 주제, 페미니즘에 대한 이야기가 시작되었다. 이 분노는 그녀가 남성들은 잠재적 가해자라는, 제주 예멘 난민의 입국을 단호히 반대하는 논거가 되었으며 페미니즘에 대한 '헷갈림'에도 불구하고 '래디컬 페미니스트'의 입장을 취하는 이유다. 대다수 인터뷰이들의 폭력 피해에 대한 두려움은 상당했다. 사례 12는 자취를 하는 동안 암막 커튼을 달고 한번도 걷지 않았다. 싸이월드를 하던 시절에는 자신의 사진을 사람들이 더 많이 퍼가기를 기대했지만 현재는 그런 마음도 사라졌고 터미널 화장실은 절대 가지 않는다. 사례 5는 가구를 방문해 한 끼 식사를 함께 하는 TV 프로그램을 규제되어야 할 대상으로 이야기했는데, 그것이 언제 어느 집에 여자가 혼자 있는지를 알려주고 있기 때문이다. 2018년을 기준으로, 20~30대 여성은 안전에 대한 우려가 우울에 영향을 미치는 유일한 인구집단이다(김유나·이계창, 2018).

페미니스트라는 이유로 가해질 수 있는 폭력에 대한 우려도 크다. 사례 7은 온라인에서 미러링 활동을 하는 '온라인 사람들'의 신상공개에 대한 두려움이 상당하지만 그것을 사람들이 제대로 이해하지 못한다며 답답해했다. 온라인 활동이 언제든 오프라인 공격으로 이어질 수 있다는 것은 사례 4가 온/오프라인이 분리될 수 없다는 점을 강조하는 이유이기도 하다. 사례 4는 폭력 피해에 대한 두려움이 과도해져 '피해의식'이 된 여성들이 있다는 것을 안타까워했다. 텀블벅을 통해 후원금을 모았던 행사 당시 택배에 커뮤니티 이름이 발송인으로 찍혀 배송이 이뤄지자 택배 기사가 그것을 보고 해코지를 할 수도 있었다는 여성들의 항의가 빗발쳤던 것을 예로 들었다. 이를 '피해의식'으로 평가하지만 그녀 역시도 '메갈'이라는 낙인이 우려되어 주변에 자신의 활동을 밝힌 적이 없다. 텀블벅 판매로 '학생의 통장'에 많은 돈이 들어오게 되자 법인 명의의 계좌를 개설할까 생각도 해보았지만 법인 설립 과정에서 자신의 신상이 공개될 것이 두려워 포기했다. 자신이 페미니스트들의 집단 활동을 주최하고 커뮤니티를 운영했다는 것을 공개할 수 있는 날은 오지 못할 것, 그리하여 자신이 행한 것은 '진짜 그냥 잊혀지는, 기억되지 못할 역사'가 될 것을 씁쓸해했다.

사례 13은 이를 우려해서 혜화역 시위에 참석하지 못했던 자신을 '쫄보'라 이야기했다. 학내 페미니즘 동아리에 가입을 할 당시에도 SNS를 통한 비난이나 폭력을 걱정했다. 사례 11은 자신처럼 '아직도 무서워서' 시위 현장에 나가지 못하는 여성들이 많은데 '재기해' 등의 문구를 사용하는 것은 과격하다 보기도 힘들다며 혜화역 시위에 나선 이들은 엄청난 용기가 있는 이들이라 평가했다. 사례 9는 여성학 강의에 대한 인기로 인해 대학 커뮤니티에 '이 수업만을 위해 살아왔는데 남으면 하나 달라, 뭐랑 바꾸자'는 이야기들이 등장하곤 하는데, 그럴때면 '그 강의실에서 나오는 여자애들 얼굴을 기억해라' 식의 글들도 함께 등장하는 것이 현실이라 이야기했다. 사례 10은 이와 같은 '현실'에서 내가 '당하는 공격이나 혐오나 나를 정말 죽이는 그런 것들'은 만연해 있음에도 학계에서는 '영영페미'들을 '가르치려' 들기만 한다며 불만을 토로했다.

이들이 집회, 시위 등 공적 장에서의 활동으로 나아가지 않는 것을 두고 일상에서 실행이 용이한 행위만을 취하며 성취감을 느끼되 페미니즘을 저항과 변화의 기획으로 이해하지 않고 있다고 보기는 힘들다. 폭력 위해에 대한 두려움은 일상을 지배하고 있고 이것이 여성들이 페미니스트임을 드러내고 만남과 활동을 이어나가는 것을 제약하고 있기 때문이다. 이러한 현실에 대한 분노는 온라인 공간에서의 분리주의적 태도를 강화시켰다. 사례 7은 학내에서 여성주의 모임을 만드는 것은 '정말 용기 있는 친구들'이나 할 수 있는 것이라며 자신의 활동을 익명 커뮤니티에서의 미러링으로 제한했다. 사례 8 역시 이러한 상황에 대한 분노로 온라인 '키배'를 지속할 수밖에 없다고 말했다. 사례 3~사례 8은 활동이 미러링에 집중되는 만큼 성차별적 텍스트를 매일 같이 대면하게 되었고 또한 그 현실이 쉽게 변화하지 않을 것이라는 생각도 강했다. 자신의 성폭력 피해 영상이 유포되었을까봐 '웬만한 음란 사이트'는 다 들어가 파일을 다운받아 확인해야 했던 사례 3 역시 그 과정이 반복될수록 현실에 더욱 절망했다.

여성들의 폭력 피해에 대한 두려움이 새로운 것은 아니지만 '몰카'와 강남역 사건을 목도한 이들에게는 보다 직면한 문제가 되었다. 때문에 생물학적 여성이 언제고 피해자가 될 수밖에 없다는 생각에 터해 페미니스트의 자격과 연대의 대상을 분리하는 논리도 등장했다. 하지만 사회가 불안을 느끼는 것은 현실에서의 높은 범죄율 때문이 아니라 안전이라는 개념이 유통된 결과다(Davis, 1992). 여성에 대한 폭력을 둘러싼 담론이 그 부정의함을 문제화하는 동시에 리스크를 강조하며 여성들의 두려움을 강화시켜온 것, 젠더 관계의 변화 가능성에 대한 상상력을 잠식해온 것을 부정할 수 없다.

사례 7은 댓글로 싸우다 신상정보가 공개된 이들 중에는 '생각보다는 살만하다'고 말하는 경우도 있다는 것을, 사례 13은 '빼박 나 페미야'를 선언하게 되는 것 같아 무서웠던 페미니즘 동아리 참여 이후 우려했던 상황은 막상 발생하지 않았다는 것을 이야기했다. 두려움이 자신을 잠식하고 통제해왔던 것을 깨달은 것이다.

2) 메갈이라는 낙인과 미래 자원으로서 '평판'

성/폭력 피해에 대한 두려움뿐만 아니라 페미니스트라는 '낙인'이 초래할 수 있는 손해에 대한 인식은 여성들이 '여전히 헷갈리는' 페미니즘을 두고 다른 여성들의 경험과 생각을 들어볼 수 있는 기회를 차단하고 자신의 논리를 고수할 수밖에 없도록 만들고 있었다. 그 '낙인'은 하필 왜 손해로 여겨지는 것일까?

여성으로 '롱런하는' 앵커나 기자를 한번도 본 적이 없지만 그것이 꿈인 사례 11에게 불법촬영물의 유포나 페미니스트라는 낙인은 자신의 경력에 흠이 될 수 있는 것으로 여겨진다. 그녀는 오프라인 시위에 한번도 참여한 적이 없는데 행여 참여 영상이나 사진이 '취업도 해야 하고 이러는데' 영향을 미칠까 우려해서다. 사례 5는 한 게임 캐릭터 일러스트레이터의 해고 사례 를 들면서, 직장이 없어지게 된다는 것은 생존의 문제라며 페미니스트임을 드러내고 나서는 것은 그 위험을 감수하는 것이라 이야기했다. 국제기구에서 일하는 미래를 꿈꾸며 관련 동아리 활동에 집중하고 있었던 사례 15는 강남역 사건이 발생했을 때에도 '안타까웠던 정도'였지 자신의 일로 다가오지는 않았다. 이후 아빠와의 갈등과 이를 피해 떠난 해외여행에서 여성의 외모를 능력과 자원으로 요구하는 한국 사회의 문제를 절감하고 '탈코르셋'을 하고 있다. 하지만 '예쁘게 하고 연애하는' 친구들을 보면 여전히 부럽기도 하다. 자신은 '다 포기해서 진짜 아무 것도 안하고 있는데' 모든 것을 이행하고 있는 친구를 보면 '박탈감'이 들기 때문이다. 하필 그것이 '박탈감'으로 느껴지는 이유는 자신은 포기하고 있는 '좋은 평판'을 그들은 누리고 있다는 생각 때문이다. 사례 15는 평판이 중요하기에 페미니즘 관련 인터넷 커뮤니티 가입은 '심사숙고'하여 최소화 한다. 즉, 취업과 진로에 대한 고민과 삶의 불안정함에 대한 우려는 페미니스트라는 '낙인'이 가져올 효과에 대한 더 큰 우려를 만들어 내고 있었다. 페미니스트로서의 실천을 자신의 경력이나 삶에 위해가 되지 않는 수준으로 제한하게 되는 것이다.

자신을 분리주의 페미니스트라 말하는 사례 6은 온라인 커뮤니티에서는 외모 품평에 기죽어서 꾸미지는 말자고 강력하게 말한다. 하지만 F학점을 우려해 교수의 외모 관련 성차별 발언이나 부당한 요구에게 직접 문제제기를 할 수는 없고, 택시 기사의 치근덕대는 대화에 맞받아칠 자신도 없다. 온라인 공간에서처럼 분명하게 문제제기를 하고 말을 할 수 없는 현실, 온/오프라인 사이에서 상이한 자신의 모습을 보면서 '모순'과 '답답함'을 느낀다. 사례 5 역시 마찬가지 상황에 대한 '괴리감', '자책'을 이야기했다. 수업시간 교수의 잘못된 발언에 문제를 제기 하는 것은 불가능한 것이라 생각하기에 그것은 익명으로 진행되는 온라인 강의평가를 통해서만 가능했다. 사례 5~사례 7은 이러한 분노에 익명성이 보장되는 온라인 공간에서 더욱 적극적으로 미러링을 한다.

5. '소통'의 조건인 '논리'와 사회적 관계망

이와 같이 폭력은 물론 미래 경력에 초래된 여하한 위해에 대한 우려로 인해 여성들의 페미니스트로서의 활동은 익명성이 보장되는 공간으로 축소되고, 변화 가능성에 대한 상상력은 위축되기도 한다. 두려움과 안전에 대한 이야기나 욕구는 자신과 타인의 생각이나 경험에 대한 해석보다는 배제와 분리의 '논리'를 추동했다. 페미니즘에 대한 여하한 고민이나 여성'들'의 삶을 접할 조건이 되는 사회적 관계망을 위축시키면서 초래되는 취약한 소통의 자원과 관계망은 삶에 대한 불안, 변화 가능성에 대한 우울한 전망을 가중시키는 악순환으로 이어졌다(Turkle, 2010; Spitzer, 2012; Bauman, 2010).

1) 디지털 네이티브의 '논리'와 '지치는' 온라인 싸움

많은 여성들은 'A부터 Z까지 다 설명'하라는 반(反)페미니즘적인 요구를 반복해 경험하면서 '남자는 변하지 않는다'고 생각하게 되거나 대화 가능한 상대를 선별하는 기술들을 갖고 있었다. '메갈'이라는 단어를 썼을 때의 반응, SNS 프로필이나 페미니즘 굿즈 사용 여부를 살피거나 이미 '검증된' 친구들과 페미니즘에 대한 이야기를 나누는 것 등이다. 하지만 어쩌다 대화가 시작되었을 때 '밀리지' 않아야 한다는 강박도 크다. 적극적으로 세미나나 강의, 책을 찾아보지 않는 이들이 이때 가동하는 논리와 근거들은 디지털 매체에서 유통되는 정보다. '빨간약'을 먹기 전, 사례 9에게 SNS를 통해 본 페미니즘은 '여자 일베' 같은 것이었고, 은연 중 그에 공감하고 있는 자신을 볼 때면 '뭔가에 현혹'된 것인가 의심도 했다. 하지만 강남역 사건 이후로는 SNS를 통해서도 '객관적 지식'을 얻을 수 있다는 생각을 하게 되었고, 맞서 싸울 '로직이 중요한거'라며 자신의 대항 논리가 구축되길 기대했다. 논리와 '객관'이 중요한 만큼 그녀는 페미니즘은 뭐다, '이렇게 딱딱' 분명한 답을 내놓는 여성학 수업을 기대하고 있었다. 사례 11 역시 누군가 '요즘 차별이 어딨어'라고 할 때 구체적으로 '말대꾸'를 하고 싶다. 자신의 경험을 이야기하더라도 개인적인 것으로 치부되기 일쑤기 때문에 일반화할 수 있는 통계나 권위 있는 연구가 필요하다고 생각하고 '내가 싸울려고 그러는 건가' 싶을 정도로 논거가 될 자료들을 저장해두고 있다. 그녀의 여성학 강의에 대한 기대 역시 그와 같은 용도로서 '딱딱' 답할 수 있는 간명한 설명이었다.

제한되고 편향된 정보들 사이에서 자신의 정보가 더 근거 있고 정당하다는 것을 입증해야 한다는 부담을 가진 디지털네이티브, '밀리지 않기 위해' 간명한 말과 논리가 중요한 이들에게 그러한 방식으로 정리되지 않는 현실은 혼란스럽고, 페미니즘을 '여전히 헷갈리는' 것으로 만든다. 사례 11은 이수역 사건을 예로 들면서 자신 역시 진짜 피해가 있었는지 여부를 알 수 없을 때에는 지지를 머뭇거리기도 했다고 토로했다. 하지만 '사실관계는 우리가 아직 다 모르지 않는가'라고 말하는 것은 곧 '남자 편 드는 느낌'이기에 어렵다. 사례 12 역시 여성의 주장에 전적인 신뢰를 보내야만 하는 것 같은 부담을 갖고 있다. 이 때문에 여성들과의 오프라인 대화 소재는 '탈코'와 같이 이견이 있는 쟁점보다는 성폭력처럼 많은 사람들이 공감할 수 있는 것으로 제한된다. 사례 14도 논쟁적인 주제를 꺼내는것은 친한 여자 친구들에게조차 '너무 직접적'이어서 거부감을 줄 수 있다고 생각한다. 이를 두고 이견을 보이는 것을 '여자들간 갈등'으로 묘사하는 것에 화가 나지만 그만큼 갈등을 드러내고 싶지도 않다. 이들에게 유의미한 타자는 여전히 대물림 남성인 것이다.

남성과 여성, 가해자와 피해자, 옳고 그름의 이분법 안에서 하나를 선택하고 일관된 입장을 보여야 한다는 생각은 강고했다. 여성이 피해를 주장하면 이견을 제시하기 힘든 것으로 이해하고, 자신과 다른 주장을 하는 여성들 역시 '남자 편' 혹은 공모자로 간주된다. 피해와 가해의 내용을 두고 왜 옳고 그른 것인지를 다투기보다는 '피해자'와 '가해자', 즉 개인을 지목한다. 사례 12와 사례 16은 자신들의 입장에 반대하는 이들을 나쁜 사람으로 보거나 동참하지 않는 여자들을 '흉자'로 보는 것, 문제 행동을 한 개개인에 대해 액션을 취해야만 한다는 논리를 트위터의 문법으로 이야기했다. 물론 간결하고 주목을 끄는 강렬한 트위터의 말하기 방식은 분노를 통한 연대, 의식 고양을 가능하게 만들기도 한다(한우리, 2017). 하지만 이러한 문법으로는 이분법으로 설명되지 않는 현실, 자신의 욕망을 드러내면서 젠더의 작동 방식을 문제화하기 힘들다. 그런데 여성들이 이견을 드러내기 힘들어하는 것은 자신의 논리를 고수하려거나 페미니즘에 대한 공격으로부터 '여자편'을 들어야 한다는 부담 때문만은 아니었다. 다른 한편에서는 누군가에게 상처를 줘서는 안된다는 것이 정치적 올바름으로 상정되면서 소통을 가로막기도 했다. 사례 14는 친구들끼리 이견을 나누다가 '상처'를 줄 수 있다고 생각하는 주제, 예컨데 '탈코'에 대한 이야기를 꺼내지 않는다. 사례 12 역시 학내 활동 과정에서 나타나는 가해자 지목과 '총공(격) 문화', '모든 의제를 선악으로' 나누는 후배들이 불편하지만 자신의 생각을 드러내지 않았고 TERF에 대한 논쟁도 빗겨갔다. 한편에서는 상처받지 않으려 잠재적인 피해자/가해자의 전선을 긋고, 다른 한편에서는 상처주지 않아야 한다는 생각에 정치적 올바름을 논하기 힘든 사안에 대해서는 대화를 중지했다.

이러한 방식은 자신을 해석하고 발견할 시간을 빼앗은 채 싸움에 지쳐가게 만들거나, 서로를 고립시키기도 한다. 예컨대 페미니스트라는 '낙인'을 이용해 신상정보를 노출시키며 공격할 수 있는 상대는 자신에게 위해를 가할 수 있는 한, 여성에게도 적용된다. 사례 6은 그러한 피해로 인해 SNS를 중단한 상태였다. 사례 4는 미러링 활동을 하는 이들에 대해 법률 지원활동을 할 때 겪은 어려움을 이야기했다. 대면 접촉을 거부하고 대리인을 내보내면서 자신은 스피커 폰으로 대화에 참여하거나, 익명으로 메시지를 보내와 대화의 지속이 어려웠던 상황이다. 이러한 과정에 지쳐간 그녀는 페미니즘 의제가 핵심이 되는 커뮤니티 페이지를 운영한 것은 23살의 '패기'로 시작해던 일이지 '다시하라면 절대 못할 거'라 이야기했다. 페미니즘을 하나의 모습으로 상정하고 그에 따를 것을 요구하고 부합하는지를 평가하는 또 다른 페미니스트들의 주장에 커뮤니티 활동을 계속 해야만 할지, '아슬아슬한 줄타기'를 하는 상황에 놓여 미쳐버릴 것 같았다. 온라인 공간에서 쏟아진 페미니스트 집단 안팎의 공격, 소송, 항의에 스트레스와 우울증을 겪고 약을 먹어야 했다. 이때 사례 4를 가장 힘들게 했던 것은 작은 실수도 용납되지 않을 것 같은 분위기, 특히 '페미니스트가 그러냐'는 말을 들어야 했던 것이었다. 사례 5는 페미니스트라는 사실은 기존의 친구들마저 자신을 떠나가게 만드는 외로운 일이라 이야기했다. 그녀가 '메갈'인 것을 '커밍아웃' 한 후 페이스북 친구들 중 200명 정도가 사라졌다. 그녀는 지금 '내가 신경쓰지 않을 사람들이 떠났다'고 생각하고 만다. 사례 6 역시 평소 지내던 친구들과 연락이 뜸해지거나 그들이 자신을 차단하는 일이 많아졌다.

2) 소통의 사회적 관계망: 변화, 위해 가능성의 인식 변화

많은 연구자들이 여성들이 자신만의 안전한 영역을 구축해나가기 위해 타자에 대한 배제와 적대의 실천을 고수하는 것의 한계를 지적하며 차이의 경계를 넘나드려는 사유를 요청하고 있다(김보명, 2018b; 이현재, 2017; 고병진, 2018; 이효민, 2019). 이때 필요한 것은 그 차이를 안전하고 솔직하게 드러낸 수 있는 장이다.

디지털 공간에서 '논리'를 무기로 외롭고 힘든 싸움을 지속할수록 믿고 편히 이야기할 수 있는 사람을 만나거나 다른 이들의 경험과 이야기를 듣고자 하는 욕구가 생겨나기도 한다. 사례 7은 온라인에서 '키배'를 하는 것은 소진되고 힘든 일이라며 오프라인 강연, 페미니즘 책 읽기 세미나, 시위에 참여하며 사람들을 만나기 시작했다. 사례 5와 사례 6 역시 미러링이 '스트레스 받는 일', '아침에 일어나면 핸드폰 보기가 무서운' 일이라 토로하기도 했다. 사례 8은 현재의 온라인 커뮤니티에서는 '그냥 좌표 찍고 지원 가고' 하는 방식의 일을 하고 있지만 페이스북을 기반으로 연결된 계정을 통해 나름의 네트워크를 만들어 여성들을 만나 공부 모임을 하고 있다. 사례 11은 자신 조차 고민이나 행보를 모두 온라인 공간에 남기지 않는 만큼, 온라인에서 유통되고 있는 페미니즘 관련 주장과 논리를 과연 얼마나 많은 여성들이 공감하고 있는지 알 수 없고 궁금하다. 사례 14 역시 마찬가지다. 하지만 사례 14가 홀로 '탈코르셋'을 하며 '계속 이렇게 살고 보여주고 하는' 방법을 택한 반면 사례 11은 더 많은 여성들의 경험과 고민을 듣고 싶어 여성학 강의를 찾아 수강했다. 사례 16 역시 자신이 접한 온라인 공간은 '계속 짧은 문장들로만 대화'하거나 '형식적인 반응'을 취할 수밖에 없는 곳이기에 주로 친구들과 만나서 대화를 하고 세미나에 나가보기도 한다.

자신이 상상하는 페미니스트 전형에의 부합성 혹은 반박 논리 구축에 대한 부담을 떨치고 자유롭게 이야기를 나눌 수 있는 사람들, 그 연결망과 기회가 있는지 여부는 젠더 불평등한 현실의 변화가능성에 대한 전망이나 대응 전략, 위해 가능성에 대한 인식에도 큰 영향을 미치고 있었다. 주변의 지지를 받아본 경험, 그로 인해 사회적 관계에 대한 신뢰가 큰 이들은 여하한 위해에 대한 두려움이 대화가능한 대상을 선별하고 자신을 보호하려는 태도를 추동하지 않았고, 젠더 관계의 변화 가능성에 대한 인식도 보다 열려 있었다. 사례 15와 사례 13은 '숨쉬듯' 자연스럽게 다가온 페미니즘의 이슈를 두고 친구들과 함께 이야기하고 때로 싸우기도 한다. 그 과정에서 친구들이 떠나갈 것이라는 우려는 없다. 교수의 발언에 문제를 제기하는 것은 F학점을 감수해야 하는 것이라 어렵다고 단언하던 사례 6과 달리, 사례 16은 만일 교수가 성차별적 발언을 한다면 바로 맞받아칠 것 같다고 이야기한다. 2년이 넘는 연애 기간 동안 남자친구의 '가스라이팅'으로 신체화 반응이 나타날 정도의 힘든 경험을 했었지만 폭력 위해에 대한 두려움도 강고하지 않았다. '몰카' 역시 '화장실에서 당연히 인생에서 몇 번은 찍혔을 거'로 생각한다. 그녀는 자신이 왜 그런 태도를 갖게 되었는지는 잘 모르겠지만 아마도 '학교 사람들'을 신뢰하기 때문이 아닐까라고 이야기했다. 페미니즘 서적을 추천해준 선배들, 같이 페미니즘을 이야기하는 친구들이 있고 자신에게 어려움이 발생했을 때 이들이 지지해줄 것이라는 믿음이 있었다. 사례 16과 사례 13은 오해 없이 자신의 말을 믿고 들어줄 사람들이 있었고, 때문에 어린 시절 성폭력이나 가정폭력 피해를 주변에 말하는 것에 큰 부담을 느끼지 않았다. 이에 반해 반복된 성폭력 피해에도 불구하고 자신의 주장을 믿고 지지해주는 사람이 없었던 사례 3은 세상에 대한 신뢰가 무너지기도 했다. 이후 그녀는 미러링 활동을 이유로 실직을 당했고 여기에 온라인 안팎의 여성들이 도움을 주었다. 이것이 계기가 되어 인터뷰 당시에는 자신과 마찬가지의 피해 경험을 가진 이들을 돕기 위한 반성폭력 활동 단체를 꾸리기 시작한 참이었다.

사례 12는 허심탄회하게 고민을 공유하고 이야기해볼 수 있는 사람이 주변에 있는지 여부가 온라인 공간에서 통용되는 페미니즘의 논리에 질식되지 않을 수 있는 단초가 될 수 있을 것이라 평가했다. 그녀는 후배들에게서 보이는 분리주의적 태도를 강남역 사건을 어떤 환경에서 접하게 되었는지를 기준으로 설명했다. 대학에서 이 사건을 경험한 여성들은 강의를 통해서 혹은 친구들과 함께 논의를 해보았을 테지만, 그렇지 않은 경우 특정 온라인 커뮤니티, 기사 댓글의 논쟁을 본 것이 전부일 수 있기에 편향된 논리를 답습하기 쉽다는 것이다. 물론 대학생이었다 할지라도 여학생회나 페미니즘 동아리의 부재로 사람들을 만나 대화하기 쉽지 않은 환경이었다면 마찬가지일 것 같다고 이야기했다.

여성들이 인적 네트워크와 신뢰 관계를 구축하는 것은 쉽지도 않다. 그런데 대학의 여성학 강의는 젠더와 기회와 관련된 주제들을 상대적으로 자유롭고 안전하게 이야기해볼 수 있는 사회적 관계망을 제공하는 곳 중 하나로 경험되고 있었다. 사례 9는 전공의 특성상 성차별에 대한 노골적인 지지는 '손가락질 받을' 수 있는 것으로 간주되는 환경임에도 불구하고 페미니즘과 관련된 주제는 '나와서는 안되는 주제', '싸움의 시작'이라 평가했다. 이러한 상황에서 여성학 강의 수강은 스마트폰을 통해서만 상상되었던 또래 여성들이 자신을 드러내고 이야기하는 것을 목도하는 놀라운 경험이 되었다. 그녀는 페미니즘 관련 논재으로 싸울 때 유용한 정보를 '딱딱' 얻고 싶은 기대를 여전히 하고 있다. 하지만 이 수업 이후 친구들에게 자신들이 갖고 있던 고민을 드러내는 작업을 시작했다. 사례 11에게도 여성학 강의는 페미니즘 이야기를 '현실'에서 직접 하는 사람을 처음 만나는 경험이었다. 그

것이 '용기'가 되어 남자친구와의 편치 않은 대화도 이어가고 있다. 사례 12는 성차별에 대한 이슈나 논쟁의 강도가 심해지고 서로 조심하며 이견을 꺼내려 하지 않는 대학의 분위기에도 불구하고 여성학 강의가 있었기에 다른 방식으로 생각을 해보거나 다른 여성들의 경험을 들어볼 수 있는 기회가 되었다며 이를 '숨통이 트이는' 것이었다고 표현했다.

여성학 강의 외에 여성들이 자신의 경험, 또 다른 누군가의 경험을 충분히 대면해보거나 접할 기회가 충분치 않다는 것은 학문과 대학의 남성중심성을 반증한다. 비싼 등록금을 내고도 정작 페미니즘에 대한 지식과 여성으로서 자신의 경험을 이해할 기회를 제공받을 수 없는 이들이 책을 사서 보고 강연회를 찾고 있다. 이것을 두고 페미니즘의 대중화라 반길 수만은 없는 이유다. 많은 여성들에게 여성학 강의는 페미니스트라는 낙인이 생각했던 것보다 대단한 위해를 초래하지 않는다는 것을 체감하고, 자신과 타인의 삶을 바라보는 새로운 관점의 습득 기회로 경험되었다. 즉, 논리로 환원될 수 없는 현실을 이해하고 발화하는 것, 또한 그것을 듣고 답해주는 이들과 상호 작용하는 경험이 여성들의 젠더 관계의 변화가능성에 대한 인식과 대응 전략, 위해에 대한 두려움에 대한 인식에 변이를 일으키고 있다. 여성학 강의와 젠더 관점의 지식 확산, 그리고 대학이 설정하고 있는 발전 방향에 대한 재검토가 필요한 이유다.

6. 젠더 부정의의 확증을 넘어 미래를 구상하기

현재의 젠더 관계가 쉽게 변화하지 않을 것이라는 전망을 가진 여성들은 분노의 목소리를 결집시키고 그것을 확증하기 혹은 개인의 변화에 집중하는 전략을 취하고 있었다. 그 전망은 폭력 피해와 페미니스트라는 낙인이 초래할 수 있는 위해에 대한 우려에 터해 있었고, 안전을 위한 배제와 분리의 이분법을 추동하면서 소통과 지지의 사회적 관계망을 좁혔다. 온/오프라인에서 상이하게 대응하고 있는 자신의 모습에 대한 괴리감과 분노는 온라인 공간의 여성혐오에 대한 적극적인 공격으로 이어지기도 했다. 이 과정에는 신자유주의 질서 속에서 대두된 반페미니즘의 움직임, 20~30대 여성들이 대면하고 있는 삶의 불확실성이 자리하고 있다.

하지만 위해에 대한 인식, 젠더 관계의 변화에 대한 부정적 전망, 사회적 관계 차단 세 요인이 서로 강화되는 교착상황(trilemma)인 것만은 아니다. 여성들의 폭력두려움이나 이해평판 등 위해 인식이나 변화 전략은 지지나 신뢰의 경험, 이를 가능하게 하는 사회적 관계망, 여성학 수업과 동아리 등 제도화된 자원의 존부에 따라 상이했고 또한 재구성되고 있었다. 이분법의 논리에 질식되거나 헷갈려 하되 자신의 고민을 유보하던 이들, 그 논리를 완전히 따르지 못하는 자신의 삶과 사회적 관계에 모순을 느낀 이들은 세미나, 대학 강의 등 다른 여성들의 경험을 듣고 자신의 위치를 이해하기 위한 소통의 장을 찾아 나섰다. 이를 통해 자신이 분노하되 두려워한 현실이 그리 완고한 것만도 아니라는 것을 느끼기도 했고, 그 과정이 지속되면서 누군가가 변화하는 것을 목도하기도 했다. 주변의 지지나 사회적 신뢰의 경험, 이를 가능하게 만드는 사회적 관계망은 위해가 초래할 수 있는 결과에 대한 두려움을 약화시키기도 했다.

누군가에게는 페미니즘이 폭력의 종식, 젠더로 환원되지 않는 다기한 사회적 불평등이 사라지고 사회적 신뢰가 구축되는 삶을 위한 것이라면, 누군가는 개인의 성공에 걸림돌이 되는 젠더 불평등을 해소하고 경쟁에 따른 보상을 위한 수단, 또 다른 누군가는 분노를 표출하기 위한 자원이었다. 그리고 신상공개와 폭력에 대한 두려움으로 인해 온라인에서는 '여전사'이지만 오프라인으로 나갈 '용기'는 없는 이들과 오프라인에 나갈 에너지는 있어도 지치는 댓글 싸움을 할 자신은 없는 이들이 서로의 역할에 감사하며 나름의 방식으로 페미니즘을 실천하고 있었다. 이들이 미래 자원인 평판이나 폭력 피해에 대한 두려움에도 불구하고 탈코르셋을 '감행'하고, 온라인의 공격에 정신과 치료나 약물을 복용하거나 휴학과 실직을 경험하면서도 페미니즘 지식을 찾아 나서기를 지속하거나 활동가로 변모하도록 추동하는 에너지는 분노 혹은 구조적 변화에 대한 우울한 전망에 터해 있을지언정 현재의 젠더 관계를 변화시켜야 한다는 강력한 의지에서 비롯된 것이라는 점을 부인할 수 없다.

그렇다면 필요한 것은 그 에너지가 서로를 외롭고 지치게 만드는 분리와 배제가 아니라 서로의 차이들을 대면하고 그 경계를 오갈 수 있는 힘으로 전환되어 페미니스트 되기의 실천이 지속될 수 있는 조건을 마련하는 것일 테다. 이를 위해서는 인간의 상호의존성을 깨닫고 성적 억압의 토대를 직시하라는 요청만큼이나 변화 가능성에 대한 우울한 전망과 배제의 논리를 추동하는 다양한 위해와 불안, 소통의 지식과 사회적 관계망의 부재를 만들어내는 조건들을 식별하고 개입하는 페미니스트 정치가 필요하다. 페미니스트를 꿈꾸는 많은 여성들에게 폭력 두려움이나 미래 평판의 불만 등 위해의 가능성은 상존하고 소통의 조건이 되는 사회적 관계망과 지식은 불충분했다. 넘쳐나되 자신과 합치되지 않는 정보, 페미니스트의 전형 속에서 혼란을 겪기도 하고, 자신들을 '한뭉텅이'로 진단하고 훈계하려 하되 외모 관리의 부담과 폭력 불안에 대한 감각을 이해하지 못하는 이들에 섭섭해하기도 했다. 이들에게 타인의 경험과 차이를 대면할 기회가 과연 제공되어 왔는지, 그간의 정책과 담론이 이들의 불안을 가중시키고 경쟁과 성공을 해법으로 주문하면서 소통의 취약성을 만들어 온 것은 아닌지, 왜 모두가 상처와 고통을 말하고 그것이 도덕적 지위를 점할 수 있게 하는지를 질문해야 한다.

온라인 공간 뒤에 홀로 내던져진 듯하지만 마찬가지로 '여성'과 '억압'을 고민하는 여성들이 저기 있고 또한 있어왔다는 사실, 그러한 시간성에서 무르익는 언명이 지성이고, 자신이 안다는 것의 한계를 알아가는 역사 실천이 비판이라 할 때, 속도에 밀려 시간성을 상실해가는 시대에 지성과 비판이 어떻게 가능할 것인지, 교육과 지식은 어떻게 답해야 하는지를 많은 이들이 고민하며 대학의 젠더 교육 현실을 진단하고, 대학 밖의 여성들의 목소리를 듣고자 나섰다. 여성들에게 여성학 강의는 성차별의 현실을 확증해주는 권위 있는 지식 전달 체계라기보다 타자의 경험과 자신의 위치성을 새롭게 바라볼 수 있는 기회였다는 점이 주요하게 고려되어야 할 것이다. 여성억압에 대한 분노와 저항이 젠더관계의 변형을 위한 페미니즘으로 이어지고 지속될 수 있기 위해서 말이다.

참고문헌

강예원(2019),『디지털 시대 페미니즘 대중화와 십대 페미니스트 '되기(becoming)'에 관한 연구』, 이화여자대학교 여성학과 석사학위논문.

고병진(2018),『연대 거부를 통한 '여성' 경계의 획정: 메갈리아 분열 이후 워마드와 TERF를 중심으로』, 이화여자대학교 여성학과 석사학위논문.

권김현영 외(2018),『피해와 가해의 페미니즘』, 교양인.

김리나(2017), "메갈리안들의 '여성' 범주 기획과 연대",『한국여성학』, 제33권 3호, 109-140쪽.

김보명(2018a), "혐오의 정동경제학과 페미니스트 저항: 〈일간 베스트〉, 〈메갈리아〉, 그리고 〈워마드〉를 중심으로",『한국여성학』, 제34권 1호, 1-31쪽.

_____(2018b), "급진-문화 페미니즘과 트랜스-퀴어 정치학 사이",『페미니즘연구』, 제18권 1호, 229-265쪽.

_____(2018c), "페미니즘의 재부상, 그 경로와 특징들",『경제와 사회』, 118호, 99-138쪽.

김수아(2012), "디지털 테크놀로지의 발전과 새로운 여성 정치 주체의 가능성",『한국여성학』, 제12권 1호, 193-217쪽.

김수아·이예슬(2017), "온라인 커뮤니티와 남성-약자 서사 구축",『한국여성학』, 제33권 3호, 67-107쪽.

김유나·이계창(2018), "지역사회안전이 여성우울에 미치는 영향에 대한 다층분석",『여성연구』, 제99권 4호, 5-30쪽.

박무늬(2016),『혐오에 맞서는 혐오: 인터넷 커뮤니티 메갈리아를 통해 본 한국 사회의 젠더 담론』, 고려대학교 언론학과 석사학위 논문.

이현재(2017), "페미니즘 트러블: 도시 상상계와 편집증적 주체의 탄생",『여/성이론』, 제37호, 102-126쪽.

이효민(2019),『페미니즘 정치학의 급진적 재구성: 한국 'TERF'에 대한 비판적 분석을 중심으로』, 연세대학교 커뮤니케이션대학원 미디어문화연구 전공 석사학위 논문.

장민지(2016), "디지털 네이티브 여/성주체의 운동 전략: 메갈리아를 중심으로",『미디어, 젠더&문화』, 제31권 3호, 219-255쪽.

조선정(2014), "포스트페미니즘과 그 불만 – 영미권 페미니즘 담론에 나타난 세대론과 역사쓰기", 『한국여성학』, 제30권 4호, 47-76쪽.

채석진(2018), "'잔혹한 희망': 디지털 페미니즘의 정동", 『언론정보연구』, 제55권 3호, 87-119쪽.

한우리(2017), "이생망 헬조선 여성청년들의 페미니스트 되기", 『여/성이론』, 제37호, 58-78쪽.

Baer, Hester(2016), "Redoing feminism: digital activism, body politics, and neoliberalism", *Feminist Media Studies*, 16(1), pp.17-34.

Bauman, Z.(2010), *44 Letters from the Liquid Modern World*, 『고독을 잃어버린 시간』, 조은평·강지은 옮김, 서울: 동녘, 2012.

Castell, M.(2009), *The Rise of the Network Society*, Wiley-Blackwell.

Davis, M.(1992), *City of Quartz: Excavating the Future in Los Angeles,* NY: Vintage Books.

Dale, J. & Kyle, D.(2016), "Smart Humanitarianism: Re-imagining Human Rights in the Age of Enterprise", *Critical Sociology*, 42(6), pp.783-797.

Gleeson, J.(2017), "9. Online Change in an Offlins World", in Mclntyre, P and Fulton, J.(eds.), *Creating Space in the Fifth Estate,* Newcastle: Cambridge Scholars Publishing.

Gibson-Graham, J.K.(2006), *The End of Capitalism: As We Knew It*, 『그따위 자본주의는 벌써 끝났다』, 이현재·엄은희 옮김, 알트, 2013.

Goffman, E.(1963), *Stigma: Notes on the Management of Spoiled Identity*,『스티그마』, 윤선길 옮김, 서울: 한신대학교출판부, 2009.

Hall, S., Hobson, D., Lowe, A., and Willis, P.(1980), *Culture, Media, Language, Working Papers in Cultural Studies, 1972-79,* London: Centre for Contemporary Cultural Studies, University of Birmingham.

Jouet, J.(2018), Digital Feminism: Questioning the Renewal of Activism, Journal of Research in Gender Studies, 8(1), pp.133-157.

Karpf, D.(2010), "Online political mobilization from the advocacy group's perspective: Looking beyond clicktivism", *Policy & Internet,* 2(4), pp.7-41.

McRobbie, A.(2008), *The Aftermath of Feminism: Gender, Culture and Social Change*, London: Sage.

Mohanty, C. T,(2013), "Transnational Feminist Crossings: On Neoliberalism and Radical Critique", *Signs*, 38(4), pp.967-991.

Spitzer, M.(2012), *Digitale Demenz: Wie wir uns und unsere Kinder um den Verstand bringen,* 『디지탈 치매』, 김세나 옮김, 서울: 북로드, 2013.

Turkle, Sarah(2010), *Alone Together: Why We Expect More from Technology and Less from Each Other*, 『외로워지는 사람들: 테크놀로지가 인간 관계를 조정한다』, 이은주 옮김, 서울: 청림출판사, 2012.

_____(1995), *Life on the Screen: Identity in the age of the Internet*, 『스크린 위의 삶』, 최유식 옮김, 서울: 민음사, 2003.

Winch, A., Littler, J., and Keller, J(2016), Why "Intergenerational Feminist Media Studies Feminist Media Studies?", *Feminist Media Studies*, 16(4), pp.557-572.

찾아보기

미투가 있다/잇다: 끝나지 않는 변화의 연대

펴낸날 1판 1쇄 2021년 1월 4일
지은이 이화여자대학교 한국여성연구원 기획,
이미경 · 장다혜 · 정대현 · 김선희 · 김보화 · 김수아 · 추지현
펴낸이 이승아
펴낸곳 이화여자대학교출판문화원
주소 서울특별시 서대문구 이화여대길 52(우 03760)
등록 1954년 7월 6일 제9-61호
전화 02) 3277-2965(편집), 02) 362-6076(마케팅)
팩스 02) 312-4312
전자우편 press@ewha.ac.kr
홈페이지 www.ewhapress.com
책임 편집 민지영
본문 디자인 신성기획
찍은곳 (주)현문자현

ISBN 979-11-5890-410-4 93330
값 25,000원

이 도서의 국립중앙도서관 출판시도서목록(CIP)은 서지정보유통지원시스템 홈페이지(http://seoji.nl.go.kr)와 국가자료공동목록시스템(http://www.nl.go.kr/kolisnet)에서 이용하실 수 있습니다.(CIP제어번호: CIP2020053801)